民国掌故

石屋馀渖 石屋续渖

马叙伦 著

陈鑫 整理

中华书局

图书在版编目（CIP）数据

石屋馀渖；石屋续渖/马叙伦著. —北京：中华书局，2025.
7. —ISBN 978-7-101-17283-6

Ⅰ. K206. 6

中国国家版本馆 CIP 数据核字第 20256LQ683 号

书　　名　石屋馀渖　石屋续渖
著　　者　马叙伦
整 理 者　陈　鑫
责任编辑　杜艳茹
封面设计　刘　丽
责任印制　陈丽娜
出版发行　中华书局
　　　　　（北京市丰台区太平桥西里 38 号　100073）
　　　　　http://www.zhbc.com.cn
　　　　　E-mail:zhbc@zhbc.com.cn
印　　刷　河北新华第一印刷有限责任公司
版　　次　2025 年 7 月第 1 版
　　　　　2025 年 7 月第 1 次印刷
规　　格　开本/850×1168 毫米　1/32
　　　　　印张 11⅞　插页 2　字数 215 千字
印　　数　1-2000 册
国际书号　ISBN 978-7-101-17283-6
定　　价　58.00 元

目录

石屋续沈

前　言

马叙伦（1885—1970），字彝初，后改夷初，号石翁、寒香，浙江杭州人，著名学者、教育家、政治活动家。曾任教于浙江高等学堂、两广优级师范学堂、两广方言学堂、浙江两级师范学堂、北京大学等，精研老庄哲学、文字训诂与书法艺术。不仅学识渊博，一生经历也极为丰富，曾参与辛亥革命、五四运动、北伐、"一二·九"运动，是民主促进会主要创始人和首任主席。民国时期曾任教育次长。新中国成立后，担任中央人民政府委员，政务院政务委员，文化教育委员会副主任，教育部首任部长、高等教育部首任部长，第四届全国政协副主席。

《石屋馀渖》《石屋续渖》分别正式成书出版于 1948、1949 年，可谓民国笔记的殿军之作，某种意义上也是我国传统笔记著作的绝唱。由于其珍贵的文献价值，多年来广受关注。"石屋"为马叙伦别号，一般认为，此号得自其家乡杭州南山的石屋洞①。马叙伦 60 岁时，亲戚晚辈请画家作过一

---

① 黄裳《忆马叙伦》，见《黄裳集·创作卷11》，山东人民出版社2022年版，第275页。

幅《石屋图》，内容即云水山木，正是文人向往的读书佳处①。"馀渖"意为残留的墨汁，借指正式著作之外的札记、杂谈，"续渖"则是续作之意。《石屋馀渖》《续渖》以较为轻松的文笔、精干的篇幅，记录了作者的亲身经历、交游往事、读书所得、游览见闻、时局思考等，内容涉及历史掌故、政治秘闻、诗词书法、戏剧表演、社会舆论等方方面面。不过，以往出版界较少注意到，《石屋馀渖》从马叙伦最初写作、结集，到刊载、出版，这个过程中形成了不同版本，在内容、形式上都不尽相同。在此，我们首先就《石屋馀渖》《续渖》的写作与成书过程做一简单梳理。

一、写作历程

随着近年来越来越多文献得到整理、公开，我们发现马叙伦一生写有大量笔记，除专门的读书笔记外②，所写的杂谈类笔记均可纳入《石屋馀渖》系列，内容远多于后来出版成书者，其写作过程延续了至少40年。

词人夏承焘见过一种《石屋馀渖》的手稿本。原稿共8册，浙江大学教授任铭善得到了其中的6册，夏承焘曾从任

---

① 见《石屋续渖·吴待秋画》。
② 曾结集为《读书小记》《读书续记》。

氏处借阅。据称"今坊间印本，不及此稿之富"，他在日记中引述的几条内容，均不见于成书①。但是由于手稿现在已很难见到，不知是否尚存于世，而夏承焘日记也只记录了很少的信息，所以要探究更多情况已无据可凭。包括夏承焘是否读完了全稿，也无法判断。他在日记中说《石屋馀渖》稿"记温州诸先辈遗事颇多，乃民国元年著笔者"。仔细推究，这里提到的写作时间似乎并非就《石屋馀渖》全稿而言，因为仅从有限的引文看，手稿至少有部分内容是马叙伦在北京的见闻②，应是民国二年（1913）以后所记。

聊可告慰的是，现在可以看到马叙伦于 1913 年 5 月至 9 月以"石屋馀渖"为题，在上海《时事新报》上连载的百馀条笔记，内容涉及自身经历、师友逸闻、奇闻轶事等。其风格、体例、范畴与后来成书出版的《石屋馀渖》相近。虽然大部分内容并不重合，却也有几条可以从中看到联系。比如，后来成书中《清初轶闻》《清帝恶洋鬼子》《左宗棠》《云林寺僧》等篇的早期版本，即在连载中可见，只是细

---

① 夏承焘 1951 年 4 月 2 日、4 月 20 日、4 月 22 日、5 月 29 日等日记，提到手稿中有送叶佐文诗，在厂肆见书稿，胡元仪著作等事，均不见于后来成书的《石屋馀渖》。《夏承焘日记全编》第八册，浙江古籍出版社 2021 年版。

② 如《夏承焘日记全编》1951 年 4 月 20 日引《石屋馀渖》中所讲在北京琉璃厂见朱尊彝书稿一事。

节、表述不尽相同。这批笔记至晚在 1913 年发表前写成，其中应有相当一部分最初记于清末。比如关于广州生活与时事的记录，应源自马叙伦 1906 至 1909 年间在广州教书时的札记。

此外，可以确认的是，后来成书的《石屋馀渖》《续渖》中还包含有马叙伦早期写作的一些人物小传和家族史料。比如，在马叙伦的《天马山房文存》中，就可见到不少篇章与《石屋馀渖》相关，其中时间较早的有写于 1908、1909 年的《周都司传》《童疯子传》《李知县传》《召试经济特科平阳宋君别传》等，可视为《石屋续渖》中《周之德》《童疯子》《李钟岳》《宋恕》的早期版本。

最终成书的《石屋馀渖》《续渖》虽然并不以时间排序，但也有相当一部分篇章的写作时间有迹可循。因为它们常常以某日某事为由头，引出记事或议论，日札的特色明显。仅举几例，如《游南海子》开篇写"五年九月，以事入都"，文中有很多游览的细节，应来自 1916 年当时的记录；《锦城行记》几乎就是 1936 年 10 月成都之行的日记；《马君武》一条是听闻"马君武死矣"后的追忆，可知为 1940 年马君武去世时所写；写作较晚的如《马将牌》一则，提到"时卅五年八月四日""乃暗记云"，即 1946 年 8 月。

综上可见，马叙伦与"石屋馀渖"有关的笔记写作贯穿了从清末到民国末年的各个时段，有些内容为随事而记的日札，有些则经过反复修订、改写。累积起来，马叙伦的札记至少有十七八册。抗战期间，这批手稿曾一度失落，流入市肆，为汪伪政府考试院院长陈群所得。抗战胜利后，"接收人员检陈群遗书，见此知为马先生物，遂归故主。然而也只有一小部分，闻尚有数册在南京中央图书馆中"①。这是《石屋馀渖》手稿流转的情况。

顺便提及，因为《石屋馀渖》系列笔记的写作时间跨度大，所以前后对照正可以看到作者的思想变迁和心路历程。夏承焘看《石屋馀渖》稿后，认为"多记神怪，有甚可笑可愕者"。核之《时事新报》上的连载，马叙伦曾明言自己的观点："鬼神，达者所不道，然亦可异焉。"因此确实记录了一些看似不经的传闻。再看后来成书的《石屋馀渖》《续渖》，其中仍延续有志怪者，如《狐异》《狐祟》《姑妄记之》等。但总体上看，马叙伦的思想在40年中发生了不小变化，有时会对这些奇异事件增加"唯物"的解释。另外，他的人生旨趣也在不断发展，这里不必详谈，仅举成书的首尾两则，便可大致得到一些印象。《石屋馀渖》首条《金鱼唱和词》，记民国九年旧历五月十一日北京大学同人宴集的

---

① 以上情况见上海《文汇报》1947年3月9日。上文提到任铭善收藏的6册《石屋馀渖》手稿或许也是在此过程中购自市肆。

情形，虽是五四之后，但唱和词之意旨仍具有浓厚的传统趣味。而《石屋续渖》末条《日本之畸人》则写道："使早得马克斯之说而读之，必将有以自处而处世矣。"了解了系列笔记漫长的写作过程和作者思想的发展，或可更好地理解书中内容的多样性、复杂性。

二、成书经过

最后成书的《石屋馀渖》源自 20 世纪 40 年代《文汇报》的连载。据作家、报人黄裳回忆，1946 年冬，上海《文汇报》开办副刊"浮世绘"，时为编辑的黄裳到马叙伦家中约稿，希望他能"写些轻松的小文章"：

> 我提出的要求，使他感到了非常的为难。当时的一些民主期刊大半是周报，他几乎把全部空馀的时间都用来赶写时论了，实在没有馀暇和兴致给副刊写稿。他稍一踌躇就从抽屉里取出了一册厚厚的稿本。这是用大张毛边纸订起的、有三四百叶的本子，封面题着"香影楼日札"几个字。打开看时，是一色娟秀的小行楷。这是一本"日记"，但也并非正规的日记，里面记下了琐事、见闻、随感、掌故旧闻、戏剧电影评论……五花八门，内容非常丰富。他把这稿本交给我："你去翻翻看，也许

可以随便挑选一些发表。"①

　　马叙伦提供的这册"日札"，即《石屋馀渖》手稿的第七册。黄裳得到后，摘录了部分内容，于1947年3月起，在《文汇报》以"石屋馀渖"为题开栏，进行了连载。可惜《文汇报》于1947年5月被国民党当局查封，"馀渖"虽不涉及时政，但也无法继续连载。据黄裳回忆，发表的只有这册手稿的"五六分之一"②。《文汇报》在上海被查封后，转移至香港，在爱国人士支持下，于1948年9月重新创刊。此时马叙伦也已赴港从事民主活动。由于"石屋馀渖"此前在沪刊载"歆动一时"，于是香港《文汇报》便开栏"石屋续渖"接续推出。不过，马叙伦很快又离开香港秘密北上，积极投入建国大业，"石屋续渖"在港连载时间不长便结束了。

　　在连载的基础上，1948年7月上海建文书店结集出版《石屋馀渖》一书，1949年4月又印行了《石屋续渖》。这就是我们现在见到的《石屋馀渖》《续渖》最初成书出版的情况。书、报对比可知，编印成册的两书补充了不少连载未及刊登的内容，其中《馀渖》比连载多近一倍条目，《续

----

　　①　黄裳《忆马叙伦》，见《黄裳集·创作卷11》，第275页。
　　②　黄裳《马叙伦与〈石屋馀渖〉》，见《黄裳集·创作卷9》，第280页。

洴》则多了近两倍①。

黄裳曾表示，在极端危险的情况下，《香影楼日札》还是从被查封的报社取了回来，并交还马叙伦。他认为如果《日札》尚能保存，"是有全印的价值的，就是影印也好，因为他那一手小行楷实在是太漂亮了"②。

遗憾的是，《香影楼日札》与其他《石屋馀沈》手稿现在都已很难见到。无论连载还是成书，都只是马叙伦札记中很小的一部分，可谓冰山一角。无法读到原作全貌，不能不让人感慨。

三、不同版本

由于手稿已不可查，因此 1984 年上海书店再次出版《石屋馀沈》《续沈》时，翻印的还是建文书店的版本，并在版权页上分别说明"本书根据建文书店 1948 年版复印""本书根据建文书店 1949 年版复印"。然而需要注意的是，对照这一版与当年旧版，会发现实际上这两册书并非原原本本的"复印"。

一是修订了建文书店原版的部分校对错误。黄裳曾在自

---

① 上海、香港《文汇报》连载情况及书、报内容对比，见本书附录 2、3。

② 黄裳《马叙伦与〈石屋馀沈〉》，见《黄裳集·创作卷 9》，第 280 页。

已保存的原印本上写有题记："此书错字之多，无与伦比。夷丈原稿为竹纸大册，厚二寸许，小行楷精绝。余请陈君钦源抄之，刊于报端。此更据剪报重刊，校者不学，遂不可问。漫阅之，少加改定，亦不能尽去其误也。叹叹！"[1] 由于 20 世纪 40 年代末正处于政治斗争、战火纷飞的激流之中，进步报纸和书店面临随时被查封的风险，成书过程又经历由原手稿转抄，再到报纸排版、结集再次排版，因此出现许多手民之误，可以理解。对照 1984 年版与建文书店版，可以看到，大部分错字和标点误植得到了订正，如"阑中"改正为"阑干"，"偏修"改正为"编修"，"楼台"改正为"楼台"，等等。但是其中也存在一些原本不必改而改的问题。比如将"署以隶书题名"改为"皆以隶书题名"（《石屋馀渖·故宫书画》），"菩萨鬘"改为"菩萨蛮"（《石屋续渖·杭州闺秀诗》）等。

二是删去了个别内容。学者杨焄曾对照后来的版本与建文书店原版，发现后来的版本中《石屋馀渖》"欢喜佛"一则被略去了部分内容，《石屋续渖》"房中术"一则被全文删除，并将后文"车夫之言"一则移至于此处填补。删去的原因，杨焄分析："正当出版社在 1984 年着手准备影印两书之

---

① 黄裳《马叙伦与〈石屋馀渖〉》，见《黄裳集·创作卷 9》，第 280 页。

前，刚刚经历了一场声势浩大的'清除精神污染运动'，尽管没过多久就戛然而止，并未愈演愈烈，可设身处地来推想，编辑们势必心有余悸而宛若惊弓之鸟，看到书中的这些字句就自觉有诲淫诲盗的嫌疑，才索性越俎代庖以防患于未然。"①

最主要的问题是，由于"复印"本在修改与删除时并未作任何说明，且标注为"复印"，所以此后陆续出版的各种整理本，都想当然地以此版为底本，因此留下了一些遗憾，如山西古籍出版社版、中国大百科全书出版社版、浙江古籍出版社版等都是如此②。

四、整理说明

以上是对《石屋余渖》系列笔记写作、连载、出版过程和不同版本的梳理。根据这些情况，本次整理不再以"复印"本为底本，而是选择以更接近原貌的《文汇报》连载版与建文书店版为基础，精心校正。

在整理过程中，部分参考了1984年"复印"本和以往整

① 杨焄《房中术与欢喜佛》，《澎湃新闻·上海书评》 2019年11月21日。

② 其实上海书店还曾在1991年出版过另一种影印版《石屋余渖》《石屋续渖》，作为《民国丛书》第3编第87册的一部分，这一版确实为原原本本地影印，可惜后来的整理本没有参考。

理本所做的工作，并进一步修改了之前未发现的错误。主要的原则是只校正错字，不删改内容。整理时以【】表示删改的字且将字号减小，将改正、补入之字置于〔〕内，如"阪【尔】〔泉〕之战"。圆括号为原文所有。正文中的缺字符□为原文所有，附录中□则表示漫漶残损难以辨认之字。由于底本排印错字过多，为避免逐一出校破坏阅读的连贯性，对于大部分比较明显的手民之误，一般径改，不再标出。有些为整理者参考相关史事后进行的修改，则加简要注释说明。对于通假字如"合/盒""匡/框""扁/匾"，径使用正字。此外，由于作者是文字学家、书法家，在原稿中常有旧体、异体字，为了兼顾保持原貌与便于阅读，我们将部分过于冷僻的字形改为现在通行写法。

此外，我们将 1913 年《时事新报》连载的"石屋馀渖"作为本书附录 1，这是此前《石屋馀渖》各版本中没有的。一方面，我们认为这些内容确为马叙伦所作《石屋馀渖》的组成部分，特别是其内容可以补充许多有关作者生平、交游的信息；另一方面，通过这些内容，读者可以更好地理解马叙伦笔记撰写、发表的过程。与后来成书的《石屋馀渖》不同，这部分连载没有为各条目起标题，为了方便阅读和翻检，我们在整理时进行了编号。本书附录 2、3 是上海《文汇报》和香港《文汇报》连载目录，及个别未见于成书的连载内容。附录 4 则是夏承焘日记所见《石屋馀渖》手稿的情况，所据为吴蓓整理的《夏承焘日记全编》（浙江古籍出版社 2021 年版）。在整理过程中，参考了卢礼阳先生所著《马叙伦年谱》，该书提供了许多重要线索，在此表示诚挚感谢。限于水平，此次整理难免存在疏漏，敬请方家赐正。

笔记文字看似散漫无章，但可以透露出许多其他史料难以提供的信息，既是时代的别样记录，也是作者的心史呈现。希望本次整理，可以对读者更好地阅读与研究这份文献有所助益。

整理者

2025 年 3 月 31 日

石屋馀渖

金鱼唱和词

九年旧历五月十一日，北京大学同人宴集于城东金鱼胡同之海军联欢社。沈尹默出示其生朝述怀之作。越日，余有继造。张孟劬尔田、伦哲如明复和余辞，余因集而名之曰《金鱼唱和词》。尹默原唱云：

户外犹悬艾叶，筵前深映榴花。端阳过了数年华，节物居然增价。　新我原非故我，有涯任逐无涯。人生行乐底须赊，好自心情多暇。

脑后尽多闲事，眼中颇有佳花。饭馀一盏雨前茶，敌得琼浆无价。　午睡一时半晌，客谈百种千家。兴来执笔且涂鸦，遣此炎炎长夏。

眼底凭谁检点，案头费甚功夫。天然风月见真吾，漫道孔颜乐处。　骑马看山也得，乘桴浮海能无。人间何处不相娱，随分行行且住。

不道死生有命！便云富贵在天。现成言语不能言，读甚圣经贤传。　流水高山自乐，名缰利锁依然。老牛有鼻总须牵，绕得磨盘千转。

余和云：

户上犹悬艾绿，尊中尚染雄黄。儿颜隐隐虎头王（杭州旧俗，重午日饮雄黄酒，即以饮馀书王字于小儿额上，取威胜之义），故事年年依样。　　须鬓添来种种，岁华任去堂堂。酸甜苦辣已都尝，只是心田无恙。

往事那堪重忆，泪丝不觉先垂。哀吟陟岵覆髫时，风雪也衔悲思。　　漫道熊丸获笔，只看计食谋衣。心机费尽鬓毛衰，子子孙孙须记。

少小自矜头角，春秋勤习诗书。汝南月旦颇相誉，同甫文中之虎。　　时向长城饮马，还趋东府呼卢。从来壮士耻为儒，莫为儒冠儿误。

灯下频看宝剑，梦中时击天间。舳舻十万王扶馀，年少气真如虎。　　已往付他莺燕，从今觅我莼鲈。春衣行典付黄垆，徵个渔翁闲语。

爽意满阶幽草，陶情一盏清茶。娇儿隔户笑呼爹，欲语不成咿哑。　　白马东来震旦，青牛西去流沙。人间万事看分瓜，底用蜗头争霸。

小径幽花惹蝶，邻家老树归鸦。渐生新月映馀霞，篱落忽闻情话。　　闲事无须多管，浊醪大可时赊。买山快快种桑麻，归卧风篁岭下。

映户两颗疏树，侵阶几点苍苔。芭蕉半展木丹肥，采蜜蜂儿成队。　　事到头边做起，闲来书本摊开。酒馀谈笑杂庄谐，也算辩才无碍。

薄醉午床赊梦，微熏乙帐观书。寂寥门巷耳生车，无事看天倚杵。　　篱角柔猫弄子，池头老鹳窥鱼。苦吟不得尽捻须，好鸟一声飞去。

草绿溪桥断处，鸟飞残月天边。烟波江上钓鱼船，赊取闲情无限。　　入社先求许饮，多情偏要参禅。此中欲辨已忘言，且自饱餐茶饭。

只为寻花迷路，转因踏草迟归。溪流缓缓送斜晖，羌笛一声牛背。　　困则埋头便睡，醒来随意衔杯。暖风吹蕊蝶齐飞，极好一般滋味。

欲雨先来暑气，招风急卸凉蓬。推敲几误践花丛，一副词人面孔。　　文字虽然着相，心情澈底都空。西东还是付西东，不问风幡谁动。

柳岸鸟声啁哳，花桥流水潺湲。淡烟疏月夕阳边，清兴无端难绾。　　佳句争安一字，苦吟竟费三年。虚名成就已堪怜，冷了回肠一半。

哲如和云：

依样桃符秬黍，客中佳节经过。五陵裘马少年多，屠狗场中着我。　　共道田文启薛，休提屈子沉罗。客来燕市例悲歌，慷慨荆高唱和。

最忆江乡乐事，家家竞赛端阳。海潮涌现万龙艘，箫鼓中流荡漾。　　更有荔子湾口，绿阴夹岸清凉。晚风柔软浪花香，唤起桃根打桨。

早慕【山】〔小〕长芦叟，微官七品归欤。空疏补读十年书，泛宅烟波深处。　　何事长安索米，翻成稷下吹竽。忝颜还自托师儒，笑问为人为己。

坊肆百千评价，斋厨黄绿标签。书城高与债台连，典尽春衣还欠。　　不是催租败兴，难教识字成仙。门多恶客橐无钱，笑咏桃花人面。

谁奏回风妙曲，竞传堕马新妆。风情半老惜徐娘，未解入时眉样。　　女伴踏青斗草，朝朝芳约匆忙。兽炉香里日偏长，独自倚楼惆怅。

几度兴刘覆楚，何人怨李恩牛。青灯评史笑休休，天上白云苍狗。　　见说干戈蜀道，又传鼓角黄州。他乡伤乱仲宣楼，可仗清愁【被】〔袯〕酒。

（哲如广东东莞县人，少有文名，家世丰厚，多藏书。哲如肄业京师大学堂，毕业，得知县。分发，不到省，从事教育。亦以聚书为乐，与人共设通学斋书店于北平琉璃厂之南，得善本即自藏之。其所见渊博，尝欲续为《四库目录》。）

孟劬和云：

午梦澡兰寂寂，光风炊黍匆匆。榴花还似去年红，只是舞梢香褪。　　往事曾题彩笺，新愁自剪秋蓬。昨宵残酒发春慵，今日扶头忒重。

　　菱叶翠香别浦，莒花红缕谁家？酒醒忘却在天涯，愁满绿尘芳榭。　　珍粟侵肌宛转，凉簪坠发欹斜。并池千绕数归鸦，看到风林月下。

　　糁地朱英趀荡，绕庐绿树恢台。人生底处不开怀，斗取闲身自在。　　听水安排翠簟，看山料理青鞋。马驹踏杀不凡材，跳出粟篷儿外。

　　（孟劬，杭州人，选学名家张仲雅先生之曾孙，尊人紃沚先生即以诗馀称于时。孟劬勤力文史，其所著《史微》，章实斋后一人而已。于诗深于李义山，尝为《玉溪生年谱注》，于旧注多所辩正。仕为知府，候补于江苏，不事衔参，日以品茶、阅书肆为乐。）

挽联惬当之难

　　余不善为俪词，虽曾有所作，非当行也。挽联亦须为俪词，然须括死者行径、生者哀伤于数十百字中，尤觉难为。余每见有率然矢口，便成妙作者，羡之不已，以为此如酒有别肠也。及佐莫伯恒浙江财政厅为秘书，实司书启，拟诗词而已。幸此皆不多，而挽联顾不绝也。于是不能藏拙，姑试为之。

记挽朱介人云：

捷献平吴，王常侍勋名最著，更来梓里持旌，堪继李家和乐，讵知录写归田，西风遽惊闻甲马；

狱成钩党，毛督邮风谊难忘，况复油幢载笔，喜陪羊傅襟怀，岂意诗吟落月，白河遥望怅人琴。

挽黄克强云：

勋庸在国，妇女也争传姓氏；

豪杰为神，英灵犹自镇山河。

又云：

赤手造新邦，千载勋名书册府；

银涛归客柩，万家鸡黍哭先生。

挽蒋观云夫人云：

父子负文武才名，母虽鸾参天上，青史犹馀千岁寿；

宾客多郭苻俦类，我欲鹤化庭中，秋风【来】〔未〕许一杭来。

闻观丈甚许之。

余自挽夏穗卿先生云：

先生是郑渔仲一流，乃以贫而死乎；

后世有杨子云复生，必能读其书矣。

自谓颇称穗丈生平。

又挽梁任公夫人云：

　　当国难时，片语促成夫子志，斯乃列女传人物；

　　临命终际，一心归向华藏海，此真能仁氏信徒。

任公亦亟称之。

挽王梦白云：

　　此世自多程不识；

　　斯才不灭华新罗。

挽杨皙子云：

　　功罪且无论，自有文章惊海内；

　　霸王成往迹，我倾河海哭先生。

挽朱古微先生云：

　　遗札犹存，（先生为余题李云谷《残砚图》。）此老已从王子晋；

　　后生安仰，歌辞欲废鹧鸪天。（《鹧鸪天》，彊老绝笔词也。）

挽马孟容云：

　　纵托神交，未视白眉终结痕；

　　偏羁萍迹，遥瞻绛帐有馀哀。

挽许叔矶云：

　　通经致用，自儒志一脉相承，谁令竟阒其长，树人以老，狼藉讲疏，讵意忽趋天上召；（叔矶以脑溢血殁。）

志大才疏，负横塘廿年期许，自知终无所试，玩世不恭，陆沉人海，偏教连哭故人丧。（王梦白先叔矶卒。）

自谓皆无自来习气。

大觉寺看杏花

偕智影及北平大学女子学院学生至大觉寺看杏花。自大觉寺赴管家林，沿途多杏，第未成林。抵管家林，则高高下下红白嫣然，真若锦绣，惜已盛放，远望极佳，而近视则英已多谢矣。独乡人所居东面亭侧两株，枝干势态悉与众殊，花亦肥红，簇聚枝头，似宋画中物，最可观也。杏间杂以白樱桃花，惜干皆不高。还大觉寺，再往大工，途中风景较佳。半道间为大觉寺塔院，院前有松树，姿势甚美，松杏相依。松则苍翠欲流，杏则红粉若湿。大工花无管林之盛，然枝干势态似胜管林，管林佳者此亦有之。大工之花，开放稍迟，红绽枝头，艳无可比，惜时已日落，不及备观，六时半复自大觉寺乘车而归。途中得诗：

山曲红墙一抹斜，行行且住喝杯茶。山中莫道无春色，门外家家有杏花。

踏草穿林为底忙，只缘不肯负春光。杏花红雨樱花雪，花外烟笼旧帝乡。

谁翻红浪没遥岑，随地参差皱锦衾。莫道江南春色好，杏花终负管家林。

连鞍十八尽钗裙，折艳相簪唱入云。共指云边花尽处，红墙绿瓦九爷坟。（女院院址为清定亲王府，俗称九爷府。）

岭折山盘似伏龙，秾姿到处惹游骢。看花姚合曾连夜，策向荒寒夕照中。

一枝红杏倚苍松，谁镂冰心布置工。却似看花人两个，一齐收入画图中。

坏砌残基惜大工，燕支岁岁弄春风。移来小宋尚书宅，染得环山十里红。

管家林密此间疏，一样春光有卷舒。嫩蕊商量开细细，莫教骚客枉留车。

风景依稀似故乡，（似杭州翁家山至杨梅岭。）故乡只少杏花香。何时乞得灵山种，种遍钱唐作杏王。

廿载承平不看花，今遭丧乱走雷车。只愁一战洮河后，万马归来尽种麻。

归后续二首：

莫道看花人自乐，种花人却暗咨嗟。踏平无数新培种，折损枝头不少枒。

看花击毂复连鞍，看罢无人不尽欢。只恐明年花更发，看花谁是汉衣冠。

清帝遗事

梅斐绮光远言，清德宗既失欢于孝钦，虽阉宦亦从而侮之。宫内向有私例，百官有所进献，须纳宫门费，否则必不得进。或为之进而害之，更得罪。德宗一日制精馔，令人献孝钦，孝钦宫监索费，不之予，即不得进。使者复于德宗，德宗即自持往。及抵孝钦室外，孝钦宫监接以去。启帘之间，即置兽矢末其中，孝钦食之觳，因白为德宗所亲献，孝钦甚怒。又谓尝闻诸陶方，李莲英尚能调护德宗，不如小德张阴鸷媒孽也。此与余前所闻同。

前闻清德宗之崩在孝钦后后。兹闻诸老监云：事实德宗先崩，唯德宗居瀛台，仅长随数人，复不时更易，崩之际无人在侧。及太监入，见帝仆榻下，体如弯弓，亟白皇后，舁至内殿陈殡。或云，帝崩于刺，实以遇毒为近。

清初轶闻

　　清亡时，杭州府知府满洲人英霖，尝为余师陈先生黻宸言：满洲相传，江南一士人人都应试，一日有客至，衣服都丽。自言主人为豪族，主人甫下世，主人弟为政，欲为少主物色师傅，因知先生德学之懋，愿奉束脩。即置银币锦缎等而去，顾谓士人，幸即豫备，当以人静时车马来迎。士人愕然，以所置丰腆，姑视究竟。及期，客率骑而弁者八人驾朱轮两当至，取士人行李于副车，肃士人登车。疾驰经重城，达一所，垣宇宽大，设备华贵。客揖士人，请就寝，命八人者谨事师傅。明日，日加巳，客从主人弟挈少主至，宾主礼甚谨，少主谒师傅如仪，主人弟谓士人："兄亡，嫂爱弱子，幸勿挞。"殷勤付托而去。客告士人："有需，告八人者，请勿逾此院。吾日当陪少主来去。"自是少主者日加巳至，加午而退。士人家书往来皆由客通，家月有书，言收到束脩甚厚。而士人饮食服用之奉亦极赡至，顾以不能逾阈为闷闷，主人弟间时来一慰劳，礼数亦渥。如是一岁，强续聘焉。时以决科为客言，客辄曰："先生何患不富贵？姑安之，未晚也。"及足三年，士人咨怨，客乃谓："主人弟已得请于主母，当送先生入春闱，报捷荣归耳。"离馆日，主人弟盛宴劳谢而别，客复送至故邸，士人诧谓："三年中不知在何世界也。"其实少主即【始】〔世〕祖章皇帝也。

游南海子

　　五年九月，以事入都。会遭国庆，许人入新华门，纵览南海。循岸东行，折而西北。过渡桥为瀛台，即戊戌政变后清孝钦显后幽德宗之所也。瀛台在水中，恃桥以渡，德宗居此，显后命卸其桥，遇谒祭乃得出。涵元殿为德宗寝宫，陈设犹如故，并寻常什器，豪族巨家盖有过之者。左室卧炕，壁上仅幔以花布。室中御笔所书春帖甚夥，有光绪三十四年斋戒忌辰牌一面，尚悬壁间，右室壁上有程子"四箴"及朱考亭"四箴"等。出瀛台，仍向西北行，经殿阁均不能记。

　　往观石室金匮。石室者，袁世凯豫荐可继己为总统者三人，书其名纳诸金匮，藏于石室。是日门扃不得入。闻所书者为今大总统黎公（或谓段祺瑞），及故国务卿徐世昌并其子克定也。初献此议者为绍兴人陈毅字公侠，辛亥浙江反正时尝为军政司长者也，公侠以此被宠遇焉。室高可丈，以白石为之。费银十万，金匮盖所谓保险箱而镀以金者，亦耗五万云。抵怀仁堂，堂故仪鸾殿也。庚子毁后，乃建如远西式。其后为延庆楼，闻项城尝祀显后于此，令二故监守之，陈设并如显后时，今则荡然无所有。或谓项城卒后，其家人悉载以去。堂外有项城手植松树。有石表，四面俱刻识，南为"国会成立"四字，北为"纪念树"三字，东为"中华民国二年四月八日"十字，西为"大总统袁世凯手植"八字。字皆小篆，惟"手"字乃讹书为"毛"。是日大风雨，自辰至未始霁。匆匆过览，未赉笔札，仅记大略。

故宫书画

客馆孤坐，最无憀赖，乃驱车为故宫之游。自社稷坛而北入西华门，门西向，门内北为新建之宝蕴楼，楼南向。其东为武英门，亦南向，内为武英殿，以昔曾游览，遂不复到。西华门之东为纬武门，亦西向。其内自西徂东有桥五，以白石阑之，成偃月形。其北为门三，中曰承运，左曰【绩】〔缉〕熙，右曰贞度。自中门入，左右二阁。曰体仁，西向；曰弘义，东向，皆扃。中为承运殿，殿中凡二十四柱，四隅者不数，柱皆合抱，中六柱涂朱，上复起金龙。南向设宝座，座上负背饰黄缎，绣成中华民国国徽，即仿《虞书》十二章者也。四隅陈薰笼各一，高三尺馀，纵可四尺，横二尺许，镂铜为之。内幕朱纱，中实铁管机事，以输达温气。

殿门外，左右陈铜龟鹤各一。殿外左右陈金缸各二，实铜质而涂金者，皆清高宗时所制也。承运殿后为体元殿，又后为建极殿（承运、体元、建极三殿即故太和、中和、保和三殿，袁氏图帝时所易名也），殿外左右亦列金缸各二。复出承运门，而东过经文门，门东向；其北为文华门，南向；内居中为文华殿。左右二殿，曰本仁，西向；曰集义，东向。文华殿后为文澜阁，即贮书处，扃不得观。

　　文华、本仁、集义三殿尽陈书画。略可记忆者，画则唐阎立本《职贡图》卷子，长可五尺，极异方人物诡怪之状，《画断》称立本与兄立德同制《职贡》《卤簿》等图。又不署名《秋山红【楼】〔树〕》卷子，此卷极拙，石皆无皴法，设色甚浓。五代则黄荃花卉，徐熙山水。宋则宣和御笔，及郭熙《寒林蜀道》行卷，林椿《四时花鸟》行卷，郭卷与前记《蜀山行旅图》同。然观此则《行旅图》为摹本显然，一具神通，一滞迹象也。马远墨笔《美人望月》一帧，颇同日本人画，其题名"马远"两字则绝似吾家一浮笔。元则赵孟坚、赵孟頫昆弟及孟頫子雍、倪瓒、龚开等作，观子昂《松阴饲马》卷子，则知世传《百骏图》等皆所谓弥近理而大乱真者也。子穆亦有《饲马图》，一马骨立就食。子固《二十四孝图》，汉文奉亲一幅，女官中有二人皆冠纱帽，如剧中饰状元者所冠。龚开《中山移居》卷子，人物奇异。明则文征明、唐寅、戴文进、董其昌、沈周、仇英等作。沈周画皆山水斗方，枯硬洒落，自成一宗。仇英《百美图》极精，实父画有数帧，署以隶书题名，正与前卷所记《清明上河图》同，沪江贾人少所见，辄疑隶书者为赝作。表弟唐澄宇尝云，实父得意之笔，多署隶书，其或然与？清则王翚、恽格、王鉴、〔王〕原祁、钱维城、邹一桂、郎世宁、方琮、艾启蒙等作，盖清画最多。《烟客山水》一帧，自署曰"染香遗老王鉴"。麓台山水斗方至十馀帧，或署名，或不署。恽格花卉三帧，惟《藤花》一帧，高可丈三四尺，广四五尺。世宁《嵩献英芝图》，高广亦如之，设色鲜明，水沫踊跃之状，不殊真实。《香妃戎装行乐图》，亦郎氏所绘也。启蒙为《蒙部贡马写真》四帧，高广亦与恽画等，马各有名。曰同吉黄，曰苍文骢，曰飞霞骝，皆王杰制赞；曰萧云骆，赞为刘墉制，石庵书与世传殊迥，盖系中年笔也。方氏摹《江山千里》行卷，长二丈馀，其中舟小者仅五分馀，坐而仰观者，立而划舟者，神态各具妙致。又有董香光抚北苑、巨然、松雪等山水册页十馀幅，见者疑为真迹。玄宰又题"小中观大"行书四字，字大八寸。

书则宋蔡君谟行书宋之问《采莲赋》、白居易《动静交相养【论】〔赋〕》卷子及临钟繇二帖，苏玉局《画记》及《与治平院主僧帖》，黄山谷元丰二年四月为孙莘老书行楷立帧。按：莘老为山谷妇翁，山谷又尝与俞清老同学于莘老，而此幅直署为孙莘老书，岂是时风气固尔耶？米元章元符二年春二月望日行书卷子，字大八寸许，及《与魏道辅唱和诗》卷子，临钟帖逼真元常，有刘辰翁跋。苏《治平帖》及《画记》不类，松雪跋帖谓是早年笔也（按：宣和三年禁称"主"字，院主改曰管勾院，而此帖称院主，在未禁以前可知）。黄、米二家唱和诗卷子最善，足为两宋书家之冠，颇如世传诸刻。元则赵松雪为道士何道坚书《洞玄灵宝自然九天生神章经》，有张伯雨跋二首，其前首署张嗣真者，后跋谓是世旧法名也。子穆亦有一跋。松雪又有《桑寄生传》卷子，悉以药名成文，体仿《毛颖传》。明则文衡山行草，长可丈四五尺，字大八九寸。清则张照一人耳。闻陈设阅时一易，或有而未列与？

是日特备笔札而往，顾以不许记录，故仅书如此。

翁同龢《并未生事帖》

清德宗二十四年八月，孝钦显皇后复垂帘，德宗托疾，实幽之瀛台。是时，谭嗣同、杨深秀等既并死于法，其他罢黜者亦数十人。常熟翁同龢以大学士驱逐回籍，既而复有地

方官严加管束之命。常熟循故事，月具文投地方官云："具
禀奉旨驱逐回籍严加管束原任协办大学士翁同龢禀知，本月
同龢在籍并未滋生事端"云云，皆亲笔。其门下士仁和陆勉
侪丈懋勋曾署常州府知府，犹受其呈。

龚孝拱遗著

　　龚孝拱橙为定庵先生之子，与余外祖父邹蓉阁先生交
善。孝拱挟妾居上海，因号【牛】〔半〕伦。室中古金石罗
列，其所著《理董许书》，即据古金石契文以正《说文》之
篆，故每言篆误。然孝拱说字多向壁虚造，偶有所中，亦不
尽粹。余已悉取以入《说文解字六书疏证》中矣。孝拱之祖
父为段懋堂女夫，而孝拱直斥懋堂《说文注》，不逊也。如
"昬"字，以唐讳太宗名故省作"昏"，段谓隶书淆乱作
"昬"，斥五经文字之说为愦。孝拱则谓段以就其自定韵
部，段书之大蔽也。孝拱书稿本中夹有红八行一纸，论④字
者，有"四月十五日陪何贞老看《三笑》四月上浣"十六
字，贞老，何道州[1]也，看《三笑》盖看演《三笑缘》
剧乎？

1 何绍基（1799—1873），字子贞，号东洲，晚号蝯叟，湖南道州
（今道县）人。

曾国藩师谢安

相传曾国藩已克江宁，秦淮画舫，亦复麇聚，盖如承平
时矣。官吏溺游，江宁知府某欲禁绝之，言于国藩，国藩欣
然曰："有是哉！明日试治具，吾亦欲约诸公一游，领略其
风趣。"某君因不敢治。说者谓曾以战馀萧条，正赖以此招
致人物。按《世说》："谢公时，兵厮逋亡，多近窜南塘下诸
舫中。或欲求一时搜索，谢公不许，云：'若不容置此辈，
何以为京都？'"曾正师此意。

沈葆桢死之异闻

相传沈文肃葆桢之薨，自言为鬼索命，祷禳无所畏避，
独江宁知府涂宗瀛视疾，则暂去。文肃因令涂为伴，须臾不
得离，涂苦之。一日，文肃浓睡，涂以间去，而文肃竟薨。

然余所闻又有怪者：故浙江候补道员某，先以知县候补江南，为文肃属吏也。一日，小感疾，若有人速之，索衣冠，服而卧。恍抵一所，殿陛森严，同王者居。视殿上坐者数人，其一故交也，馀皆古衣冠。故交者即速之坐，曰："今一案正待公来判耳。"吏抱牍而登，披视则所署罪者，赫然沈葆桢也，心大动，屋宇摇摇若欲坏，强定之。即与故交者榷其事，故交者曰："此案吾数人者皆定谳，独待公判耳。"某尚持之。俄而文肃入，便服挺立廷中，气甚盛。故交者谓某曰："此公庭不宜复顾私谊，便竟其事耳。"遂按之。文肃殊不服，怒而辩。俄而群鬼来与文肃对质，乃无言。爰书既定，某亦豁然。则家人环集，谓已死一日，徒以心血未寒不敢殓耳。某便问沈制台何如，时文肃故无恙也。无何，闻文肃病，某大惊，日趋人探其耗。及文肃薨，语家人曰："吾其死乎。"乃告其事。亦卒不明文肃缘何得阴谴。俄而某亦卒。

袁瞿之隙

善化瞿子玖鸿禨提督河南学政，斥项城不与补县学生，袁瞿之隙，实始于此，其后善化当国，得孝钦欢，项城欲排之而不得也。会善化以其先人遗册进孝钦，求得御笔，入谢，得独对。孝钦语之云："奕劻（即庆亲王，军机首席也）声名颇不好，当令出军机，但奕劻将赐六十寿，须少留其面子，待过其寿日耳。"善化本与庆邸不睦，闻之甚喜，归述于夫人，仍诫勿泄，而夫人偶漏其语。钱塘汪穰卿丈康年，善化门生也，其夫人极好事，出入善化之门，因得闻之，语穰丈，穰丈表之于《京报》。庆邸知之大惧，谋于项城，项城告英吉利国公使朱尔典，令其夫人入觐，伺间启白："庆亲王在军机办事甚好，何以将令出军机？"孝钦云："无之。"夫人因引《京报》言为证，孝钦悟由善化泄之，已怒矣。项城复召泗城杨士琦草奏劾善化，其由仅八字云："交通报馆，结托外人。"密缮封之，以银一万元并封持与大兴恽毓鼎，语之云："封不得启。若欲一万元，即便上之。"薇孙受银，如语上其封。善化即日奉旨驱逐回籍。

初，善化与仁和王文勤文韶不睦，文勤自军机出督云贵，命下日，善化令人持名刺诣文勤云："请中堂的安，问中堂的好。"盖调之也。及善化被斥命下，文勤亦使人诣善化，命之云："若往瞿中堂宅，但云'请中堂的安，问中堂的好'，切勿多一语。"使行，复召之归云："吾语若此，汝能传否？"使述其言不误，文勤云："对了。"仍再诫之勿多言。

袁项城祀孔

袁世凯自为总统，五年之间，凡三出邸。一自铁狮子胡同迁入中海，其二则郊天祀孔也。出则警跸严于前代，所过陈兵夹道，二卒相北，擎枪引机作欲击状，居民遥瞩，亦遭禁斥。四年上丁，亲祀先圣。惟大成殿上不设兵卫，两庑之外，并陈如道上。盖不啻以枪拟先贤，使神而有知，不欲歆祀矣。

盛宣怀以贿得邮尚

盛杏孙宣怀之得邮传部尚书也，纳赂银三十万两。初，邮尚缺，军机大臣庆亲王奕劻开单将请简，凡列资格可被命者数人，杏孙预焉。庆邸示意于众，此缺当鬻三十万。杏孙即令人请，庆邸则曰："他人即三十万可，杏孙非倍之不行。"杏孙愤，且恃己资格最老，亦或无奈我。及命下，竟以畀故邮部司官沈云沛，而杏孙以侍郎处其下，云沛复时时扼之，益大愤，必欲去云沛而代之。复通庆邸，庆邸知杏孙之不可终屈，仍许以三十万畀之。然须现金，不纳他物。杏孙仓卒不可得，乃在天津以一夜力取汉冶萍公司空股券，杂填姓名，专舟运至上海，拟质于某外商。中途汽舟水锅忽裂，逾十日方抵沪，而杏孙事几覆败。此余闻之为杏孙运券至沪之朱某。

锡良之廉直

造陈伏庐丈小谈。丈为言，昔在东三省，锡良继徐世昌为总督。时吾杭张金波锡銮为度支使，锡良查询前任支付，徐世昌以赠贻王公貂狐马匹及酬酢游宴之资，支用应请奏销之数达百万。锡良诘金波："汝为度支，何致竟使滥用至此？"金波答以皆有总督手谕，不能不付。锡良令缴世昌手谕，果然。乃咨度支部请销，盖据例应不与核销也。度支部尚书载泽亦恶世昌之为人者，即据咨入奏，意亦谓照例当不准也。乃奉旨竟予核销。锡良大恚而无可如何，遂将此案通咨各省，以窘世昌而泄愤耳。

余按：锡良律己有礼，居官尚廉。尝访岑春煊，春煊贵公子，又身致方面，颐指气使，习若天性。相语之顷，侍人应命不捷，即时谩骂。锡良谓春煊曰："何必然！小事吾侪自为之，胜使人。若然，徒损气耳。"

侍坐杂闻

　　余问陈叔通师丈，俞曲园先生自河南学政谪归，以试题为"君夫人阳货欲"及"王速出令反"也，据先生自言为狐祟，恐抵谰耳。师丈谓先生出曾国藩门，国藩以肃【慎】〔顺〕荐起，肃顺被诛，国藩亦几不保。先生以是恐祸及。且太平天国势尚强，故欲以此去职自全耳。

　　余因谓先生病革前之《纪梦》诗亦托之于梦耳。先生门下有章炳麟、宋恕，各有述作，先生固见之矣，故逆睹未来趋势，托之于梦而寓于诗。

　　师丈谓先生门下有王梦薇廷鼎，据项兰生言，梦薇乃太平天国探花，状元即天南遁叟王韬，榜眼则不记矣。兰生为王叟高足弟子，故悉之也。

　　师丈又谓《李秀成亲供》，向藏曾国藩家。汪穰卿尝过录一份，今二本皆不知落何处。《石达开供词》，附卷存于四川总督署，昔在川，遇一原籍湖南之某人，言其祖及父皆尝佐川督幕，犹均见之，然清末检之已不得。

　　又谓曲园先生之孙陛云之得探花，实由长沙徐树铭以先生被谪案被谪，及光绪廿四年，树铭充殿试阅卷大臣，依宪纲次在第三，探花例归其攫取，故取陛云以泄宿郁。

　　又谓谭仲修先生善骂，杭之知名者无不被骂。不被其骂者，独陆子鸿先生耳。陆先生谨笃士，实无可骂也。

又谓夏穗卿每遇乡试，辄为人捉刀，自期必佳，并决其名次，每不爽也。丁道甫中式之文，即穗卿所为。

瑞澂出奔

侍叔通师丈坐，因语及清季幕僚事。师丈谓辛亥武昌起义，湖广总督瑞澂之出居兵舰也，计出诸贞长。谓唐才常之变，张之洞亦然也。有张纪龄者，拍桌大骂瑞澂："身为总督，既不当走，况属国戚，应共休戚。"盖瑞澂为载泽姊婿也。

杨春浦诙谐

杭州有金明斋先生者二，皆非杭人，皆与吾家往还。其一故秀水人，治金石，精于书画。其一萧山人，善刻印，然性懒，受属，常阅时不奏刀也。杨春浦先生尝有所托，久不报。一日，春浦先生促之，明公曰："刻刻在念。"春老曰："吾则念念在刻。"闻者皆发噱。

春老以善噱名，语无不谐。丰乐桥上一茶馆，似名丰乐楼者，杭之文艺诸公每晨必聚于此，即无日不可闻得此老之诙谐也。夏穗卿丈曾佑乡试发解之年，在此楼自诵其应试之文毕，曰："非元即第二也！"及榜发，果得第二。丈故以八股文名也。

二钱遗事

许缄甫言其乡先辈钱楞仙、笰仙两先生逸事。谓楞仙先生婿于常熟翁氏，时翁心存、同书父子执政，钟雨辰先生（缄甫称为湖州同乡，然雨辰先生为余外祖父邹蓉阁先生之姑子，亦先祖之同年友。其先世居杭州湖墅，后居城内东山巷，实杭州人，岂其祖籍湖州耶？）调先生曰："楞仙何愁不富贵！"先生曰："何谓也？"雨辰先生曰："有丈人峰也。"先生即谓其夫人曰："汝回娘家否？"夫人曰："岂有不回娘家者？"先生曰："然则你今日即回去，不必再来！"夫人知其性，因曰："吾既嫁你，唯知从你。"先生曰："然则你从我回湖州。"即日南发，因此不与翁氏通。翁氏初使人视其女，则所居易人矣，茫然不悉所由，既而知为雨辰先生一言之故。雨辰先生以是不得与试差。故事：翰林修撰未有不于来科即得主考者，雨辰先生，清文宗咸丰九年状元也。

笸仙先生好货而讳言洋钱，自扃于一篾中，季子玄同私取之。先生频呼："吾失物矣！吾失物矣！"玄同故问失何物，先生终不言洋钱也。先生长子即念劬，亦有癖性。对先生语时，辄拊手若歌者拍板。先生大怒，自此不复与念劬面。念劬前门入，则先生后门出。先生卧室与念劬卧室相对，先生闻念劬归，即谓念劬妇曰："你们念劬归矣。"语人曰："念劬吾少奶奶之丈夫，吾孙稻孙之父也，与老夫则不相干！"

余按：念劬丈出使意大利国归，居北京，时游故海王邸。着红履，被故清礼服之外套，其状甚怪，余辈窃呼为"红履公"。其以候补道至湖北，入总督张香涛幕。时官吏出必乘轿，轿后有灯笼二，备夜行也。灯笼一面书官衔，一面书姓。丈于当书姓者，作咸丰通宝大钱，盖丈生于咸丰间也。然丈谙熟掌故，接后辈为忘年交。而与人谈，及父执，必曰某某年伯、某某世伯，无径呼其字者，其笃恭又如此也。

玄同丈年小于余，其始名夏，字季中。后又字季，去其"中"字。其在北京，教习于北京大学及北京高等师范学校，辄终岁居于校之宿舍，月归其家数次耳。尝谓御女不若自渎，亦癖性使然也。

前辈俭德

与邵裴子同省陈叔通师丈，而丈已往伏庐，遂亦至伏庐，智影亦来。谈及前辈俭德，通丈谓尊人止庵太世丈任汉川县时，陶子方先生升陕西布政使，过汉口，迂道访太师丈，仅从一仆，买小舟，直抵官廨，人不知其为三司大吏也。相见则各认所御马褂，犹是昔日从事杨石泉巡抚浙江幕府时同购者也。相谓曰："即此一事，见吾两人犹未改吾素也。"

《中外日报》归官办之经过

钱塘汪穰卿丈康年举光绪十六年夏曾佑榜进士，以病不与殿试。至三十年王寿朋榜始通籍为内阁中书，仍潦倒而没。丈于戊戌政变后创《中外日报》于沪，持清议，政府颇忌之。吾国之有报自《申报》始，顾于朝局无所短长。《中外日报》起，耳目一振，实革命之先导也，今乃不问椎轮矣。壬寅、癸卯之间，日报稍稍众，而《中外日报》以费绌不能支，贷于张菊生参议，得二万，约偿期。至期不如约，而菊生欲得其成局为己用，力迫不已，且曰："君能偿则已，否则以报归我。"穰卿愤而谋于苏松太道瑞澂及江督端方，立得三万金，遂归菊生之贷，而《中外日报》自此为官物。菊生始必穰卿无以偿，得坐收其成局，既而知其事，大诧，已无可奈何。

盛羹卿

盛羹卿为邮尚宣怀长子，仕至湖北德安府知府。多内宠，如夫人者十人。复有外妇，别营墅院居之。然夫人颇悍妒，日监视之，或使其女伴父行止。故诸妾旷不得御，有逃逸者，则复置，足其数，谓之十美。尝筑宅上海池滨桥侧，诸妾所居并以玻璃间隔，不用木材。十室相照，举止共见，而己室居其中。意以监制，恐有外遇也。

有一新宠，亦不能近。一日夫人方迎客，伺间而往。正当欢会，其女突入，羹卿羞愤，即起驾车出门。车中连饮勃兰地（外国酒名，羹卿车中素备此酒），兴致勃然，复往别墅续欢。俄而有促请赴宴者，则是夕方置宴妓家，己为东道也。至则为客劝饮，复进勃兰地数盏，卒然痰壅，不省人事。妓家大惧，纳之车中，送之别墅，别墅【数】〔向〕隐于夫人者也，至是惶惧无策。驰告夫人，夫人至，则呵斥外妇，自抱夔卿，复纳车中，驰归邸第，而夔卿气如游丝。乃延德意志国医生视之，用针术，纳药水，少瘳。戒夫人曰："七日不宜进饮食，否则复病不能救矣。"至六日末，夫人忧其久饿体弱，进芙蕖实两盏，疾即复作。愧此医生，不敢复召，则集中外名医，并为束手。不得已复呼前医，再纳药水，而病卒不起。死未七日，十美殆去其七。

幕府才难

李义山学章奏于令狐楚，遂能词翰，事理交尽其美。然簿书往来，岂能一一被之文采，而文人依马千言，可动鬼神，使理乡曲委琐，竟不能使情理烂然、惬人心目者，比比然也。汤颐琐丈之在商务印书馆，不得于张菊生先生，其曲不必在先生也。

昔余在教部，任余友诸贞长为秘书。贞长亦以诗名者也，尝治清湖广总督瑞澂幕府，建国初，又佐张季直为农商部秘书，复先后为浙江督办军务朱瑞、卢永祥治文书，亦可游刃有馀矣，乃亦拙于此道。余既得其情，有草，余必自为，遂不复责以此道，但令代撰藻词题识及普通酬应书札而已，所以全之也。及余去部，刘大白继余任，竟不能容，贞长狼狈而去，以穷郁终。故知用人必用其所长，用故人尤当审慎之也。

李经羲

李仲轩经羲总督云贵，远暌中区，外接藩领。仲轩又袭席富贵，矜负逾恒，虽居疆吏，不异邦主，颐指僚属，如接台圉。然尝有所畏二僚，承宣沈幼兰、提法秦幼蘅也。幼蘅故负重名，自迤西分巡右除提法，仲轩嘱幼兰电询辎重丰啬，役使有乏，当为资遣，盖示纡尊礼贤，此为异数。讵幼蘅复词简略，仅有四字，曰"二马马二"，均不明所属，相以幼蘅博洽，必有根据。及幼蘅至省，询之，乃知谓行李仅载四马耳。幼蘅持性故僻，至是恒忤仲轩。

片马交涉之亟，仲轩阴图去滇，而阳示为国宣力，致电外务部，谓将躬赴边方，与敌冲折，久不得复。一日盛气语僚属，深咎外部，延不咨答。幼蘅即从中启曰："国家有外侮，正臣子致力之时，岂特大帅当行，即司道亦视旌麾所向，谁敢后者。顾窃谓大臣为国事，不应持气乃尔。外交重情，亦岂乃尔即了。且大帅果于此行，尚不失大臣风度，则亦不须外部咨答，本司当侍鞭镫，请即日出关，亦便咨报外部可也。"仲轩为之夺气。

又当宣统嗣位日,循例设朝行宫,知府家犬随入殿上。仲轩大怒,面斥县官办事不敬。幼蘅启曰:"知县不能禁犬,诚为失职。然论今日大帅不敬,有逾知县耳。"仲轩既积怒于幼蘅,因有广西提学之移,阳若右除,阴利其去。幼蘅谢恩之奏,竟弹仲轩矣。

仲轩一日于衙参时谓僚属曰:"视吾可为南北洋否?"幼兰对云:"大帅治云南政迹卓茂,冠于列省,然南北洋不能为也。"仲轩诧问何故。幼兰曰:"彼为南北洋者,均所谓混帐之徒,以是知大帅不能为也。"仲轩亦无如之何。

章太炎

章太炎先生馀杭人,而幼居杭州里横河桥南河岸,税王梦楼之孙小铁家寓焉。其幼病羊痫,故不能应试。长亦独慧于读书,其于人事世故,实未尝悉也,出门即不能自归。其食则虽海陆方丈,下箸唯在目前一二器而已。

清末光绪二十八、九年间,俄法皆有事于我,上海爱国之士日聚张园,召号民众,以谋救止,太炎与蔡孑民、吴稚晖无会不与。稚晖演说,辄如演剧者东奔西走,为诸异状。

而太炎则登台不自后循阶拾级而上，辄欲由前攀援而升，及演说不过数语，即曰："必须革命，不可不革命，不可不革命。"言毕而下矣。太炎时【时】〔已〕断发，而仍旧装。夏季，裸上体而御浅绿纱半接衫，其裤带乃以两根缚腿带接而为之，缚带不得紧，乃时时以手提其裤，若恐堕然。

是时，上海所谓大报者，自《申报》《新闻报》外，有《中外日报》《苏报》。《中外日报》颇能靳骖《申》《新》两报，不胫而走。至俄法事起，《苏报》社论时有激昂慷慨，言人所不敢言者，隐然为革命之言论机关也。一日，张园之会，演说者循例不过声名奕著之数子耳，乃忽有镇江钱宝仁者跃而登台，演说之时，创言主战，自鸣当毁家纾难，身有徒属可召而集者数千人。是日为法侵龙州事也，坐中多两广人，钱操方语，两广人多半不悉所言，见人多拍手，则有要求译为粤语者，马君武自告奋勇述焉。于是钱名大噪。《苏报》主人陈梦坡即访钱而延之寓，便策进行，余于次晚亦造焉。钱所述如昨，并树三指，以示其徒属可召而集者三千人。余察其言夸而举动殊鄙，归与汤尔和语，其人不可信，尔和然之，然诸公群焉信之。梦坡之女曰撷芬者，尤佩敬之。既而《苏报》载太炎答《新闻报》记者一文，中有"载湉小丑"云云，清廷令苏松太道讼之公廨，于是太炎与宝仁及著《革命军》之邹威丹容并系狱。然钱卒先得脱，以系基督徒，而实乃妄人也。威丹瘐死于狱，太炎则于狱中事缝纫焉。

是时，上海有所谓"野鸡大王"者，服西装而束发于顶，蓄三绺须，貌甚奇。其夫人亦豁达，非寻常闺阁中人，一时名士皆友之。时余与王小徐同一宅住，其人时来访小徐，余因识焉，遂时造其家。其人实阴怀革命之志，而鬻书于青莲阁、四海升平楼等品茗之所，亦皆三等妓女之所聚，故拥"野鸡大王"之号。其人为谁，徐敬吾也。其所鬻书，杂《革命军》等于其中，盖以是传播革命思想也。张园之会，敬吾亦必与焉。

《太炎文录续编》有《救学弊论》，多根据过实之传闻。盖所失固有，而迹其大较，则晚近学术界颇能张皇幽眇，其人固多出于学校，不可诬也。又谓元魏、金、清习于汉化，以致覆亡之后不能复兴，以戒今人慕习远西文物为可虑。信如此说，则当反诸蓁杯，不必从事文明矣。余昔固与太炎共鸣于《国粹学报》，彼时乃以【挤】〔排〕覆满洲政权为职志。以民族主义之立场，发扬国粹，警觉少年，引入革命途径，固不谓经国致治永永可由于是矣。且所谓保存国粹者，非言事事率由旧章也。而论【语】〔治〕则以人群福利为本，以共达大同为极，岂可久滞种种区分，若种若国若贵若富而不悬一共达之鹄！夫使人尽得所，生活无歉，必不为人所亡。不然，徒守茹毛饮血之俗，则太古之族存者几何！

太炎不能书而论碑版法帖，盖欲示无所不知之博耳。然所论书丹，自谓前人所未说，亦不诬也。又谓意者古人悉能题壁，题壁有力故书丹自易，此见亦佳。韦仲将题榜，身悬百尺之上，可见当时门阙匾额，皆重墨迹，且悬之而后书也，则书丹亦犹此矣。今人不独不善题壁，亦不善题襟，余尝悬纸于壁而书之，竟失平日书体，以此知米颠书从此入，大是良法。

太炎为袁世凯幽居于北京钱粮胡同时，以作书自遣。日有大书，尝书"速死"二篆，大可尺五六，悬之屏风，遂趣其长女以自缢。然此二篆颇有二李、二徐之笔意，计当不存矣。

《太炎文录续编》有《吴彦复先生墓表》，信史也。有《黄晦闻墓志》，亦信而少简，于晦闻之介无称焉。太炎之初被幽于龙泉寺也，晦闻亦有书致李仲轩，盖与余约共救之也。

从夏瞿禅假得章太炎《自定年谱》读之，其记三十一岁避钩党南渡，至台湾，谓为日本人所招。然彼时清廷实有命逮太炎，黄仲弢丈得讯以告孙颂容丈，容丈告其从妹夫宋平子先生。宋先生以告余师陈介石先生。师与宋先生皆太炎友也，即促太炎避地，乃应日本人之招耳。其四十四岁在东京时，余游日本，即往访之。太炎与其长女叕、女夫龚未生局趣东京乡间一小屋中，与余谈历数时，留余饭，犹不忍别。其饭配仅大蒜煎豆腐一味也。余劝其归，愿为疏通于浙之当道。太炎亦望归，时浙以秋霖灾遍全省，浙东数不靖，而太炎故乡馀杭县亦有事，惧反为太炎累。未言，而武昌军兴矣。太炎亦以十一月归上海，寓爱俪园，余日趋与划策，会章笛秋为江苏都督府总务厅长，秘书长则应季中丈也。与余谋，欲治一日报，为革命鼓吹，延太炎为社长，即《大共和日报》是也。余旋就浙江都督府秘书，而此报遂由太炎而为其所【重】〔主〕持之政党机关报焉。

其四十七岁所记为袁世凯幽锢一节，称陆建章慕爱先达，相遇有礼，可谓君子可欺以其方矣。建章所杀革命党岂胜指数，乃慕爱太炎耶？建章鹰犬也，受世凯旨，世凯不敢加害于太炎，畏人以此为口实，而又知太炎书生易与，故令建章阳为慕爱而阴实幽锢。其在龙泉寺绝食，余与黄晦闻各致书李仲轩，请其为言于世凯，释太炎之锢，仲轩不敢言也。其由龙泉寺移钱粮胡同也，先住本司胡同一医家，医即建章之属也。及居钱粮胡同，一切皆由京师警察总监吴炳湘遣人为之经理，司门以至司庖，皆警厅之侦吏。太炎惧为所毒，食必以银碗银箸银匕，盖据《洗冤录》，谓银可验毒也。其宾客往来者皆必得警厅之许然后得见，其弟子中唯朱遂先可出入无阻。

余初往亦不得入，其后乃自如，盖侦吏知余与太炎所言不及时事也。其后太炎复以郁居绝食，遂先私袖饼饵以进。太炎斥之，掷其物。比为余知，已第三日矣。余晨八时抵其寓，太炎卧重衾中，唯吸水及纸烟。时方隆冬，所寓屋高且大，不置火，以太炎谓世凯有阴谋，或以煤毒致其死也。余自朝迄更起，被大衣不敢卸，不得食，规以义，劝以情，初则百方不能动之。其拒余也，则引《吕览》养生之言"迫生不若死"。经余委宛譬谕，旁晚乃涉理学家言，少得间矣。及更起，余见其情可食矣，乃谓之曰："余来一日矣，未有食也，今欲食，先生陪我，可乎？"太炎始诺。余乃自令其司庖者煎鸡卵两碗来。庖者以进，余即以一碗进太炎，而余不食，知其饿，可再进也，果然。及其食毕，乃辞出。其司庖与司门者，皆肃立以谢余。自此余出入益自如而得间告以消息。会马通伯欲以其所著《毛诗故》得太炎之审正，余乃引通伯以交太炎。通伯故炳湘乡人，又称耆宿，而时为参政，为言于炳湘，监视得少宽。而余与太炎因谋倾袁事，余以明年即为洪宪元年，故辞北京大学教授事，将南归。时有总统顾问廖容者，故余门人，曾率兵惠州，王和顺部也。容时时以读书来受益，余因嘱其归，纠旧部以讨逆。容受命，而余先行，与太炎别，太炎泫然，平生未见其若此也。

自此以后，政海澜翻。太炎游说西南，不暇宁居，而余舌耕养亲，久居故都，与太炎仅二面耳。一为九年，余为外姑之丧南归，道经上海，访之于也是庐，高朋满座，皆纵横捭阖之俦也，余起居之即别。二为廿一年，太炎至北平，余一日清晨访之，以为可以叙旧语。乃太炎未起，起而盥洗事已，方相坐无多语，而吴子玉以车来速。余素不乐太炎与闻政事，盖太炎讲学则可，与政则不可，其才不适此也。徒能运书卷于口舌之间，观此所载，几若洞照无遗，亮、猛复出，而其实每违于事势，然四方当局皆重其名而馆之，亦实非能尽用其言也。故观其与子玉亦若沆瀣相得，知不可谏，即辞而行。余于太炎谊在师友之间，得复一见其平安，亦无他求，而从此竟人天异域矣。今日思之，亦有黄垆之痛也。

访章太炎夫人。夫人以余与太炎旧交，述炎丈晚年以旧学不传为忧，而投贽者遂众，所进者杂，规之未能止也。炎丈既从怛化，而门下自旧日诸大弟子如朱逖先、汪旭初外，新进如潘某及某某尚可称为无忝，而率藉此标榜以为己利，尤以沈某为甚。上海太炎文学院之设，即为若辈所以为资者。及经多方经营得以立案，而若辈造为高自标榜之语，忽焉星散，如此者非一二事，未亡人以为苦也。余不详炎丈晚年事，其逝世后及门所为更未有所闻。夫人之言，必有所苦而发，记之以见学术林中亦复戈矛森立也。

三十一年四月廿二日，章太炎夫人与夏瞿禅来访。章夫人贻余《章氏丛书》三编，然皆太炎杂文，其中实多不必存者，盖酬应及有润笔之作，不免多所迁就，如太炎之文学，无此已堪百世也。及门以广搜为贵，故片纸只字，将在所必录矣。谈次颇及炎丈往事，夫人因及炎丈被幽北京钱粮胡同时，袁世凯使其在上海之谳刺机关，多方谋致夫人于北京，自有所用意也。夫人断然不往，因以此为章氏尊卑所不谅，炎丈亦有不满之词。后虽得白其情于炎丈，而时则北京某报居然以炎丈夫妇仳离之事载矣。

余乃以一事质夫人："当余十八年任教部抵都，时黄季刚教授中央大学，余于一日傍晚抵其寓，盖以与之不见数年，得一谈为快也。因询及炎丈，而季刚语余曰：'章先生甚恨你。'余愕然。余思虽与炎丈近时踪迹多疏，若言往昔，炎丈与余固信义相孚者也，何事乃甚恨余？复问季刚，亦止唯唯而已。未知夫人亦曾闻及炎丈有所以恨余者乎？"夫人慨然曰："北京某报之诬余，即出季刚。季刚好造生是非，其言实不可听，此人为文人无行之甚者。"因历举其事。有为余所知，有为余所未知者。

季刚为人在其同门中，如朱逷先、马幼渔、沈兼士辈固习知之，会集闲谈，辄资以为助。忆其将离北京大学时，其同门者皆厌与往来，唯钱玄同犹时过之。一日余往谈甚久，季刚若倾肺腑，且约越日午饭于其家，期早至为快。乃及期而往，则季刚高卧，久候而后出。时至午矣，余腹枵矣，然绝无会食之象。逮午后一时馀，余饥不可忍，乃陈宿约。季刚瞠然曰："有是乎？余忘之矣！"草草设食而罢。余始信其同门之言。及其后为同门者所挤，而胡适之因利用以去季刚。季刚不善积，得束脩即尽，至是无以为行，复依余为周旋于蒋梦麟，乃得离北京也。不意又造作炎丈恨我之言，殊未悉其意之所在。

刘崧生

智影顷语余，刘崧生病数月矣。医者疑为肝岩，不治之症也。余于崧生相识已晚，五四运动时，崧生方居北京，为律师，有藉藉名，即挺身为各校被捕学生义务辩护，余钦服其人。十年六月三日，新华门之役，余为徐世昌所讼，崧生亦愿任辩护，其好义如此。越年，余乃得与交。崧生福建人，善别味，其庖丁治馔美。时广东郑天锡、黄晦闻，浙江陈伏庐丈及汤尔和、余越园、蒋梦麟，皆与崧生善。有一时间轮流为东道，每星期一会，限费不多而馔必精美，然唯崧生与天锡家为最佳，天锡且自治馔，材料必校锱铢也。每会高谈大嚼，极酒酣耳热之兴。其后余与晦闻、梦麟皆离故都。二十年，余复至而崧生南行，不相闻问。前年一遇于道，略语而别。今闻智影言，即托转询崧生寓址，亟欲访存，而今晨读报，乃见其讣矣。回忆前情，不胜腹痛。三十年九月廿四日也。

刘崧生与余越园皆喜骂人，然崧生不妄骂。崧生故属进步党，尝为国会议员，然未尝就仕途。越园亦异之，近尚欲谋得国民大会代表也。

崧生、越园饮酒量皆弘。尝在崧生家，饮百廿年前绍兴酒及七十年前绍兴酒，酒皆成膏矣，非以新酒和之不能饮。百廿年者味极醇，入口几如饮茶，而齿颊皆芬。

罗文干

三十年十月十八日，报载罗钧任没于广东乐昌县。钧任名文干，留学英国，治法律学。建国初，任京师总检察厅检察长，检举袁世凯叛国称帝，大得称誉，其胆识固可服也。十年，王亮畴宠惠组阁，钧任长财政，力任整顿。而陆长张绍曾谋取王以自代，与众院议长吴景濂等以奥款事，白总统黎元洪，将钧任径交法院看管。然莫须有之狱终白，而钧任之廉洁转为世信。其后任国民政府外交部长，特别费用馀而不入私囊，则殆自来所未有。

钧任与亮畴同乡同学，同得时誉，然亮畴之骨气远逊钧任也。亮畴〔内〕阁既为绍曾等所毁，钧任被逮，亮畴不能以去就争，而犹思恋栈。时余佐汤尔和为教育次长，亮畴辞职之前夕，与外长顾少川维钧等集尔和家，亮畴不欲因钧任事而去职，谓尔和曰："你是医生，当知医生以救人生命为务。余今日当以救国为先。"尔和曰："人正要打杀你。"卒以尔和力持，遂辞职而绍曾代理国务总理矣。【总】〔继〕长外交者为黄膺白郛，时膺白正寓绍曾家，人谓膺白实与其事也。膺白就任外长后，第一件公事即签定金法郎案。膺白曾语余曰："我当时拿笔，手为之抖。"盖虑步钧任之后尘也。钧任之狱，非财部科长徐曙岑行恭挺身力证，几不免于缧绁。而亮畴去职后，亦未尝为钧任力也。彼时尔和颇谋脱钧任，故钧任与尔和交遂密。其后相偕入吴佩孚幕，又同赴奉天，为张学良客。此后乃分道矣。

钧任平日喜语，语不避人，然率直出肺腑。抗战之始，桂军欲效兵谏，胡适之致谴于桂军领袖李宗仁、白崇禧，钧任亦斥适之，语严而隽。钧任故与适之善，然不阿友也。今闻其丧，失一良友，而不得临抚其棺，怆何如也。

汤李之交

李拔可先生以《硕果亭诗》见贻，都二卷，附《墨巢词》。拔翁诗入宋人堂奥，评者以为似后山。其《荔枝》一绝云：

> 蜀道何曾听子规，归心自与水争驰。三更失去乌尤寺，却向渝州见荔支。

隽永清雅，唐人风格。又有《赠汤颐琐》云：

> 细书摩眼送残年，皮骨绳床坐欲穿。自笑众中能着我，不逢佳处亦参禅。劳生已付磨人砚，世故犹撑逆水船。上下云龙吾岂敢，相看乌可待谁怜。

颐琐为余父执汤伯繁丈宝荣别号。丈为汤雨生先生侄曾孙，幼有慧性，才华卓越，与费圮怀念慈、江建霞标同学。费、江皆捷南宫，入翰苑，且载时誉，而丈阒然里闬，教书游幕，终身不得志，屈蠖叱咤，而性复难谐于俗。常居上海，为小型日报如《采风报》《游戏报》之类日撰谐嬉之言数则，以此资生。及入商务印书馆，司文墨，生活始得安定。居馆近二十年，得积资三千银圆，乃失于兵，遂仍以穷死，年七十七矣。夫人史氏，溧阳故相之裔女，丈之孟光也。晚岁伤明，亦以穷死，后丈四年，年八十一。丈工诗，颇似其乡先生黄仲则，其集晚始梓行。

余父与丈契似金兰，然无谱系之联。夫人则与余母结盟，内外之交皆无间也。余父殁前，欲托孤于丈。及卒后一年，丈自苏州至杭会葬，挈余归苏州，延刘先生题为余授课。盖有延陵挂剑之意，【凤】〔风〕谊为余所感佩，终身矢之者也。丈虽工于文，而顾拙于簿书，在商务印书馆时，治文墨每不当张菊生先生意，辄令重草，有时复草至再三，丈不耐也，则每更而愈失。时陈叔通师丈与共事，辄代为治，而拔翁亦调护之，故久于位。读此诗知翁于丈之厚。

王静安

　　□[1]年五月廿九日，某报载何天行《王静安十五年祭文》，意在发明静安本心不在为遗老，其死则困于贫。夫静安是否不愿竭忠清室，其人死矣，无可质矣。至于其死，实以经济关系为罗叔言所迫而然，则余昔已闻诸张孟劬，惜未询其详。后又闻诸张伯岸，则未能言其详也。

　　静安确是学者，余于三十年前即识其人，而不相往还（其弟哲安为余同学于养正书塾者也）。及其任北大教授，复相见焉，而亦无往还。国民军幽曹锟，逐溥仪，溥仪遁居东交民巷。时议颇虑其为人挟持，余欲晓以祸福，往请见。抵其所寓，则有所谓南书房侍从者四人，延余入客室。余申来意，有满人某以手枕首示余，谓皇上正在午睡，如有所言，请相告，可代达也。余不愿与若辈言，遂辞而出。此四人者静安与焉。越日，赵尔巽托邵伯纲告余，愿相见。据伯纲云，溥仪以余时方代理教育部务，乃国务员身份，骤不敢见也。余以次珊先生年长，遂谒之其第，然次老并未表示代表溥仪者，故余亦略申余意耳。自此一晤静安，遂隔人天，不意倏焉十五寒暑也。静安毕生态度，可以"静"字该之。

注释

1　原文如此。按：王国维逝世十五年，为 1942 年，即民国三十一年。

吴雷川

吴雷川先生震春，余舅父邹子苌先生之内弟，清德宗光绪廿四年翰林，然绝无得色。建国元年，入教育部为签事，靖共厥位，余长教部，擢为参事。国民革命军既定南京，蒋梦麟长教部，请为常任次长。不久，辞去，为燕京大学校长，盖先生自少遇艰屯，中岁归依基督，大为同教中人信仰故也。

然先生实以儒理文之，比见先生在北平所为《利与命》

讲稿，其释命为环境，与余昔见相契。余昔在北京大学，为诸生讲《庄子》，颇发挥此义，庄子所谓命与孔子、孟子同。墨子所以非命，正以其主张"天志""明鬼"不相容故也。特先生未悟环境之"命"字当作"令"，命乃假借字耳。比又闻先生研究墨子与耶稣，谓耶稣之本旨，不在创立宗教，实欲改建社会，趣于共产主义，故揭平等博爱之旨。先生年七十矣，老而笃学如此。

其行谊尤有足传者，平生谨予取，一介不苟。十年前，以窘乏而又病心脏重症，不能事事。余为书告其门人邵元冲、赵述庭等，元冲等乃共酿资奉之。先生初不肯受，后乃曰："存之，待吾必不得已而后用。"而其佣文子者，一家依先生食，先生先急文子而后己，尝与余言："人皆相需，吾与文子正相需也。"陈伏庐丈，先生之从姑婿也，久居北平，一岁南行，请先生为守其平寓，先生即与丈之佣者共饮食，盖实信理而能率履者也。

马君武

马君武死矣。三十五年前，余佐邓秋枚治《政艺通报》于上海，君武与马一浮邀余同游西湖。时值暮春，自上海乘轮船至杭，君武、一浮同寓于斗富三桥河下一过塘行中。时杭州唯有爵禄客栈较大，其他皆逼窄不堪居也。次日买舟至茅家埠，遇雨，君武、一浮遂宿云林寺，余独归。转眼三十馀年，一浮避兵入川，君武还广西，长广西大学，不通音问。君武长余四岁，一浮长余二岁，彼时朱颜绿鬓，各自负以天下为任。乃一浮寻即自匿陋巷，日与古人为伍，不屑于世务。君武西游，留学于德国，及归而与政，然所成与余相若，实皆未可以为有利于天下也。

辛亥之冬，与君武晤于民立报馆，时皆访于右任也。十五年前复相见于北京，君武少年，风姿昳丽，至此憔悴非复当年之俊矣。

君武少孤，事母孝，然有断袖之癖。唐桂良语余，君武之董君，君武市妇人服，使夕而衣之，俨然处子也。

君武初在上海时，每与国是之会，其演说辄有三件事，每拳而初伸小指，继以无名指，再伸将指，数而说之。余屡试不爽也。

王文韶

清末故相王文韶，字夔石，与余同籍故杭州府仁和县，然知者谓实江苏嘉定人也。以进士起家，官至武英殿大学士，致仕。其在户部郎署时有声。曾国藩总督两江，赵惠甫烈文在幕府相论朝事，曾独称之。其为人尚圆到，故官湖南巡抚时有"琉璃球"之目，言其内明而外圆也。【从】〔以〕此，居朝亦得与权贵相安。

庚子义和团之变，夔丈任军机大臣。领班为荣禄，慈禧后内侄行也。一日，荣禄先至，见载澜一折，极言夔丈媚外不忠。载澜者，端王载漪党也。荣禄遽匿其折。丈至，按目索此折不得，自语曰："尚有澜公（时载澜位公爵）一折何在耶？"荣禄语之曰："你不用管，丢不了的。"及入对，荣禄出载澜折进之，奏称："载澜荒谬之至。"慈禧怒视夔丈，而语荣禄曰："这人靠得住么？"荣禄曰："他人臣不敢保，王文韶必无他，臣愿以百口保之。"慈禧曰："那便交给你。"时夔丈耳已失聪，不知所云，面若含笑，随荣禄叩首而出。荣禄以语人曰："此人生死在顷刻间，不自知也。"亦大可怜。

然戊戌政变时，上海电报局总办经连之与汪穰卿丈康年等以电报达军机处有所白，军机处无有司收发电报，皆自总理各国事务衙门转呈。时汪伯棠大燮为军机章京，见报，遽致穰丈等提名陈夔丈，谋保全。夔丈询荣禄："如何处置？"荣禄曰："斫了！"夔丈曰："万寿在即，以此奏，恐有碍，且电中具名者，虽称浙人，然余皆不悉，此辈无知妄为，不足大惩，不如将经道（时经连之以候补道任总办）革职以示警。"荣禄然之，事遂已，其所保全者甚大。

丈年逾七十，请致仕，得许。故事大臣致仕，地方长吏巡抚以下备大学士仪仗郊迎送至里第，丈自上海乘铁道至嘉兴，改由水道进，不愿劳人也。已还第而巡抚始得报，盖犹有古人风矣。

朱彊村　袁爽秋

吾浙归安朱彊村丈祖谋以词学名海内，其身长不满五尺，手指纤白类妇人，语声清细。其官礼部侍郎，值义和团之变，慈禧后实主之，而端王载漪以子立为大阿哥（清语称太子为大阿哥），倚势用事，内结宫廷，外煽团民，故祸至不可收拾。当炮轰使馆界时，慈禧挟德宗御殿，召大学士以下至九卿集议。吾浙尚书徐用仪、侍郎许景澄、太常卿袁昶皆抗言拳民不可恃，不宜轻启衅端，皆被斥责，竟死柴市。彊丈亦力言其不可，其语多乡音，慈禧不能谕，注视不已，然无可罪之，幸而免。

太常字爽秋，桐庐县人，其始在朝，日者言其当被刑祸，慄慄然惧。出为芜湖道，尤恐，以外吏易绁误也。尝制一囚笼，每日必一入其中以厌之，及复归朝籍，意谓当无虑矣，然竟被大辟。

大茶壶

督办吉林军务孟恩远，出身行伍，初不识字，及贵，能作大幅"虎"字。十一年冬，王宠惠内阁提出辞呈于总统黎元洪，黄陂召集国务会议，辞职者均不出席，各部惟陆军总长张绍曾出马，馀由次长列席，余以教次厕之，无事可议，遂成闲谈。有言及恩远者，黄陂曰："这是大茶壶！"盖恩远故微贱，曾操役于浴室，曩时小报曾有记其事者。

程砚秋

听歌于中和园，汤尔和、金仲荪皆在。中和台柱为程砚秋，砚秋之歌，婉转促顿，固自别有所长，其最佳处，纳音至于塞绝，而忽悠扬清曼，仍如高山坠石，戛然而止，真有遗味者矣。砚秋为清宣宗相穆彰阿之曾孙行，穆相权倾一时，然至砚秋兄弟已无立锥之地，其母鬻之伶工，罗掞东喜顾曲，爱其幼俊，为之脱籍，且教之焉，遂擅艺誉，今已压倒南北剧界矣。砚秋事母至孝，推产赡其兄。复不愿以优名，可谓能干蛊者也。

张伯岸

张伯岸之铭，宁波人，以贾起家，创实学通艺馆于上海，而嗜藏书。初藏于日本，毁于大地震，今其上海所藏书亦数万卷。伯岸年七十矣，藏书无目录而随手可以检得，老而忆力犹强，可羡也。伯岸示余所藏《民报》末期，止章太炎之应付《民报》被封时数牍耳。中有标语六，其三有"中华帝国"之名。盖太炎初旨止在覆灭满洲政权，君主民主非所顾也。

烟霞洞罗汉

杭州城西南烟霞洞，亦游憩佳处，惜为闽僧学信点缀恶俗，惟春初梅开之际尚可驻足耳。洞中有十八应真千官塔，皆吴越古迹也。相传罗汉旧只六尊，见梦于吴越王，乞为完聚同气，王为补刻其十二。按：净慈寺罗汉其始止十八尊，吴越王梦十八巨人而范其像。南宋时僧道容增塑至五百尊。清咸丰间寺毁于兵燹，诸佛俱随灭度。然此二事相类，岂传闻有歧耶？又《冷斋夜话》载临川景德寺有禅月所画十八应真像甚奇，而其第五轴，亦见梦一女子求引归，女子果于邻家门壁间得之。此事在吴越王后，然则应真固善示梦，而事又相类，当补入同书。

中和园听歌

金仲荪约在中和观戏曲学校学生王金璐之《连环套》、赵金蓉之《奇双会》，《奇双会》比去年程砚秋所演相去远矣。金蓉本宜于青衣而不宜于花衫，又拙于表情，亦以其年龄关系，有体会未切者。金蓉今年约十七矣，貌不若往年之静穆。往年余观其演《孔雀东南飞》，亟称其幽娴得体，书《孔雀东南飞》诗贻之，奖励之也。今日之作似无进于昔焉。剧中饰风神者，持旌而不展扬。又风神转述李奇所唱时，音乐之助不力。盖当以音乐助李奇之唱，而风神扬旌以示所唱之播传。去年所观砚秋演时即如此，大有意思也。压轴为金璐之《连环套》，金璐近投杨小楼之门，故一一唯小楼之是师，至并小楼晚年来倦眼朦胧之状亦效之。其实小楼中年丧于酒色，又服阿芙蓉膏，故至目损耳。金璐此演大体神似小楼，然皆到七八分，后轴神力俱疲矣。

三贝子花园

北平西直门外农事试验场，俗称三贝子花园，亦名万生园，即故可园也。周可数里，有池阜之胜，花木蓊郁，垂杨最佳。东为动物园，有虎、豹、狮、狼、熊、象、斑马诸兽。狮子与世所图者迥异，惟与文华殿所陈清陕西将军阿尔稗绘狻猊图相似，阿尔稗盖写生者也。羽族中鹦鹉种极夥，形色皆至丽。西为植物园，有楼曰畅观，清孝钦显后尝临幸，故游者皆趋之，余所不至也。

欢喜佛

昔记京师雍和宫欢喜佛事，未能详也。刻观李湘帆《金川琐记》云："夷地多喇嘛寺，大者殿宇如浮屠，中间空洞直上，四方重檐叠栱，塑释迦像一如中土。馀俱塑欢喜佛，多至千百，皆青面蓝身，作男女交构状，机捩随手展动，不穿寸缕，或坐或立，丑态万端，却未见有卧像。清净祇园，不啻唐宫镜殿。询之喇嘛，云是佛公佛母。然何必描抚床笫秽亵至此。男女身有缨络宝玉嵌饰，兼以枯髅作杂佩，或缀垂马缨，身下衬藉者，无莫非枯髅。更有所谓牛头大王者，形如夜叉，独立诸欢喜佛间，瞪目注视，似未得其偶而有流涎之状，下阴翘然，手自奉持，云是护法菩萨。"按：雍和宫欢喜佛虽不多，而状一如此记，然则仿西域为之者耳。

岳飞善处事

　　岳武穆《满江红》词固脍炙人口矣，然以其忠义奋发，不仅为词采而已，其诗固平常宋人句耳。其驻兵江渚时，江禁甚严，有毛国英者投诗云："铁锁沉沉截碧江，风旂猎猎驻危樯。禹门纵使高千尺，放过蛟龙也不妨。"武穆笑曰："此张元辈也。"速召见，以礼接之。使今之武人遇之，谁理此辈，驱为元昊之续矣。且今日固未尝无此辈，特不必以诗投耳。

墓上植梅

林和靖居孤山，以梅为妻、鹤为子，死后因葬其处。故千年来，鹤虽已去，梅固未芟，然非植梅于墓也。余于廿六年植梅于二亲冢域，而有句云："从无坟上植梅花。"后知杨雪渔太世丈师殁后茔兆植梅。今读《随园诗话》，则平湖张香谷临终有"清魂同到梅花下"之句，盖以与其兄敦坡友爱而敦坡先殁也。敦坡之子即于墓旁种梅三百树，则又先于雪师墓矣。恐古人尚有先于此者，余读书不广，而记力复弱，武断如此，可愧。

朱天庙

英玉欲赴梅白克路松柏里朱天庙进香，属余为导。及至其处，烛火香烟，目为之眩。英玉徼余同拜礼，余不从。问以何故须余同拜，则曰："拜菩萨必须偕人同拜，否则来世将作孤老。"可笑有如此者。

朱天大帝者，实即明崇祯皇帝也，故塑像右手持环，左手持棍。邵裴子说："棍以象树，环以象结绳，正似思宗自缢也。"惟此间庙像颈悬人头一串，杭州无之，此不知何人妄作聪明也。杭俗祀朱天甚虔，持斋一个月。杏媞谓上海人持朱天斋，世世相传，不得废也，否则有灾。余谓此皆居丧不食酒肉及示子孙不忘之意耳。亡国之君乃受顶礼如此，岂思陵功德所及哉！亦以蒙古蹂躏华夏，杀戮淫污，皆至其极，朱氏覆之，夜而复旦，故思之不亡。而思陵虽亡国，所遭既惨，又代明者为满洲，不异蒙古，遂使人恋恋于朱氏。

官僚解

今人斥人为"官僚"者，恶之之词也。然凡作过官者皆目之为官僚，虽于名义无碍，而实不同。盖斥之为官僚者，言其以官为业，去此不能生活，而其居官则唯诺以保禄位，无所建白，故可恶也。

谈　月

夫月最动情，令人百感横生，然余以为最好相对澹然而不动虑。清辉互暎，胸襟无滓，则真不妨百回看也。不然，圆缺怨欢，与为循环，亦竟无谓矣。昨与智影看月后有诗意，今起即为之：

狂风逐湿云，片片东西飞。云散风亦止，一轮自东移。企望心自急，珊珊来何迟。接目何团圞，投怀尽清辉。娟娟复皎皎，此乃姑为辞。仪态竭万方，谁能写多姿。多姿复岂弟，蔼然如母慈。万物各自照，无择为不私。对此豁胸抱，澹澹无所思。惟念同情人，此际忘其疲。（智影言归后尚须续看。）清露倏已下，勿使沾肤肌。

梦中诗

七月十七日晨梦中得句云："庙堂无善策，清野有遗贤。丝发回翔地，江湖浩荡天。乾坤终日战，何事小儒悁。"补首二句可成五言律诗。

可异的政令

至吉祥园听戏，以谭鑫培曾孙百岁今日出台演《碰碑》

也。百岁视叫天颇能具体而微，异日必有成就胜其祖也（鑫培子小培远逊其父，能继鑫培者，小培子富英也）。

吉祥悬有公安局一区署取缔奇装异服办法若干条，盖本之南昌行营。其原意在纠正风化，故所列各条中多关女子服装露体方面事。服装与风化如何关系姑不置论，女子服装之不雅观者，如上衣短衣，不能掩裤腰，复不着裙是也。至于今日装束，实不甚奇异，其奇异者，必带西方意味。然其办法中明明示人曰："着西装者，听之，但不许束腰。"于是所谓摩登女子，类变而服西装，或在不中不西之间，而托之西装，其露体更甚。故取缔如此，而放任如彼，不知用意果何在也。且名取缔而实只可不闻不问，盖亦有格于势而不能行者。假令必行，其骚扰何如，此真中国之政令也。北平市直隶行政院，不在所谓"剿匪"区域之内，而奉行南昌行营之令，亦可怪也。抑服本国之装，小有变通则目为奇异而加取缔，而服西装则任之，是无异令人当服西装也，可骇已甚。服西装则形形色色，益增奇异，固不待论，而在冬令，衣料必多取诸外国，此亦无异为外国推销其产物也。於乎，今日政治所急，本不在是，而一令之出，曾不三思，可谓未读《霍光传》者也。

刍荛者言

廿四年七月五日访宋仲方，仲方告以谣言或七号夜当有变。然既为人所知，当无虑矣。仲方又谓："王克敏北来之前，曾与黄膺白、何敬之商榷对日之策，终以抗御不能，承认侵地不可，仍止支节应付一法。"然而支节可以日生，应付岂有既耶？当国府移宁之际，余即以为内政当定国是，外交当定国策，两者皆以从速调查研究入手。此事当以建设委员会任其策画，政治会议决其行止，总之必使有通盘大计，然后政治方入途轨。十七年，曾劝张静江先生不必办事业（时静江长建设委员会，方揽办电气、筑路事），宜筹建国大计，政治会议不当仅为因应之机关，宜设各曹，审定国计，时静江方有所避，不敢当此任。后二年政治会议虽设曹司，尚非如余之旨也。曾几何时而国势陵夷至于如此，回想收复汉口租界时，作何感想耶？

仲方又谓："监察院将劾汪精卫、黄膺白、何敬之及殷同等，以丧权辱国罪。"於乎，果有其事，直儿戏耳。夫监察院之精神，早已磨灭尽净，亦可谓未曾实现。因有监院以来，问狐狸者固数数见，而豺狼则未之问也。此次北陲之事，论理当劾，而当劾者岂仅此数子耶？且在此时而有此举并不足以示惩戒，而内政外交之纠纷益起。於乎！好为门面事，亦吾国人之习性也。余以为此时止宜认识某为真正辱国者，不复使之得政，而切实筹定国计，而励行束湿之治以科其效。监察院于国计既行之后，执法而绳，择豺狼而诛之，则狐狸自安于窟穴矣。

姑妄记之

同县吴子抱言其外祖于太平天国军陷杭城时，为所掠榜。诡云有窖银在某处，军酋遣小卒二人挟之往取。欺卒使舍兵器，掘地丈馀，故无银也。卒既在坑中，即取兵杀之，覆以土，亟逃窜。会暮，遥见前途有灯光，往依之。至则有四人据桌为由吾之戏（"由吾"，赌名），四人者顾之，皆无善状。既而叱令蹲桌下，为搔腿。为一人搔则三人者各以足蹴之，怒其不为搔也。乃以两手【选】〔迭〕搔八腿，不得休息，体亦惫且僵矣。俄而天明，乃无屋宇，亦无桌【桀】。身在荒野，四人者皆死尸，横陈于侧，其腿上无完肤，皆爪迹。已爪甲中则腐肉满矣。

锦城行记

廿六[1]年十月廿七日晨七时，自北平赴成都，乘欧亚航空公司六号小型机出发。飞空约千米达，途次俯观，所经皆平原，田畴皆无所植，而田方甚为整饬，土色甚丽，略如今西式建筑中地板之用各色油木砌成者。村落如棋布，每成方形，余以为此非偶然，盖今之村落，即古之部落，实即城邑之雏形，其制由来久矣。凡村落率有树围之，所谓境界林也。村落中屋宇道路亦甚整齐。九时四十分过彰德府城，城为长方形，城内屋宇亦整齐，仅东北隅有少许空地耳。城有水环之。十时二十分，过卫辉府城，东南北为等边形，西北少鼓出，城内屋宇不及彰德之整齐，空地亦多，屋宇约占五分之三而强耳。

十时三十分，抵郑州五里堡机场，更乘十九号大型机。小型机中才有客座三，大型机中设备尚佳，椅子可坐可躺，前后二室，共十二座。十一时十分自郑起发，高度已渐增至二千米达，所过皆山。十二时四十分许过华山，适当其颠，峰势奇伟，率皆峻削，见绝壁之上有屋宇焉，惜飞度甚速，不能徐览也。

午后一时二十分抵西安之西郊，西安城有内外，内城甚大，屋宇道路亦甚整齐，新建筑物少而翘露，乘客抵此可以进食，但须先语侍者，以电报相约，俾得豫备。余因不觉饥饿，徘徊于机场四周，遇工人方执炊者，与之语，问岁何如，曰："大旱。"因指四周曰："皆不能下种。"问粮价几何，曰："四等面须卖二元二毫，盖一斤之数也。"观其以干稻叶为薪，问其此间皆用此以炊耶，曰："煤贵耳。"遇陕西省立一中学生三人来观飞机者，询其对于学校满意否，曰："那能满意，不过较前稍好耳。"三人皆甚有礼。

二时，由西安再发，高度渐升，二时三十分达二千六百米达，所经山巅，草木黄翠，阴有积雪，旋复升至二千九百米达，旋竟升逾三千米达，气候渐寒，云飞于下。三时经过一处，有水道已涸，而绵亘甚长。将抵汉中，复经一处，亦有河流，而山皆无峰，亦无草木，似经冲刷然者。三时廿八分经一处，群峰历乱，而颠树葱郁，青翠之中间以绛黄，俯视如观五色鸡冠花，极为美丽，有水道极长。自此而西，高度渐降。三时三十分为二千六百米达，四时降至二千米达。又经一处，河流甚曲，水浊，山原皆经耕种。四时五分飞度降至一千八百米达，旋复渐降。自此而西，水道弥多，草木皆绿，俨如春日。四时二十分经一县治，其西为河，西南有桥五孔，有大道在其南，自西而东。四时三十分经一河，自南而北，水色甚新。自北而西，村落渐密。至四时四十分，则道上有人力车往来，知抵成都矣。

四时四十五分抵成都城岩凤凰山下，自北平至此约二千七百公里，去其逗留者八十分时，实行八时四十分时，计每分时当行五公里又二分之一而弱也。机中所苦惟耳如雷鸣不绝耳。

入城，寓东胜街沙利文饭店，城内道路尚好，皆以三合土涂成，胜柏油路也。道路亦洁，闻系责成居民逐晨扫除，故官无所费。此二者皆杨子惠督川时政绩也。

沙利文为军政界要人所设，每日皆有宴集，游伎亦穴其中，喧嚣闻耳，睡不得安。余喜早起，至此则七时后兴，侍者枕藉户外，鼾声相和，呼之不能起也。欲盥不得。移寓则新式者皆犹吾大夫也，旧式者则皆逼而不洁。

游市，闻此间古玩铺皆在忠烈祠街，遂尽阅诸铺，颇多哥瓷大印泥盒，然旧而完善者少，余得其一，乾隆仿成化也。别得成化哥瓷笔筒一，雍正花瓣式水器一，与余北平所得同形，而色较深。钟式水器一，道光时物。小盘一，铺人以为明瓷，可信。惜釉经擦损，不甚泽矣。此数器仅费银币十馀元，在北京至少五倍也。然有一浅绿水器，亦明瓷，谐价不得，其实亦止索十馀元耳。

成都市廛略似杭州，而住宅则似苏州、绍兴。巨室皆为台门，多悬板刻门联，或横匾额，皆吉祥语。有以匾额为庆祝者，皆悬之大门以内，此俗余初见也。有一宅，门户已仿西式建筑，而额上书"初哉首基"四字。市中男女头缠白布或黑布者甚多，黄任之《蜀道》以为盖古遗俗，或以为始于为诸葛武侯服丧者，则不必然，盖实以气候关系以此护首耳。

蒋养春来，偕游新西门外草堂寺、浣花祠、工部祠，二祠皆在草堂寺右。寺中楠木甚多，川中产此最富，故巨室率以楠木为之。浣花祠有额曰"簉室英雄"，大为滕妾吐气也。工部祠中奉子美，左祠黄山谷，右则陆放翁，皆塑像，尚不甚恶，当有所本也。寻清以前石刻不得。寺祠今方设保甲训练班，神龛以外皆卧具也。辛亥吾浙光复后，学宫亦如是。大成殿外两庑皆置寝器，先贤木主不可复睹。死者固无知，若有知，当叹与衣文绣以入太庙而复弃诸涂污以供樵牧之践者何异耶？世间荣辱恭敬，皆狐埋狐搰而已。以不便周游，遂折而至西门外，游丞相祠堂。其前为昭烈祠，昭烈祠两庑皆祠昭烈臣僚，昭烈、武侯塑像皆俗甚，武侯之像竟不如剧中所饰，尤较温雅也。再经南门，至东门外，竭于望江亭，即薛涛故宅，涛井在焉，今名郊外第一公园。修竹丛生，高蔽云日，境尚悠闲，惜未整理，小贩卖食物者川流不息，极扰清谈。

出成都北门，过驷马桥，传系司马相如遗迹。游昭觉寺，寺建于唐，旧名建元，其大殿梁上有吴三桂署衔之题。

寺藏有陈圆圆制贻丈雪和尚鞋子一双，鞋颇长大，今人不能用也。有吴炜夫为丁稚璜绘象，神气蔼然。此老之为忠良，于遗像犹可见也。有丈雪、破山两和尚行草遗墨刻石，书皆佳，而破山为尤。有朱德未入共产党时所书匾额，将为丛林掌故矣。此寺为四丛之一，寺产亦富。

刘航琛来，语川情甚悉。航琛方掌财政厅，言川省人口约七千万，国省两税年约一万万而馀，是平均每人担负不及一元五角耳。吾杭市内人口五十万，而市政府收入二百万，平均每人须纳四元之税，而其他缴纳于省国者不与焉。然则川人宜苏于杭人，而川人之苦若甚于杭人者。县中附加捐增于正税者数十倍，闻某县政府修理公署亦有附加捐。往年防区制之下，军人皆可征税，搜刮甚刻，至连营长亦拥资百万，则民尚得不苦耶？

赴吴又陵之约，晚饭于其家，八时许归。途中无灯，不辨所向，然有路灯捐也。往日晚归，皆由养春、寿椿以汽车相送，故无黑暗之感。今以人力车，车亦无灯，遂如入地狱矣。

昨饮吴又陵家，章衣萍携川刻《绿野仙踪》见贻。此书旧与《金瓶梅》同称淫书，向见小石印本，未之读也。今晨客来不绝，不能得治他事，遂取此书择其要目观之。其写何公子与金钟儿及温如玉与玉钟儿已秽亵至矣，乃写周小官与萧蕙娘更甚。而羽士与翠黛尤甚，不啻观秘戏图也。岂独少年人阅之将为伐性之斧，即中年人亦岂可阅！不知作者何心。或谓此书描写"酒色财气"四字，而于色字尤极力烘托，然笔墨并不甚佳。金钟儿以一死了之，岂不大妙，再生为蛇足矣，然旧小说往往如此。

《水浒》中潘金莲呼西门庆为"达达"，顷见某报有文，考为蒙古语。以《绿野仙踪》有亲达达，及达达与妈妈对举者考之，则达达即爸爸或爹爹之转音，闻川伎呼狎客于淫亵时亦如此。然军官学校成都分校副主任马君弼语余，其乡呼父为达达，君弼故陕西籍，清初徙于川之绵阳，足证余说非臆度。

成都饭馆以荣禄园最为道地，今则以姑姑筵为最时髦。姑姑筵者，乃川俗小儿相嬉，掬土为蔬，若相乡者也。此店主人遂取以为名，盖取嬉戏之意，亦谦辞也。主人黄晋龄，由仕而隐，以此资生，故即于其家设座。每日仅应一席，必须豫定，亦不得由客择菜。资须豫给，每餐自三十元起，烹调则主人与其子妇及女司之，殊与寻常饭馆不同，不失家常风味。然余未觉其美，或非川人故也。然如"不醉无归""醉花楼""醉沤"，皆其支流馀裔，而有市味矣。

孟寿椿侍其尊翁来，偕余赴灌县视察都江堰，自西门出，经郫县而西，抵崇义镇，已为灌县境。过郫县，即见远山为云气所笼，渐近则山头积雪皓然。及过崇义而西，重峦叠障，迎人而峙，即青城山脉也。抵灌县城外，市廛甚繁，经太平桥而入城，桥跨岷江自二郎庙分流入内江之水上，江声可闻，水色澄碧。至县政府西之水利局少歇，换滑竿赴二郎庙。滑竿者，以两杠缚竹坐具，乘之以登山。其坐具编竹如帘，长二三尺，宽尺馀，四角缚于杠上，人在其中，半坐半卧，下山上山，随势皆正，前悬以木，可以安足，殊便山行。《汉书·沟洫志》："山行则梮。"《严助传》："舆轿而逾岭。"服虔谓："轿音桥，谓隘道舆车也。"臣瓒谓："今竹舆车也。"余谓梮即轿也。韦昭曰："梮，木器，如今舆床，人举以行也。"韦说最明，滑竿当即梮之遗制。

出灌县西之宣威门，经玉垒关，过禹王庙、纯阳观、慈云洞，抵二王庙。二王庙即二郎庙，以兼祀李冰父子，故号二王。其实离堆祀李冰，此祀其子，故子居正殿，而冰乃祠于寝殿也。

相传岷江泛滥，秦时蜀守李冰父子乃将灌口一山凿断，使上游之水至此分为两派，一南行为外江，一北行为内江。而内外支分条析，灌溉川西数十县，民生以给。故川人神之，以配夏禹。其凿断处，号为离堆。有庙祀冰，号伏龙也。

堆之西有土石突出，下断上连，以水面下视则似断，其实必不断也。堆形似象，而此似象鼻，故人号为象鼻子。

二郎庙大门以内有石，刻"深淘滩低作堰"六字。又有一石刻"深淘滩，低作堰。六字旨，精可鉴。挖河沙，堆堤岸。砌鱼嘴，安羊圈。立湃阙，留漏罐。笼编密，石装健。分四六，平潦暵。水画符，铁椿见。岁勤修，豫防患。遵旧制，毋擅变"。又有一石，刻"深淘滩，低作堰，遇湾截角，逢正抽心"。此皆老于河工水利者特书以诏示后人，今观其形势犹如所言，而"深淘滩，低作堰"六字尤为要诀。盖淘滩不深，则沙石阆积，水易横流；作堰如高，则水大时为堰所阻，水势愈猛，易趋于一道，而溃决反多，下流受溉之处或偏于少，或偏于多，是仍为患也。不审此见然否？庙内灵官殿右廊有匾二，一书"书如其人"，一书"纯正不回"。上有方朱印，文曰"严武御书"。此岂杜工部府主之严武耶？何以称为御书，不可解也。又有一匾，为邓石如篆书，其文曰："六二，鸣谦贞吉。象曰：'鸣谦贞吉，中心得也。'九三，劳谦，君子有终吉。象曰：'劳谦君子，万民服也。'"大殿悉以楠木为之，柱逾合抱，高可五六丈。闻殿毁于火，此犹近年新建者也。中祀二郎偶像，两眉之间，复具一眼。夫舜重瞳子，由《书》言明四目而附会，姬文四乳，亦张其词，固未必重瞳四乳也。二郎具三眼者，意状其治水有特见耳，亦未必三眼也。然检小说《封神传》中杨戬号灌口二郎神，亦三只眼，戡携哮天犬，使三尖刀，此庙殿前亦陈铁铸哮天犬、三尖刀，则此神又是杨戬而非李冰之子矣。然李冰父子有此功绩而不见《史记》《汉书》，何也？垂之方志，盖自传闻，余疑实即鲧禹父子事之讹传。禹生石纽，正是蜀地也。庙依山，其上则祀老君。守庙者为道士，然则乃羽流中之无识者，妄以附于《封神榜》中之杨戬而铸犬与刀耳。老君殿最高，本可望江流全景，乃为乔木及建筑物所障，不能尽览为恨。大殿后有木主甚多，皆昔之治此间水利者，惟丁宝桢有塑像，塑不甚好，与昭觉寺吴焯夫画像相较，此都无是处也。

出二郎庙而西，半里而近，有绳桥，共列七排，每排十五丈，或二十丈，盖长半里而强。绳绞竹为之，巨可拱把，上铺木板，旁设绳阑，宽约八尺有奇。故桥毁于往年二刘之争，刘湘既逐刘文辉于桥南，遂焚桥。去年始复，费竹一〇九四五〇根，石七三五九五方尺，石灰五八五八二斤，木九九〇〇〇根。余等乘滑竿过桥，而步行以还。在桥上观江流派别甚晰，水声工工，夺道急下，而水则浅青，激浪成白。水中卧竹龙，即所谓编笼密石装健者。川富于竹，竹性坚韧，编成数丈之笼，而装石其中，以弱水势，然年必勤修，盖水急力大，不易以新，不能持久也。

归途观离堆，以水利局同人邀饭，虽方午后三时，草草一览而行。盖川俗日食二餐，午前十时，午后四时也。饭毕，谒灌县县长吴君，方午睡，朦胧而出。余本无意谒之，寿椿以吴乃其乡人，不宜过门不入耳。县府大堂犹同清制，公案帷以红布，锡质砚与山形笔架又触余目矣。其西为民刑事犯拘留所。刑事拘留者未见，盖不使得与外人相面也。民事拘留所见一老妇、一中妇、一童子，余心恻然，不知童子所犯何事也。四时归，六时馀抵成都。朝夕往返二百四十里，又得从容游览，无汽车安得办此耶？科学之利如此。以明晨即有军官学校成都分校演讲之约，不得留而登青城山也。

注释

1　据马叙伦《我在六十岁以前》，此行当在民国二十五年，即1936年。

论书绝句

余自幼好书，垂老得法，廿六年丁内艰，读礼之暇，成《论书绝句》二十首云：

辗转求书怪尔曹，可曾知得作书劳。好书臂指须齐运，不是偏将腕举高。

近代书人何子贞，每成一字汗盈盈。须知控纵凭腰背，腕底千斤笔始精。

曾读闻山执笔歌，安吴南海亦先河。要须指转毫随转，正副齐铺始不颇。

仲虞馀事论临池，翻绞双关不我欺。亦绞亦翻离不得，郑文金峤尽吾师。

柳公笔谏语炎炎，笔正锋中理不兼。但使万毫齐着力，偏前偏后总无嫌。

笔头开得三分二，此是相传一法门。若使通开能使转，是生奇怪弄乾坤。

横平竖直是成规，蝘叟斤斤论魏碑。我谓周金与汉石，何曾平直不如斯。

偏计方员是俗师，依人皮相最堪嗤。金针度入真三昧，笔笔方员信所之。

三字尤应三笔殊，须知莫类算盘珠。纵教举世无人赏，付与名山亦自娱。

书法原从契法传，奏刀起讫断还联。断处还联联处断，莫轻小字便连绵。

为文结构谨篇章，写字何曾有异常。布白分间同画理，最难安雅要参详。

意在笔先离纸寸，此须神受语难宣。无缩不垂垂更缩，藏锋缓急且精研。

北碑南帖莫偏标，拙媚相生品自超。一语尔曹须谨记，书如成俗虎成猫。

古人书法重临摹，得兔忘蹄是大儒。赝鼎乱真徒费力，入而不出便为奴。

瘦硬通神是率更，莫轻罗绮褚公精。承先启后龙藏寺，入手无差晓后生。

名迹而今易睹真，研求莫便自称臣。避甜避俗须牢记，火候清时自有神。

漫从颜柳度金针，直搏扶摇向上寻。试看流沙遗简在，真行汉晋妙从心。

六代遗笺今尚存，石工塑匠也知门。（魏碑刀法即其笔法。今河南刻工下手即如魏碑，故伪石遂众。余藏有唐高宗辛未伊州塑匠马报远书《天请问经》，规矩俨然。）唐朝院手原流远，可惜规规定一尊。

唐后何曾有好书，元章处处苦侵渔。佳处欲追晋中令，弊端吾与比狂且。

抱残守阙自家封，至死无非作附庸。家家取得精华后，直上蓬莱第一峰。

余书似唐人写经

得龙瑞书，谓曾参观敦煌石室藏经，见宋人作书，颇类吾父。何故？按：余书见者皆谓似唐人写经，其实得其法耳。余固未尝临唐人写经，且以其为彼时院体，并非上乘，未尝贵之也。然敦煌藏经皆唐以前物，瑞言宋人，误闻乎？或所见有六朝刘宋时物耶？

严嵩书

杭州城西湖栖霞岭下岳鄂王庙内有严嵩和鄂王《满江红》词石刻，甚宏壮。词既慷慨，书亦瘦劲可观。未题衔，华盖殿大学士。后人磨去姓名，改题夏言。

黄晦闻书

黄晦闻书学米南宫，但得其四面，即骨筋风神也。学米而但具此四面，无其脂泽，将如枯木，但具其皮肉脂泽而无此四面，便成荡妇。若但具皮肉筋骨，而无脂泽风神，亦是俗书。后之学米者，总不离乎俗，学之弥似而俗亦弥甚。世有叹余为知言者否？

鲜于伯机书

鲜于伯机书以雅胜松雪，张伯雨不及伯机而尤雅于松雪。余所谓雅者，以山林书卷为主要对象，有山林书卷之气韵，书自可目。

于右任书

上海西爱咸斯路（今名永嘉路）一店中，有镜框中盛于右任书陶诗一幅，余每过必伫观之。盖与予称其杭州湖滨题碑字相类，真迹也。然谛视此为绣成，工手亦不恶矣。近有两派恶书，即学右任与康长素者也。于、康字皆不恶，康犹胜于远甚。然二人似恃其善书，有玩世之意。亦有所作随意为之，亦入恶道者。故其流遂致于此。

张静江书

张静江能画。画胜于其书，书仅具赵松雪面目耳。十六年，静江忽起兴卖字，即日登报，稿犹余所润色也。数日间即来求者不少，静江在政府也。于右任能书，自谓其书如梨园之客串。其书实有自来，而太无纪律，摹古自造，亦两不足。然余颇许其杭州西湖之滨所题六十八师阵亡将士纪念碑，颇有米意。其近作转不如前，由太随便也。右任亦以在政府故，求书者委积。上海市中招牌，每见右任题名，乃几无一真，且竟有不可示人者，然得之者皆堂皇高悬也。

沈尹默书

与智影访沈尹默，尹默出示其近年所书，有屏四幅，尹默自许为可存者，余亦仅许此四幅，以为伯仲米虎儿，然虎儿亲承海岳之传，于海岳书若具体矣。海岳直欲凌唐入晋，而虎儿局促唐人辕下，仍是宋人面目。且其骨气不清，则子不能得之于父，殆天也。尹默此书面目极似，而于虎儿终须以兄事之，盖笔中犹若夹杂也。余以为尹默他日即以此跨虎儿而上之，若去此便反落虎儿局中，不得出矣。尹默作捺脚时时类海岳，由同其用笔方法故也。

尹默又示其所临褚河南《孟法师》《房梁公》两碑，以此见尹默于书，正清代所谓三考出身。于右任尝比之为梨园之科班，而自比于客串，亦非轻之也。余则若清之大科耳。盖余抱不临之旨，偶事临摹，终页即止也，况终篇三复耶？尹默今犹勤于学褚，其论河南实冠有唐一代。余谓颜鲁公、徐季海终是开、天以后作者，不得至开、天以前，尹默亦谓然。余谓河南书《梁公碑》乃属晚年，固有史实。然即书而审之亦然，尹默亦与余同，谓倪宽赞非伪，特非晚年书，此与邵裴子见异，而余同意于尹默。尹默作书无论巨细皆悬腕肘，然指未运，故变化少，其论中锋仍主笔心常在画中，特以毫铺，正副齐用，故笔【中】〔心〕仍在画中，此在六朝碑版中观之亦然，若《郑文公》《金石峪》，余终以为指亦运转，而副毫环转铺张，笔心在中，蔡伯喈所谓奇怪生焉者，必由此出也。此则止能各由其道矣。

在尹默处得观影印本晋唐以下墨迹，不觉喟息。盖余近年所收此类尽付劫矣，尹默赠余米海岳书《元日明窗》墨迹影印本，自此又得与老颠日亲矣。

陈老莲画

四年十月，京师中央公园开书画展览会，凡七日。余以第一日往观，所见有陈老莲人物一帧，画一宰官高坐，执笔吏人数辈侍焉，相皆奇古，冠服大似日本古装。有一葫芦，口上出人半身，对宰官若嬉笑者。初不明何意，次日偶翻《酉阳杂俎》，乃知所谓"傀儡戏郭公"也。

马阮画

《随园诗话》记宿迁女子倪瑞璇嘲马士瑛、阮大铖云："卖国仍将身白卖，奸雄两字惜称君。"余谓卖国者岂有不兼卖身者，抑且先卖身而国从之，国乃其媵器耳。

二张画

在九华堂裕记见张善【仔】〔孖〕、大千兄弟合作虎图四幅，大千补景者。善【仔】〔孖〕画虎，自是今之名手，然少韵致，亦由欠生动也。此四幅虎皆瘠，盖听经而不食生者软？又有大千所画仕女一幅，衣褶有大病，面貌则非古非今，又体肥而短，举止之状亦不大方，似一闺婢耳。大千以画负当世盛名，然气韵不厚，模古有馀，自创不足，骇俗有馀，入雅不足。

溥心畬画

侍陈伏庐丈，并偕邵铜老至中山公园观心畬爱新觉罗·溥儒之画。余观心畬画，此为第三次。心畬以故王孙，多见宋元名迹，故其画以宋元为面目，而以天姿济之。初出问世，自具虚中，俄为流俗所赏，以并蜀人张大千，号为"南张北溥"。品乃斯下，全趋俗赏矣。夫奖掖人伦，足开风会，如朋党相举，则离道以险。若心畬者，不复自抑，则反朴无期，敫气日盈，天机自浅矣。

笔　墨

作书不必择笔，亦不可不择笔。笔之佳处，婀娜刚健四字尽之。墨须现磨，须光绪十一年以前所造所谓本烟者方可用，然仍须质细胶轻。唐宋之墨，今不易得，往年见福开森有李廷珪一定，然未辨真伪。闻袁钰生亦有此墨，惜未见。明之程君房实为佳品，然亦不易得矣。凡墨，用前须薄漆以防水润，否则致墨易伤，漆墨亦难，太薄则仍失其作用，稍厚又泥笔，不可不慎。余已受其弊矣。

磨墨须时时四面调换，务使保持平正，随磨随拭，不使墨上沾水，以免伤墨。且使墨汁清细，不致胶笔。墨汁浓淡，以墨汁滴于纸上，检其晕化，若入纸全化者自未浓也，必须渐化而汁凝于中，观其色已与墨色同，即可用矣。若落纸不化而凝者，太浓，必滞笔矣。磨墨须注意手法，不使忽轻忽重，用墨亦用其清浮于上者，若其沉淀，则徒损笔而碍使转。醮墨须令墨汁入于毫之全部，即所谓笔头全部通开也，且须令墨饱于笔。

日本墨近未用过，不知佳坏。高丽墨则用过所谓翰林风月者，实不中用。其敝如今所谓洋烟制墨，且不黑也。然或更有佳墨，余未之见耳。安南墨，据佩英言，亦如翰林风月也。

纸则新者嫌涩，然旧纸亦不易得，止须质细而坚，墨入而不润，笔过而不留，金笺徒供美观，藏金、虎皮、珊瑚、染色皆是备品，不足传久。

砚则但须坚润质细，不伤笔墨者，如唐宋澄泥及端歙之佳者皆可。砖砚不可用，虽古砖亦不可也。

高句丽笔

　　余觉古人所用之笔极须研究。魏碑中有许多笔法，以今笔试之不得。于是有将秃笔书者，有将笔头略焚或小剪用之者，无非欲求抚写，皆得其形肖耳，或谓此乃刀法也。果然耶？余疑亦有笔之制作关系。如余近用高丽人某所缚之笔，便觉曩时以为日本制笔较胜于吾国所制者，此又超胜之矣。吾国制笔，以狼毫为最柔矣，然使转犹不能尽如意也。且制法亦不讲究。日本制者，制法较精，而毫并不甚佳。以之摹晋唐人书，自较吾华制者为胜，然偏于强，故得劲，而使转亦不尽能如意也。高丽所制，余初用者为一寓天津之高丽人所制，由邵伯绚先生代使为之，然仅作中楷、小楷者二种。其后高贞白向汉城永兴堂购来赠余者，亦中楷笔，以余作中小楷时多也。伯绚所使为者，毫色如吾国之所谓紫毫，然细如丝发，柔于狼毫，露出笔管一寸以外，通开及管，而悬肘运指用之，无不如意。永兴堂制者，色近狼毫，而柔过之，用之亦使转如意。凡晋魏名书中许多笔法及姿态，皆可自然得之，故知有不关笔法而实笔使之然者。

黄晦闻遗砚

晦闻遗砚大小廿六方，由其如夫人送来，嘱为代觅受主。汤尔和选其蕉叶白一方，背有晦闻自为铭曰："不方不【完】〔圆〕，亦毁亦完，如吾砚然。"晦闻自道矣。馀由余送往伏庐，由陈丈召厂肆估值与之。其中半月形一砚，本系余家旧物，乃晦闻乡贤明代李云谷所遗，有云谷之师陈白沙隶书铭词，屈翁山跋之。余昔为跋而乞陈弢庵、朱彊村、马通伯、章太炎、杨昀谷、吴绅斋、诸贞长、马一浮及晦闻题之。晦闻卒之前岁，乞于余，余举以赠。不意晦闻遽下世，而此砚又将流落人间，然余以避嫌不敢取也。伏丈乃为复从肆贾购之。贾见其残，亦喜即有受者，遂不僖价而复归于余。盖砚本规形，残及半矣。

程君房墨

袁钰生善鉴藏，其所蓄墨可值十万。钰生亡后，已有愿易价者。余与陈伏庐丈、陆季馨合购其程君房制万历御制墨、玄玄室六根清净及方于鲁制者各一。余试之，玄玄室最佳，御墨次之，研时皆不起沫，其黑如漆而入纸。方制研时起沫，盖漆重也。色亦黑，但以比程制，则方制油重，略有浮光，然以比昔日伏丈赠余之永乐墨为佳，永墨坚而不黑也。此数墨臭之绝无味可得，其性静矣。程制御墨质不如方制之细，玄玄室则质色又在二墨之上。又分购得曹素功制"康熙耕织图"二方，较明墨次矣。

元椠《琵琶记》

吴癯安梅得元椠《琵琶记》，乃常熟钱氏故物，有钱谦孝章，盖蒙叟昆季行也。展转入士礼居，荛翁亲识其后。复为端方所得，陶斋以赠翁傅，末有松禅老人题识，乃戊戌五月归田时笔也。此书椠不见精，惟与流传本颇异，顷为吴兴刘氏景刊矣。书装二册为一椟，椟以楠，上刻识亦精。以陈简庄《经籍跋文》称荛翁以香楠椟藏宋本《周易集解》及宋本《尔雅疏》，镌题目一一精良，则此椟亦为士礼居故物也。

《荡寇志》

枕上阅《荡寇志》，此书俗称《后水浒》，于《水浒》

似有续貂之病，且笔墨亦未能及也。然是有所托而为之者，虽不能及，而视今之诸武侠小说，终胜之耳，特收束处殊为画足。作者亦当时通人，艺术思想甚为发达，所述战具如奔雷车之类，竟如现代武器中之坦克车、机关枪、高射炮，亦奇思也。

余觉旧小说如《封神榜》《西游记》，皆事托迂怪而思有独到。《封神》有反对独夫之革命思想，《西游记》明是演佛法以唐僧当净识，亦第八之本体，悟空则第八识之功用，猪八戒、沙和尚喻第七、第六也。《封神》及此书所言战具，虽事实不可同日而语，而理想与现代科学家相近，使作者生于今日，受科学之陶镕，必有惊人之发明，尤如此书之作者，实以物理之根据而体验其奇逸之思也。

狐　异

往闻江苏承宣署有大仙楼，遇布政使有升迁，即现异征。楼门凡中、左、右各一，平日扃之，中门忽开则使升巡抚，左启升漕运总督，署使真除则启右门，历试不爽也。清末，陆钟琦升山西巡抚，中门忽启，然自此门即不闭，盖是年武昌起义矣。兹复得四事，其三陈丈仲恕说，其一叶丈浩吾说。

陈丈云：富阳人陆某，求是书院开始第一班学生也，后毕业上海约翰书院，清末以六品警官供职京师，以信耶教故，无异种信。其初至京，居某处，屋故有大仙，而陆不之信也。一日，倏有大石自空而坠，几中其颠，人谓之曰："君不信大仙，今验矣。"陆曰："是石也，安知必为渠所致乎？"言未已而又一石至，陆犹强项不信。是夜，门无故自开。翌日，陆自以木石塞其门，及旦而木石如故，门已失所在，陆乃异之。走语其友魏冲叔，冲叔亦不信，曰"乌有是"，偕往觇之。冲叔睹石曰："是乌足异，若此石能自窗孔入者，乃足异耳。"言已而一石果自窗孔入，冲叔惧而去。自是或掷自鸣钟于水缸，或塞袭袍于小瓮，败物甚夥，乃循俗祀之而已。

丈又云：杭人某，奉母以居，而不信狐之能仙也。其赴春官试，尝挟数百金，必置秘戏图于其中，盖闻有铁板数者，能算取人财，以此压胜也。一日，狐以稻草为箸置几上，设于其母卧榻前，盖若供殃者然，又列秘戏图焉，其母见之大怒曰："是欲咒我死耶，且又乌得是物？"挞某无数，某呼詈而告冤于人也。

丈又云：某遇一狐友，能饮，相对设盏，不见其形而盏屡空，且善谑，某自以为得友。其后，某出贾，其妻乃画一八卦，悬之床上，盖惧狐之来也。然狐初故不至，及是，狐至，谓某之妻曰："吾与若夫友，甚相得，且助若家致温饱，如某事某事，皆吾阴助以得利也，若何为为此，谓吾将不敢至耶？今来语若者，所画八卦有误耳。"词已即去，妻顾视八卦，果有误也。某归，狐不复至而家日落。

叶丈云：民国三年，上海英国租界地名麦家圈者，有居民某姓，其老妪取衣凉台，撷领而尘挝之，盖去尘也。忽有北方妇人声曰："汝奈何挝吾臂乎？"老妪大惊，呼少妇至，告以故，少妇曰："乌有是，若误聆耶。"即闻答曰："我实在此。"少妇询以自何处来，曰："自山东某县来，且非我一人，我家全在此矣。"自是，风传某家有狐仙，税务使英人裴某闻之，躬访察之，甫至，即闻曰："裴先生来矣。"继而数英人至，皆立道其姓氏、职业无讹也。如是旬馀，忽谓某家曰："吾与若缘尽矣，今且移至某地，自此与若别矣。"后遂无异。

狐　祟

因记狐异，复忆一事。同县袁文薮毓麟，故居杭州城内广兴巷，屯纸为业，一日，纸堆之中忽然火起，【故】〔顾〕

亦无所毁损。人知其为狐祟，而文薮是时方主无鬼之论，邀韩靖盦澄同往观之，果非传者之谬也，因吓之曰："如不即戢，将控诸城隍。"火竟不戢，且四面燐燐，此止彼作。二人惧而并去，而袁氏之业自此衰。此文薮目击，可为传信。

熊十力奇疾

沈飕民来。与飕民不见三十年矣。飕民长余八岁，然神气甚佳，眉有寿相，谈及吾宗一浮，知与熊十力同任复性书院事于重庆。十力治哲学，通佛理，又精儒家言，欲贯通之，而有抑扬，大氏以儒佛为胜。平生有奇疾，终日立而不坐，冬不能御裘，虽居北平犹然，不然则遗精也。今乃病愈，可喜。

弘一预知寂期

弘一法师俗姓李，吾浙之平湖人，而世居河北，家世富贵，其名字屡易。余于其友冯某知其善书，篆隶皆擅胜一时，而力于魏碑，《中外日报》封面即其手笔也。时为清德宗光绪二十五、六年间，其字叔同。叔同善音乐，出入勾阑，昵一妓，妓亦善书，致相得。后忽游日本，仍研求音乐。归而清社已墟，遂执教于杭州第一师范学校，颇为学生宗仰。易字息霜，既而厌世，披剃于杭州虎跑定慧寺。后游锡福建，往还闽浙，居泉州开元寺时为多。

三十一年十一月十一日夏丏尊来，以弘一圆寂告。弘一贻书与丏尊告别，谓将以某月日离世间，而缺其月日，寂后告丧者为补具之，乃旧历九月初四日，即今历十月十二日也。世盛言高僧预悉死期，若可定以晷日者。其实神明之士自知魂魄盛衰，则死可预测，若必期以晷日，乃传者神之耳。使弘一告别之书传之后世，亦必以弘一自知寂于九月初四日矣。余方寄弘一诗求书，托丏尊转投，计时未达而弘一已寂，可谓缘悭。

出使笑谈

清季始遣三品以上大臣出使有条约各国，即驻其都。开府设属，其次有参赞等官。遇贺节庆，出使大臣率参赞以下朝焉。杨枢使日本时，一岁，朝元旦。凡朝，日皇南面立桌内，使臣去桌丈许，北面三磬折，毕，趋至桌前，日皇已举手待握，握毕，使臣侍立于桌侧，申言随使各官同贺之意，即依次唱名。参赞以下随唱前谒，礼如使臣。凡握手尚右，以左为亵。参赞汪度误举左手，日皇因不与握，度不知也。杨枢大惊，阴撼度右臂，意其能觉，而殿陛平滑不利立，中国衣冠峨博，辄易致蹉跌，度为枢所撼，即俯仆陛上，大失仪节。

日本每岁有二节，春日樱花，秋日菊花，大集百官，张宴玩赏，各国使臣以下咸得与焉。然宴皆立食，肴馔别贮大盆，各自操刀匕，就盆割取。相与先占席次，后往取馔，往往得食失位，得位失食。中国礼服峨博，不利操刀匕，率不得食。得之缓者，食甫及咽，而日皇已传警跸，扈从而出，亦不得饱。欧美人又善侮谑，每以残骨置中国官礼冠内，朱缨污损，归者辄生悔恨。而中国官戴翎者，游览之际，昂首高瞩，翎扫欧美妇人乳上，亦为所恨云。

力　医

林琴南语余，清德宗末年疾甚，诏各省进医，琴南乡人力某[1]（其子业新医，尝与余同于国立北京医学专门学校）尝进御。归言：太后南面坐，德宗西面坐，力某跪而请脉，良久，起奏太后曰："皇上圣体虚弱，须进补剂。"太后严色云："若知虚不受补否？"力复奏："少进毋妨。"太后云："汝慎之。"力谨诺而退，汗浃背矣。

注释

1　即力钧。

李秀成义子

杭州云林寺（俗称灵隐）西有永福寺，游人不易至也。余尝与马一浮访之，寺僧仅一人，年近七十，名忘之矣。自云俗姓沈，绍兴人，幼时为太平天国军某将所得，携至苏州，忠王李秀成纳为义子。秀成义子凡三，而沈最幼。王有夫人三，而沈隶正室，颇得怜爱，予果下马一，每晨骑而游。至玄妙观前进羊肉面以为常，人呼之为三殿下。沈犹能略言府中事，谓忠王府为江苏巡抚署，柱饰以龙，王颇为苏人所喜，夫人亦慈。李鸿章攻苏州，王遣散眷属，沈从□王郝□□至嘉兴（姓名、地点皆记不真矣），降于鸿章，鸿章赏以三品冠服，今其卧室中犹存此冠，导余等观之。又导视一龛，龛中供神位，署曰"先考忠王上秀下成"云云。又尝于佛龛屉中出小册相【似】〔示〕，所书皆太平天国诸王、诸将及女丞相傅□□[1]及洪宣娇等姓名。余尝摘记之，今不存矣。沈以竹木制为刀钺等器，时时舞之，盖幼时所习也。沈自道披剃之由，以降后还故籍，取妻，有子矣，而病，病中梦观世音菩萨告以不出家且死，遂为僧。沈主持此庵，一切身任之，至七十后始纳一弟子。

余于十六年后未尝至寺，沈当已寂久矣。余见沈时，沈已有精神病，自称玉皇御妹夫，自书玉皇妹像，奉之卧室。又，从云林寺山门至其寺途中，亦常有所画像也。

注释

1 应指傅善祥。

李叔同一言阻止毁寺

与夏丏尊谈及李叔同，叔同以富家子弟，挟绝世聪明，初则比伍优倡，终乃投迹空门，苦行向老。十六年，何应钦率东路军入浙，时中国共产党方与国民党合作，其政治主张灭毁宗教，故一时寺院僧侣无不惶恐。叔同正游杭州，即召其昔日教授浙江第一师范学校时之弟子宣中华至虎跑寺语以不可，寺院因得不毁。中华语人曰："生平未尝受刺激如今日之深者。闻李先生言，不觉背出冷汗。"盖叔同有一语，谓"和尚这条路亦当留着"也。

余谓叔同唯此语为阻止毁寺有效之言，中华所谓受刺激之深者亦指此言。即此可明人各自私自利，此念一起，任何可以牺牲矣。夫佛法最重利他，而世之僧侣唯求自度，其所以利他者，亦唯以法耳。受人供养而无所施舍，偶有施舍皆小惠耳。余尝谓使僧侣真明佛法，决当弃袈裟，投数珠，而从生活实际上解决众生之苦恼。不然，彼过去千佛，最大功德，不过开山传法，而活地狱依然历劫不毁。以叔同之聪明，使不仅求自度，其功德必不仅保存一地之寺院而已。且彼时寺院之得不毁，亦非中华一阵冷汗所得收效，正亦因缘多方，时势为之。此后果得保存，永历未来乎？然保存之又有何益于众生？

宣中华者，诸暨人，闻系中国共产党中央委员，亦其浙江党部之领袖也。然是年中华由杭州至上海，未达而遭捕，竟死。后数年，余从表舅梁西仲之女岐祥、屺祥姊妹，以共产党关系被拘于北平公安局，累月不得释。余乃为营救。既出，谈及共产党，岐祥表妹谓"人言中华之死，由你致之"。余甚异焉。余绝对不主以暴行加于人者，况陷人于死乎！

往在北平，中国共产党领袖陈独秀自上海来，住东城脚下福建司胡同刘叔雅家。一日晚饭后，余忽得有捕陈独秀讯，且期在今晚。自余家至福建司胡同，可十馀里，急切无以相告，乃借电话机语沈士远。士远时寓什方院，距叔雅家较近，然无以措词，仓卒语以告前文科学长速离叔雅所，盖不得披露独秀姓名也。时余与士远皆任北京大学教授，而独秀曾任文院学长。故士远往告独秀，即时逸避。翌晨由李守常侨装乡老、独秀为病者，乘骡车出德胜门离平。十三年，余长教部，内政部咨行教部，命捕李寿长。余知"李寿长"即"李守常"之音讹，即属守常隐之，守常亦是时北平共产党部领袖也。余时虽反对共产党之暴动政策，然未尝反对纯正之社会主义，十五年中华以清党故离杭州，亦未知如何竟被逮而致死。其人颇有才，更惜之也。

书法要拙中生美

书自悬肘来之拙是真拙，非不知书者之自然拙，亦非知书者之模仿拙。自然拙不美，模放拙反丑。近世如何子贞之小字，确是腕肘并运，五指齐运否尚看不出。包慎伯似兼运指者。

劳玉初先生遗事

在伏庐晤傅沅叔增湘，以名山胜水一册见惠。谈次，沅叔谓："少年时，曾以吴挚父先生之介，入直隶清苑县劳玉初先生幕。县幕月致薪水之养银十两。劳以余薄有文名，且得挚老之介，特年增二十两，盖殊遇矣。"

又谓："玉老以循吏称。然其在清苑，则县署几为民毁。由玉老不信神，而县适遭旱，乡人击鼓鸣锣至县署，舁所事神，强县官叩头求雨。玉老以非列在祀典者，不拜。始，玉老禁祀五通，民间讹传玉老为信耶稣教者，至是相持，民遂鼓噪，既毁大堂，复毁二堂，幸亟退避，乃及三堂而止。"

伏丈因举玉丈以知县到省时，李鸿章总督直隶，李视其人如乡曲老儒，薄之。意其不习公牍文字，颇致戒敕。玉丈所对，径斥督署幕府。李瞿然惊，诘其何指，玉丈即举象魏所县以对，李乃改容。询其曾读何书，则列举以对。明日，便下札令办牙厘局文案，美差也。

伏丈又举玉丈任吴桥县时，遭义和团过境，直隶总督裕禄以令箭使办供应，玉丈不谓然，而势不可违，乃电禀山东巡抚袁世凯，以"义和团过吴桥，即抵鲁界，逾此之责，不在吴桥"告。袁覆电谓："义和团当拱卫京畿，若逾此而南者，必系诈冒，可严惩不贷，余亦当率师北堵。"玉丈乃据以布告，少滋事者即诛之，先谓之曰"若系真者，不畏刀枪"，然自无不即时殒命者。虽少滋杀戮，而大局得以保全，亦丈应变之功也。

又举玉丈清末还浙时，浙江巡抚将聘丈任浙江大学堂总理。浙江大学堂者，故乃求是书院，浙江新教育机关之首创者也。是时，院生皆浸润于民族民权之义，每发于文章。院生中有杭州驻防人，所谓旗籍生也，撝拾文字以告其营之豪者金息侯梁，息侯即代为文以上于巡抚。一日，巡抚任道镕屏仪从，骤至院中，托言参观，巡视讲堂宿舍，壁间布告皆移录之。复索诸生肄业文字，亲携以去。越数日，则尽率司道府县至院，昭告众人，谓："有人密告，院生有背道文字，公然宣示，监院为之魁率，故余于某日来此察访，并携诸生文字、监院告条归而详览，毫无所有。当此之时，尚有挑拨满汉意见，而兴文字之狱，实非国家之福，不可不惩。"即令仁和、钱塘二县，将院中旗籍诸生勒归其营，令杭州府谒告将军，请其严惩。始出所怀物，令司道以次阅毕，乃交监院阅。时伏丈正为监院，至是，恍然前此巡抚轻舆而至之故。其密揭中于伏丈致憾尤深。伏丈乃注意诸生，详察之，果有李斐然、史寿伯者，曾为《罪辩》一文，而孙江东为之修改者，其文已展转入玉丈手矣。伏丈乃即偕高啸桐先生至桐乡玉丈家中乞观其文，玉丈谓："文可观，但不能持去，余亦决不令此文入他人之手，待余至院时，当毁之。"后玉丈过嘉兴，即当啸桐先生面火之，此与杭州革命历史上极有关系。

孙江东、李斐然、史寿伯皆余友，而寿伯较密，是时余尚肄业养正书塾也。然此事以余闻于伏丈之弟叔通吾师者，尚可补遗。此事由孙江东偶于暑假中以《罪辫》文为诸生消夏之课，有施某者作以质江东，江东圈其文自首至尾不绝，但直勒其文中"本朝"二字，而易以"贼清"二字。学监徐少梅先生得之，以示金谨斋先生，两人皆以持正自命，而谨斋尤喜事，即持以语劳玉初先生。玉老老于吏事，知可兴大狱，即置其文于靴筒中，而以词缓谨斋，然风声已远。院固有满洲学生，尤悻悻。巡抚任道镕闻之，以询玉丈，玉丈阳为不知，但曰："吾自当查。"其实丈已毁之矣。谨斋知之，颇不平，玉丈谓之曰："此何等事，君欲杀数十年少耶？于君果何益？"事亦已。然余闻"贼清"二字，乃寿白文中所用，或江东据以易施文耶？惜余未尝面询寿白，而江东则下世久矣。

玉丈为余舅母之弟，而少居余外家杭州大东门双眼井巷邹氏，余母又为玉丈之母之义女，彼时余年未冠，虽曾拜玉丈，亦未请也。丈桐乡人，名乃宣，以进士出任知县，由吴桥知县行取御史，又出为江苏提学使，后赏四五品京堂，入为资政院议员。清亡，居青岛，以遗老终。其学长于算术、音韵、法律，为人勤谨，清之循吏也。

蓉阁先生投赠诗册

陈伏庐丈使送余托代求俞阶青、章式之题余外祖邹蓉阁先生在衡友朋投赠诗册来。邹氏世有文学，先生困于科举，肄业国子监，为管监大学士汪由敦所识，而总不得志，乃隐于簿尉间。其任金山县典史，署其听事曰："三间东倒西坍屋，一个芝麻绿豆官。"可以见其风趣矣。此册子为公内外交游投赠之作，余以阶老之祖曲园先生与先生为姻家兄弟，而式老长洲人，蓉阁先生曾任长洲县典史也。读式老题，乃知式老亦出曲园之门。其诗注中述及曲园曾有题余外家全家忠节诗，则余尚未于《春在堂集》检之，余止读得俞君所为余外家《忠节录》序耳。式老之考据必精，于此可见。余幼时于遗箧见俞君所书《金缕曲》词廿四阕，盖寄余父者，余父亦尝于训诂之学有所纂辑，如任氏《钩沉》之例，不审曾肄业曲园否耳。

吴观岱之成名

徐北汀来，谈及其师吴观岱先生，幼年家贫，而性喜绘事，父令习酱园业，不喜，为父所逐，寄食邻家。后至某氏，主人怜之，仍劝其习业资生，观岱执意不愿为他业，主人乃出一名画，姑使抚之，则毕肖。因令居其家，而告其父，令从师，父犹不可，乃商其叔父，始从潘某学，月由其叔父供束脩。一日，其师持银一圆，令白其叔父易之，谓系赝鼎也。叔父不认，师亦不受，观岱往返其间，既愤且耻，遂不复学。而游装潢家，观所裱佳画，辄归抚之，久而装潢家厌之，不许其入观，谓之曰："吾家所裱画，佳者若皆有临抚，主者责吾借予君也，此后君可在室外观之。"然观岱画已有成，有钱庄主人属其画，开幕时张之，客啧啧称之。

廉南湖泉适为客，亦大惊异。次日召之，谓曰："公之家况吾已尽悉，公肯从我入都，则不愁生事，且公画更当有成也。"观岱喜，但曰："我无资斧耳。"南湖曰："为公筹之矣，一切余任之。"遂挈之至京师，为之游声，并出所藏令纵观之，知其家窭乏，岁时密寄资其家。后为计入如意馆，为供奉，观岱因以成名。观岱教学者先观旧迹，别其真伪妍媸，曰："不然，则入手必差矣。"观岱无锡人，年六十八，暴卒。

纪子庚墓志铭

书纪子庚先生墓志铭。庚老原籍福建，而商于吾浙之象山县石埔镇。其初固一窭人，后致巨万，然好施与，尝焚人所立贷金券至值五万馀银圆。而身布蔬，垂老不易。其行极可称，多为士大夫所难能。十五年冬，余与蔡子民丈就浙江省政府政务委员会政务委员职于鄞。翌日，孙传芳部卢香亭师之孟昭月及段某二旅，皆迫曹娥，余等亟各谋避，余与子丈以象山励德人之导，初歇德人家，旋闻象山县知事将来访，又亟避至黄公彝史文若宅，欲从海入闽，遂复徙石埔，即寓庚老家。时庚老年已六十馀，方居母丧，观其家范，即足知其人之德性，象山人誉之，亦众口无间然也。

此文亦余所为，将原来行述删次，尚存一千九百馀字，盖其琐行虽美者亦刊落之矣。词有条理，有变化，章法、句法、字法皆相当注意，自以为佳作也（稿失去），书亦较上年为周叔弢书其尊公凤山先生墓志铭为进境，不但笔法极严，且将近观六朝隋唐名家佳笔尽集腕下，随章出之。惜以字小而悬肘书之，经六七行即须休息一时，终觉气损。

作书不贵形似

近日反复怀仁所集右军书《圣教序》，悟入愈多，唐人中褚河南得之最深，宋人中米襄阳得之最深，此外无复可举矣。余则不敢学右军，力量不足，徒袭其形。古人多矣，何须复增一我耶！此碑墨皇本最佳。

魏　碑

访王芝簃，践观所藏碑帖之约也，乃芝簃尚未午饭，遂不能多留，略观数种。余近留意魏碑，今日在芝簃处亦见一二种，觉魏书以正光前后一时期为最佳，不知他人以为何如。

许迈孙之达

在伏庐，闻陈丈谈吾乡先辈许益斋增遗事，记如下：伏丈某年新岁，赴益老家贺年，重门洞开，门者告丈言："主人正在题主。"丈甚异之，俄而肃客听事，既而益老邀丈入其正寝，则灵堂赫然，素帷之上悬一额，曰"一代完人"。后肃还听事而谓丈曰："君知额词之意乎？此非余自诩也，乃余家自我以后即完了也。"盖丈知其子不足继起，其第三子曰叔冶者尤劣，孙亦不甚肖也。叔冶一日白父曰："伯仲两兄皆做官，我亦欲做官。"益老曰："你也要做官，甚好，吾为汝办。"即为入赀得知县，听鼓于武昌。行之日，适丈往谒，益老告以故，丈更诧之。及叔冶将发，诣益老为别，益老出书数缄，与之，曰："汝此去候补耳，未必有佳况，持此谒父执，可以得例差。"又戒之曰："此去为官非在家作少爷比，汝但谨慎，弗闹出声名来。至资斧不足，余尚可济汝也。"遂送登舟，舟即栖宅后河中也。及还听事，谓丈曰："君知此子往湖北否耶，彼欲往上海耳，余早知之矣。彼至上海，即留连烟花，必倾所携资而不足，必以质所携物继之，必至不能进退而后止。余已潜托吾友，待其质物，则潜为赎而归于余，君试验之。"无几何，丈复谒，益老谓之曰："叔冶归矣。"既而笑曰："人则未归，归者两只箱子也。"其冬，益老生日，伯子自安徽归祝父寿，过上海，挈叔同归，然不敢即以见诸父也。伯肃衣冠上寿时，丈亦往寿，益老延之内室，见益老谓伯曰："余正思令汝挈汝弟同归，惜晚矣。"伯因曰："弟亦归矣。"益老曰："然则何不来见我？"伯甚喜，即引【衣】〔弟〕至，叔冶既无衣冠，仅御一棉袍，状甚窘，向父叩首。益老谓之曰："汝何以不衣冠？速衣冠，可去款宾客。"叔愧且悚。益老曰："我知道了。"即令侍从曰："将三少爷衣箱来。"叔益悚且愧，衣冠之而出。益老复令侍从尽送所赎叔冶物，交叔冶妻，而谓丈曰："叔冶从此不想做官矣。"叔冶无行，终于聚赌为士望所耻厌而损益老之誉。

益老如夫人者九，然在者止二人，馀或去或死。其第七妾本娶自上海勾阑中，旋复求去，还上海操故业，每岁益老生日时，犹来杭州上寿。家人仍呼七姨太太，益老亦待之如初。当其未下堂时，一日与第六妾争宠，大诟，益老厌之。诣丈家，告丈之祖母，丈之祖母曰："做君家姨太太，亦甚有福气，尚何诟为？"益老曰："此是他们吃醋耳，姨太太理当吃醋，不然，则是目中无我、意外有人矣。"既而曰："女人伎俩不过五字，诟、卧、饿、死、缠。先之以诟，诟而不已，则卧而不起，卧而不理，则以饿为乞怜，饿而不管，则以死为恐吓，死而不问，则反而纠缠，忍此五字则无事矣。"然其第五妾则竟死，故益老尝曰："吾家诸事皆能办，独失之此人。"

益老号迈孙，又号榆园，好藏书，亦善校书。又喜刻书，其所刻《榆园丛书》者，颇行于世，中多诗馀及校订词律，为言词者所贵。其校《意林》一种，所谓三卷六轴本也，丛书中有目无书，盖仅刻上卷之上下而未毕也。余于益老物故后，得之杭州上板儿巷一小书店中，所卖皆益老家书也。后行南北，欲再得一本，问之，人皆不知，虽博览如徐森玉亦曰未尝见。而余此书收之箧衍二十馀年，卒以为儿子克强游学比利时国，资斧之贬，以袁守和之介，售诸美利坚国某大学图书馆，不知天壤间尚有否耶？此书视《聚学轩丛书》中所刊互有详略，而要以此本为详，若不可更得，使国人不复得见此孤本，则大可惜也。余所得益老遗书，有其印章，曰："得之不易失之易，物无尽藏亦此理。但愿得之自我辈，即非我得亦可喜。"其旷放多类此。

《冬暄草堂师友笺存》中有益老与止庵太世丈师一书，中言其泄病，有云："弟心中本无丝发挂恋，说去就去，此理自甲申至今日，早已认得清清楚楚。"则此老所以旷达者，正缘认得此理清清楚楚也。至其朱紫成围，嗜赌如性，旁人少其无品，此老直不屑辨。《笺存》中又有樊樊山与止师一书，中谓"与许抑老畅叙数次，此老的是晋宋间人，对之使人意达"。抑老即榆园主人也，可见当时人于此老已有定评，而乡人欲排诸衣冠之外者，固知习俗所贵在彼耳。此老聚书、校书、刻书亦复如性，盖亦寄其生命之所在，或人为动物，动物固不能无一事以羁其心耶。益老有《春尽日湘春夜月》一词云：

最无憀菖腾过了残春，向夜独拥寒櫱，寂寞对吟尊。只剩一丝愁影，和漫天飞絮，断送黄昏。却鱼更乍转，兽烟已歇，无可消魂。誓从今日，生生世世不种情根。天倘怜侬，愿大地花花草草，都证前因，无端梦里，偏寻着旧日巢痕。天风引听钏声低控，阑中那角，有个人人。

此老亦多情种子，然亦行云流水，所过不留者与。止师方严端人也，而于此老交终身，且复为扬声，岂非此老所谓"周顾人寰，知我惟兄"者耶？人生果得一知己，死而无憾，然所谓知己者，必尽知之，若知其一二者，不足当之也。

浙江最初之师范生

浙江之有师范学校，始于清宣统初，其先蔡子民丈倡议欲立，为杭州绅士翰林院编修樊恭煦介轩姻丈所阻。介丈为余舅母之兄也，以终养在籍，其人自命持正，而实妒其议不发于杭绅耳。丈垂老复起为江苏提学使，则师范学校已为定制，固未闻有异议于当官之时也。然余于光绪二十五年入养正书塾，肄业三年，余与汤尔和、杜杰风以特班生，周敬斋、叶书言、龚菊人以头班生并兼课幼生一班，略如后来师范学校之有附属小学供师范生毕业时实习者也，时余等六人亦称师范生也。

米海岳论书法

黄晦闻藏米帖八种，有海宁蒋氏重刻《群玉帖》中第八卷下册及《白云居》米帖，余借观之。《群玉帖》第九册云："学书贵弄翰，谓把笔轻，自然手心虚，振迅，天真出于意外。所以古人书各各不同，若一一相似，则奴书也。其次要得笔，谓骨、筋、皮、肉、脂、泽、风、神皆全，犹如一佳士也。"余谓运指则把笔自轻，手心亦虚，亦无不振迅矣。余作书即患太迅，亦以运指故，不得停留也。运指故天真每出于意外，而欲不异人不可得矣。

帖又云："笔笔不同，三字三画异，故作异。重轻不同，出于天真，自然异。"此亦从运指即可得之也。

帖又云："书非使毫，使毫行墨而已，其浑然天成如纯【绿】〔丝〕也。"余谓常人作书，无非使毫而已。米所谓骨、筋、皮、肉、脂、泽、风、神，自无一而具，彼虽用墨，不过具点画耳。故使毫行墨，于墨以见骨、筋、皮、肉、脂、泽、风、神，而非见其点画而已也。

帖又云：“得则虽细如髭发亦圆，不得虽粗如椽亦褊，此虽心得，亦可学。入学之理，可先写壁，作字必悬手，锋抵壁，久之必自得趣也。”余按：唐以前盖尚无如今之桌椅，席地而坐，铺纸竨几，其作书也，无不悬手，故不但仰可题壁，亦俯可题襟，使笔如使马，衔辔在手，控纵自如，平原则一驰百里，崩崖则小勒即止。今有桌椅，故作书者作方寸内字，几无不以腕抵桌，而笔皆死矣。甚者即方寸外字亦复不悬手，彼因不知所谓书道，亦何足怪？故今欲学书，写壁实为无上善法，苟能书壁，则桌上作书，悬手绝无难矣。盖写壁较桌上写，难不啻以倍也。在壁有尽，或竟无可书之壁，岂遂不可学书耶，可张纸于壁书之。然壁实而纸浮，书之更难，久学亦无难也。至于桌上作书，即方寸内字亦须直躬而坐，悬手使笔，大氐初试竟不能下一笔，习久而以俯身以腕抵桌为不便矣。伏庐昔有一雅集，余尝与焉，余作书即写扇面亦如是也。邵伯絅先生则以手抵桌，挥洒自便，然其书无论真行及草，一纸始终无一奇怪之笔，惟以形式不取整齐，笔致不尚光削为尽美耳。有以“小字亦以悬手”为问者，彼答不必然也。余谓唐人写经，验其笔法，是悬腕作者，或以语吴雷川丈，雷丈云：“悬腕如何能写得？”余又尝为高鱼占书扇，鱼占誉之。陈叔通师丈欲明余作书之苦，告以此亦悬腕肘所为，鱼占曰："如此者我竟不能下笔。"吴丈不以书名，而伯绚、鱼占皆负誉者也，其实今之书者，十九皆若二君也。人因谓观者一样称誉，亦何必然？噫，为得世欲之誉，诚不必然，以艺术言之，岂可不自尽耶？

帖又云："余初学颜，六岁也，字至大一幅，写简不成，见柳而慕紧结，乃学柳（《金刚经》），久之知出于欧，乃学欧，久之如印板排算，乃慕褚，而学之最久，又慕□¹季转折肥美，八面皆全，久之觉□¹全绎《兰亭》，遂并看法帖，入晋魏平淡，弃钟方而师宜官，《刘宽碑》是也。篆使爱《诅楚》石鼓文，又悟竹简以竹笔行漆，而鼎铭妙古考焉，其书壁以沈传师为主，小字大不取也，大不取也。"此老示人以其学书甘苦，并其经历，字字是艺坛金鉴也。今之教学书者，或先从赵、董入手，梁闻山云："子昂书俗，香光书弱。"然则此乃取法乎下矣。入手处差，以后欲脱牢笼亦不易矣。或教先从颜、柳入手，此则取法乎中者也。近世稍称能书者，无不习颜入手，然【取】〔所〕作类似墨猪，上则如田舍汉，且以此骄人，谓鲁公亦不过得此评耳，然鲁公《祭侄文》《争坐位》，何尝尽如此，只有一副本领耶？柳书米老取其紧结是也，然筋不藏【内】〔肉〕，与《道因》《圭峰》同有寒乞相，岂可学耶？或教先学欧阳信本、褚登善，似得之矣。然欧、褚皆亲见晋人真迹，得其笔法，而后之习欧、褚者，无非从翻本或劣拓《九成宫》《圣教序》等临摹，得其形似，便以为尽能事，直使欧、褚发噱于地下耳。又或先学《张猛龙》、郑道昭，可谓取法乎上矣，然不得笔法，则与学欧、褚者同其所得。近世吾浙有赵扡叔、陶心云，皆能书魏碑，然扡叔尚知笔法，所作尚活，心云全是死笔。余以为学晋唐书不易藏拙，写魏碑最可欺人，欲以藏拙欺人，任习一二种魏碑，便无不可，否则未得窥其法门，总不可遽语高深。

或教先从魏晋入手，或先习篆隶，此法陈义过高者也。昔吾乡谭复堂先生教子弟，辄先以《史通》《文史通义》，其子亦能信口而道，实乃一无所有，能述庭训耳。学书而先篆隶，亦犹是矣。且余以为今通以汉之八分为隶书，其于真书尚为高曾矩矱，若篆书实为祧祖矣。或以为篆书欲得其圆劲，学隶书欲得其方劲，其实得使笔之法，方圆自然而致也。学隶书于结构间架犹可取法，篆书则石鼓、秦公敦小具格律，其他布置随情，当时书者本非秘阁通才，艺林供奉，率尔下笔，但循规矩，犹之魏碑竟有类匠人所作者。昔余友张孟劬赠余唐高宗辛未伊州塑匠马报远书《天请问经》，审其笔法，与六朝名书实无区别，特艺不精，不足登于书林耳。然则在昔流俗作书，犹有渊源，如今文人学士，不晓书道，纵习禹碑，亦复何裨？

　　故余以为今欲学书，先受书法，次作临摹，临摹首求真迹，真迹难得，则今之照相本、善影本其次也。然真迹之出钩摹者，亦犹可观，以其虽出钩摹，犹循真迹笔法也，然亦惟唐人钩摹者可观耳。若钩摹本之照相本、影本，便存框廓，无笔法可得矣。至于石刻本已不啻影本，苟非善刻，又非善拓，不如不习，不习犹保其璞，田地干净，下种便易，且得良好收获也。临摹之道，则李日华《紫桃轩杂缀》一云："学书妙在神摹，神摹之法，将古人真迹置案间，起行绕案，反覆远近不一观之，必已得其挥运用意处，若旁立而视其下笔者。然后以锐师进之，即未授首，亦直迫城下矣。"此说可取。余小时读书杭州宗文义塾，一夜有同学之年皆逾冠者相聚斗书，同作一"九"字，而余竟得最胜，以余尝得遗箧中一《九成宫》照相本临摹熟习也。后学一赵书某碑，亦临摹能得其似，然彼时对本笔笔照摹，无异初学书时影写朱字帖也。其后薄书不学，及复喜书，遂不事临摹而爱观名迹，然不知作书有笔法也。从余直观觉如何是美者，便印入脑际，下笔时意想得之，亦复往来笔下。既明书道，则无闲暇可以从容临摹，又即临摹，不及半纸，即生厌倦，故仍循余故习。随时熟观，然偶一临摹，虽不终纸，而神气奕奕，点画不必全似，而远远相对，居然便是某书，正与李言若合符契也。缘是之故，余书亦不入某家牢笼，出入自由，今虽无成，不敢自菲，假我以年，阔步晋唐，或有望耳。

又帖云："书字须要骨格，肉须裹筋，筋须藏肉，帖乃秀润。在布置稳，稳不俗，险不怪，老不枯，润不肥。变态贵形不贵苦，苦生怒，怒生怪，贵形不贵作，作入画，画入俗，皆是病也。"余按：颜鲁公肉胜（亦惟《家庙【祀】〔碑〕》等），宋徽宗筋胜，虽各有其美，而不可复学。筋肉停匀，二王之后，墨迹可观者，虞永兴、褚河南可为准绳者也。米言布置，极须神会，并非如宋板书籍中字，以四平八稳为得布置之宜也。每一字中，分间布白，极意经营，正如绘事，丈山尺树，寸马分人，山要云塞，石壁泉填，楼台树遮，道路人行，总使吾笔下后，悠然无间，人目所至，恰当其心，斯乃谓稳，亦不俗矣。笔虽若崩崖绝壑，而不使人碍目，则险而不怪也。米所谓"贵形不贵苦"者，形字亦须神会，乃谓自然成形，由笔法使然，蔡【仲】〔中〕郎所谓"奇怪生焉"者，非刻意为之也。刻意为之，斯【为】〔谓〕之苦，苦自生怒，怒自生怪。

注释

1 两处□均应为"段"字。

梁闻山评书

《念劬庐丛书》本梁闻山评书帖云："子昂书俗，香光书弱，衡山书单。"此说深中余意。子昂书以《仇公墓志》为其作最，向沈尹默极举之，亦临摹一时，然尹默卒未入其樊笼。余乍见此碑，亦深喜之，然数观以后，便觉伎俩有限，而气韵甚俗。子昂颇学陆柬之，柬之学虞、褚而自成面目，其书亦少有俗笔，然毕竟是唐初人物，师承又佳，故瑕瑜不相掩，亦复微瑕耳，子昂实不得其佳处。柬之书《文赋》真迹尚在故宫，有影印本，虽不佳，尚略可规度其笔法，自是虞、褚真传。子昂书除侧媚以外无所有也，余以为鲜于伯机实过之，即张伯雨亦转雅也。香光书若大家婢女，鬟影钗光亦是美人风度，然不堪与深闺少女并肩也。抑余以为香光不但弱，亦兼单，要是筋肉不匀，且虽老而实枯也。衡山书若稍厚，便及鲜于伯机矣。

帖又云："《道因》《圭峰碑》如此结实，何尝非唐碑中赫赫者，一较大欧，丑态百出，并无稳适处。"此论亦公。

又云："学书尚风韵，多宗智永、虞世南、褚遂良诸家；尚沉著，多宗欧阳询、李邕、徐浩、颜真卿、柳公权、张从申、苏灵芝诸家。"又云："风姿宕往，每乏苍劲。笔力苍劲，辄少风姿。书趋沉著，忌似苏灵芝辈肥软。"余谓智永《真草千文》真迹今尚传世，余见日本影印本，风韵自不待言，然与唐人书《月仪帖》一较，便见《千文》沉著矣。《庙堂碑》何尝不沉著，河南之书，绵中有铁，此三家者为风韵所掩，然不得谓之沉著也。欧阳书劲秀，凡秀者无不具有风韵。褚书《梁房公碑》何尝不同此二美耶？盖自开、天以后之书，始不甚能两兼，然李、徐诸家亦非无风韵，惟鲁公诸碑天骨开张，肉掩其骨，风韵稍损。徐季海《朱巨川告身》真迹今存故宫，一去圭角，故风韵亦若阒然。然风韵不必但取诸佳人名士，彼山林隐逸，庙堂华衮，只须不落俗字，亦各有其妙也。

姚仲虞论书法

震钧撰《国朝书人辑略》卷十《姚配中传》，载仲虞论书法者至三千馀言，其中据《说文》以诂陆希声之拨镫五字（撅、押、钩、抵、格）、林复梦之拨镫四字（推、拖、捻、拽），实未尽善。以清代治经之法注重训诂，然已不免有展转引申、回护相证之嫌，施之此道，止见迂曲而已。然谓"此一执笔，一用笔，合之即孙过庭之转、使、执、用"。又谓:"陆氏五字,盖执管以大指撅其里,中指钩其表,食指押其上,名指抵其下,复以小指格之,林氏所云推拖者,方之用也。推之则毫开,因拖而翻转之则方矣,此平颇出以按提也。所言捻拽者,圆之用也。盖笔著纸,按之环转如蹂物,捻而拽之,绞转而圆矣,此按提出以平颇也。但拖拽义无大别,而为法不同者,拖为翻转,拽为绞转,能执能用,则八法可得而悉,虽其变无方,要不外按提、平颇、绞转、翻转之用交易其间。"

余按:翻绞者,实一笔之中自起至讫,无不应然,特在中间,已掩于墨耳。绞转视翻转尤为难察,故自古亦无言之者,然如《金石峪》竟无一笔整齐,皆如捻丝。后人学之者,只是将笔在纸上左右作力,不使平直,不悟正由翻绞同时,而作者技术之异,故痕迹显豁耳,然非悬肘腕运五指,不能翻绞自如,运指亦自然绞也。

听余叔岩歌

忽焉有感,肠回意惨,悲从中来,书李后主词以解之,而悲愈甚,乃与智影往开明听余叔岩歌。叔岩不应歌者数年矣,今晚为救济湖北水灾而出,坐无虚席。其所演为《打棍出箱》，往年观谭鑫培演此，出神入化，可谓观止。叔岩虽不及，而闲谈尚得鑫培之遗风馀韵，歌音顿挫处无俗响，马连良直小巫耳。然《问樵》最佳，《闹府》次之，至《打棍出箱》，实已强弩之末。盖叔岩体弱，虽养息数岁，犹不能任也。数月前曾观谭小培演《闹府》至《出箱》，毫无父风，今观叔岩演此，又如食橄榄，可数日味矣。然余忽起一念，谓智影曰："此时此中曾有人念念及国将亡耶？"於乎，余乃亦此中一人耶？

陶方之悉民间疾苦

许季茀示其王外舅《陶方之先生模行述》。方之先生由翰林散馆，得知县，历在西陲，递升至两广总督，为清末循吏之冠。观《行述》所载，先生少时，亲市蔬菜，担水河干，则其后之悉民间疾苦，而操持廉洁，有自来矣。

《兰亭八柱》真伪

徐森玉、邵茗生约观故宫所藏《兰亭八柱》。余初望颇奢，得观，则又废然。盖《八柱》中惟董香光、张得天及清高宗临本是真，然皆卑卑，岂足赏耶？赫然有名之虞永兴、褚河南、柳诚悬、冯承素四本，皆赝鼎也。虞本虽伪，而在此各本中为特佳，然实即张金界奴本也。董香光以其不尽似褚，定为虞书，既无根据，亦非精鉴。永兴书如《汝南公主墓志》，虽系自运，临写不同，然名家之书自有面目，故欧、褚所临，终有欧、褚笔法，以此与《汝南》墨迹一比便明矣。柳诚悬本，绢与绢色皆非唐物，盖是宋或宋后之习颜、柳书者所为，且复不佳。冯本出于伪造，一望而知，即题跋亦多伪笔。独褚本最怪，此本即郁冈斋所刻【列】苏家第二本，后有米海岳题《永和九年暮春月》一诗，及元祐戊辰海岳题记，亦有苏耆天圣八年重装题记，有范仲淹、王尧臣题记，然褚书不徒恶劣，且填改显然。如"天""也""朗"三字，"也"字纸少损，托之装裱时填改，尚可说也，若"朗"字则纸绝未损而填改甚明，然并非双钩后再填也。苏、范、王三题及米戊辰题记，亦均显为临摹。米题不独神气不贯，即笔亦绝与米书不合。独米诗确为真迹，但此诗与前后隔纸，前后【摛】〔骑〕缝处图章似皆后加，疑或以伪迹而冠于米诗之前，又补各记于后，此种伎俩故非无例可证也。若果如余所疑，则与余前谓黄晦闻所藏宋拓河南临本为苏家第二本者大有关系，余说似可或立矣。

今日乃故宫开审查会，余非会中人，然观会中人审查亦殊草草。美人福开森及陈伏庐丈外，有唐立厂，余所识也，别有一位，未询姓氏，然其人审书毫无识解，即伏丈、立厂于此亦实门外人也，郭式五则纯以古董家方法作鉴别耳，福开森更非此道内行。余谓鉴别书画，非真能书画者不能任也。所谓真能书画者，今既不多，真知书者尤少。惜此数公皆昧于此道，而又草草作断耶。审查会毕，余与福开森先出，道中相谈，福开森谓："中国今有主张联日、联俄、联美、联英者，皆不对，因彼等肯与中国联者，皆为其自己利益故也。"又谓："各地须自治而统一于中央，中央不可太揽权，须容纳各地之意见。"余因谓："由下而统一于上者为真统一，由上而统一于下者为伪统一。"福开森曰："然。"

李若农善相

侍叔通师丈坐，闻李若农先生文田轶事。先生广东顺德人，以殿试一甲第三名入翰林，终于侍郎。平生精治西北地理，又擅书，闻名藉甚，然多不知其复精姑布子卿之术也。闻其术受之清故相英和，英和不知受于何人。

英和相人甚验，有欲从受其术者，皆不可。一日，途遇一计偕者，趣令从人询得名姓，即遣人诣其寓召之。其人魏姓，闻命惶恐，商诸其侣，其侣曰："若未犯法，得相召，必有大望，无恐也。"魏乃应召，英和询魏知相法否，魏以略习为对。英和谓之曰："汝无贵相，即赴礼部试亦无望，第姑应之，不得举亦无怨，可来寓余家，当以相术传汝。"魏果报罢，遂留都，寓英和所。英和命之窃相来客。一日，吾杭许滇生先生乃晋谒英和，魏先从棂际窥之，惊曰："状元宰相也。"及英和肃客，魏复相之，详视天庭，乃曰："鼎甲而不元，一品而不相。"文恪果是榜眼而以吏部尚书终也。

若农先生虽亦出英和门，而受法于魏。先生尝相其门人沈子培先生曾植、汪穰卿丈康年、汪伯棠丈大燮，谓子培当终三品，穰卿当以聊倒毕生，伯棠当至侍郎，悉如其言。然子培清亡后犹拜尚书之命，棠丈建国后官至国务总理，略当清之相职，而先生仅举其清代所历，又不知其故也。萍乡文芸阁廷式以尝授德宗之珍、瑾二妃读，故当二妃有宠时，颇煊赫，附势者辄谀之以当大贵。一日，先生见广坐皆谀之不置，私谓所亲曰："大家皆乱说耳，芸阁官不过四品，且即当失势。"已而亦如所言。泗州杨士骧起家翰林，尝托沈子培请先生相。子培苦无间，一日，并会某家，正同席坐，子培以为得机，乃询先生："今日同席者相孰贵？"先生曰：

"杨最贵，当至总督。"士骧竟卒于直隶总督。人果于相定其
禄位耶？

陈止庵师遗事

叔通师丈先德止庵太世丈师为湖北随州，廉爱著闻。时
湖广总督为张文襄之洞，下书捕盗，令甚严急，且命吏督察
州县有无讳匿。至随州者为候补直隶州张某，故河督张祥珂
子，故人也。到州寓治所，一日，师正治讼，张在签押房见
一牍，正为盗案而未申报者，即电闻南皮。南皮复令会审，
张商之师，欲先独鞫，师持不可，曰："吾可会审而不发
言，任君独讯，但此案非匿报，正以未得证，不敢【递】〔遽〕
以盗定谳也，决不能以严刑逼供。"张不得已尽诺之，然竟
不得盗证。张乃谓师："若此，吾无以复命，愿有以为我地
者。"师曰："某为州长，不能诬良民为盗也，即君以实告，
未必致降谪也。且此案有十三人，以十三人之性命为君地，
余固不可，君亦安乎？"张犹期期，师曰："若必然，某与君
会审而别复耳。"时提刑使者为陈右铭先生宝箴，故不以南
皮之举为然，且知师廉爱，即手书与师，谓："公据实申
报，若有责，吾当任之。"案遂定。适师以弟殁告终修养离

州，继之者即张，张颇欲翻前案，亦卒无可得。

止庵师以病将去房县，有一讼案，久不得结，盖有欲利之者，唆两曹使相持也。师念去房后，或益深其累，乃遣使谓两曹曰："此案年月已久，若辈受累已深，若不及吾在结之，恐无日矣。"及两曹至，师力疾，卧而治之，两曹皆感泣，相谓曰："父母官如此待吾侪，吾侪尚忍相持耶？"即画诺而退。师在房时，曾焚一木偶，以其为乡人所信，因而赛会相争，屡致命案也。及师以病去房，居省，房人来省视疾者不绝，率农樵也，忧形于色，有请师名刺者，询之，则曰："大老爷之病，或系焚神像所致，大老爷固不肯往谢神，吾辈持大老爷名刺往祷之耳。"时房人且将为神更造铜像，师乃谕之以理，且戒以不可更铸像，房人亦诺之。

陈右铭能举其职

陈右铭先生宝箴按察湖北，兼署布政使时，襄阳县知县员缺。先生谒总督，总督语以襄阳可畀朱某。谒巡抚，巡抚曰可畀张某。先生归署，则悬牌两面，一署曰"奉督宪谕，襄阳县知县委朱某署理"，一署曰"奉抚宪谕，襄阳县知县委张某署理"。于是众论大哗。时总督张之洞、巡抚谭继洵虽怨先生，而无可奈何。有劝先生者，先生曰："委员吾责，督抚而干与之，是目中无布政司也。"坚不肯收回所悬牌。后由诸道再三调处，乃两撤之，而由先生别委员署理襄阳，张、谭亦竟无奈何也。

乡民之骗术

廿五年八月廿九日访友，遇一卖干菜者，涕泣不止，及余归，犹见其踞地而号。异而询之，则言途中腹痛，入一家求药，置担门外，出则铜圆三百枚失去矣。余悯之，倾怀所有，得银币四角，予之。此虽非济人之道，特余非在位，力止如是而已。归以其事语归云，归云曰："此骗子也。"余斥其不当诬人。乃月馀又遇之，一如故态也，谁谓乡人尽愚哉！

徐世昌不齿于翰林

得《越风》社书，嘱为文于辛亥革命纪念特刊。《越风》有纪徐世昌事，大意在为徐粉饰标榜也。世昌为人，已有公论矣。其以翰林发往北洋大臣差遣，侍从以为奇耻，抵直隶，谒总督李鸿章，通者以"世昌翰林须开暖阁门（俗称麒麟门者）逆之否"为问，合肥曰："此差遣员也，令入官厅，与群僚齿。"词林益以为辱。其平生所为，直一热中之官僚耳。至或称其不附和袁世凯称帝及反对张勋复辟，要皆为己留地步，谀之则识时而已。北洋系之分裂，实世昌致之。直皖之战，段祺瑞衔之切骨。芝泉执政时，余亲闻芝泉言："菊人安足语为人，若死，吾并挽联不屑致也。"耄年犹嗜货不止，拥财数百万，而不恤其子妇。其得法兰西博士之赠，乃以二万银圆买得黄郛所作《战后之欧洲》（书名或误）[1]一书以为己有耳。名利既遂，乃欲以理学自文，提倡颜李之学，不知其读《四存篇》自省何如耶？其膺选总统后，陈仲骞尝戏语曰："吾事事可比东海，只欠一手苏字耳。"

注释

1　书名为《欧战后之中国》。

许叔玑墓表

许心馀寄来其尊公叔玑先生墓表拓本，表为余作，亦为余书，文甚美。昔林琴南谓余文似恽子居，张孟劬、蒋宰棠则谓在尧峰、雪苑之间，然此皆见余壮岁所作耳。近二十年来竟少属笔，各方请白，悉谢不为，惟《纪【人庆】〔子庚〕传》[1]及此表余自欲为之者也。此文不自知其似何人，盖以前作文，自有追摹某家之意，近惟自谓匠心，不复依傍门户矣。此书八尺大碑，目患近视，故不见佳，然亦得若干佳字。昔米元章书其《元日明窗》诗数纸，自记有数字佳，可知满纸尽佳，古人亦难。然此刻工手甚劣，不独尽失笔法，且将一字结构移动，往年余为吴县甫里书《保胜寺古物馆记》亦然，以此见古碑佳刻之可贵，唐太宗《温泉铭》刻手真神工也。

注释

1　见本书《纪子庚墓志铭》。按：纪传长，字子庚。查马叙伦撰
　　文，未见"纪人庆"，此处应为手民之误。

王右军《感怀帖》真迹

　　读外祖父邹蓉阁先生《问桃花馆诗集》，有李子芬孝廉世贤出观王羲之《感怀帖》草书真迹。此卷宋徽宗内府所

藏，后归东海徐元度，今藏利津纪氏诗，此卷今不知尚在人间否，辄为神往。然右军书传多为伪迹，此又不知何如也。

先生诗集后更名《存悔斋集》，与外祖姒所著《竹斐夫人遗墨》，并见著录于《杭州府志》。余父所藏有二本，其一清本，三十年前余寄存邓秋枚、黄晦闻及余所创设之国学保存会图书馆，后闻秋枚以书售诸复旦大学。此书如何，余访秋枚不得其所在，亦不知此书所归矣。其一大氏为初清本，即此本也。先生官金山时，适当太平军至，尝夺得敌人赤帜为妾制裙，有歌纪之，艳称于时。昔唐宋诗人多出于簿尉之间，固不以卑官损誉。清代晚季，可以赀得官，佐贰之职，文学之士所不屑为，如先生当厕诸常建、张羽之列，士论之所惜也。

姒汪氏，名愃，同县人。汪故望族，簪缨相袭，闺门之内，翰墨如林，故姒亦擅诗词也。姒先先生卒，墓在吴江雪巷之陈家荡，伯男福昌祔焉。

红芋诗人

余外祖邹蓉阁先生号红芋诗人，尝与黄树斋爵滋、戴醇士熙，结红亭诗社。先生生于清仁宗嘉庆十一年，故往还如姚秋农文田、张仲雅云璈、张仲甫应昌、林少穆则徐、屠琴坞、孔绣山、赵次闲、陈硕士、汪孟慈、罗萝村、张仲远、胡书农、杨利叔，皆一时名辈也。龚定庵子孝拱，亦先生友。

甆器由来

朱志瀛来，问甆所由始。余按：《说文》云"髹，桼也"，髹即油漆之"油"本字，亦即甆器釉泽之"釉"本字。《汉书·赵皇后传》："殿上髹漆"，字省作髹。"髹"又即今言甆器之"甆"本字。甆字《说文》无之，字亦作瓷，始见于《西京杂记》引邹阳赋，《杂记》或言葛洪所作，或言吴均所作，然所引赋不必亦为伪造也。吕忱《字林》亦署"瓷"字。忱，晋初人，然"瓷"字不必始于晋初也，则汉自已有甆，惟《御览》引魏武《内诫令》："孤有逆风病，尝储水卧头，以铜器盛臭恶，前以银作小方器，人不解，谓孤喜银物，合以木作。"是彼时尚未盛行瓷器，否则瓷不愈于铜木耶？"缥甆"之称，见于晋赋，缥为青白色，正谓今之青白釉矣。今见汉陶器上有釉，则《说文》不署"釉"字者，"髹"即本字，不录"瓷"字，髹亦即瓷字也。《周礼·巾车》："髹饰。"注："故书髹为軧。"杜子春曰："軧读为桼垸之桼。"軧从次得声，次、桼音同清纽，故或谓桼为軧。《后汉书·郡国志》："兰陵有次室亭。"《地道记》曰："故鲁次室邑。"《列女传》有漆室之女。瓷从次得声，则知古以瓦器上之釉，犹木器上之桼，故即以名桼瓦器上之泽者，而后乃造"瓷"字。

杭州葬法

造墓各地不同，杭州之俗，下棺后以石灰黄土调以槠叶捣成之汁，名曰槠浆，舂之成黏质，而敷于棺之四周及上，名曰灰椁。惟棺底亲土，灰椁坚如铁石，斧斤不能损之，故杭谚有"铜墙铁盖豆腐底"之说。以棺底亲土易朽，盖取速朽之义，而不忍亲骸为土中虫兽所伤，故以灰椁卫之，故葬法莫善于杭州。然灰椁亦以工到为能如此，故必老于其事者监之。

舂灰椁有组织，十人为一曹，二人为外作，外作任取土运灰等事，曹工惟任舂及舂【鼎】〔毕〕运置墓穴中耳。大氐一棺用灰一千斤以上至二千斤，和土相等，或三之二。如用灰千斤以上，必须四曹舂一日，或两曹舂两日，若灰多更须增曹，然穴小正不须多。而承揽造墓者，杭州谓之坟亲，坟亲自以多为善，取利大也。灰椿春法，先以土一提箕倾地上，加石灰一提箕，如此三番或四番，然后一曹中以八人任春，二人更番休息。春以二百四十下为一手，六手而成。一手毕小休，每手先百下，八人齐春，而甚怠，其意在和灰土而已。其次百下，分三板，初三十下，次四十下，再次三十下。每板八人，分先后下杵，至将毕，亦八人齐春。此三板较劲，每板将毕十馀下最劲，皆鼓胸腹，举杵至首上，臂成直线，然后下，每闻杵相击声，而此三板每下一杵，人即易位，成回旋形，往往足亦离地，用力甚者足离地至尺许，故至每板终时无异跳舞，然其劲者莫不流汗如雨也。末四十下则较初百下尤怠，盖力尽而藉以休息矣。初末皆呼邪许，中百下则若歌唱，声调抑扬清越，每曹以一人轮流报数，各曹中亦以一曹轮流报数，而一堆中边，其春亦有规定，不漫下杵也。如一曹之中皆属老手，则步伐举动极为整齐。如各曹中有营葬者自行招致者，名为客曹，客曹春地必居上位，有客曹则相竞。客曹既为营葬者所自致者，必有以自异，亦弥致【甚】〔其〕力。而造墓者所招致者曰本曹，本曹不甘示弱，亦弥尽力，甚有相竞不下而致疾者，不悔也，故营葬者利用此以求灰椿之固。然杭州灰椿之工，亦止龙井、翁家山为强，次为留下镇，次为四乡，四乡之工实无足取也。今龙井、翁家山皆以属市之风景区，不许营葬，此事亦将因社会之趋势而消灭，余故为之记。

林迪臣先生兴学

四月廿四日，赴孤山林社，公祭林迪生先生。先生名启，福建侯官人，以翰林出守。其知杭州府事时，创设新式教育机关三：一曰求是书院，似高等学校、中学校之混合学校，求是递传而为浙江大学堂、浙江高等学堂，国初乃废。一为养正书塾，似中小学之混合学校，养正递传而为杭州府中学堂、浙江省立第一中学校。一为蚕学馆，似职业专科学校，递传而为浙江省立蚕桑学校、浙江省立蚕丝学校。余为养正书塾学生，彼时每年三节，由一府两县轮流督试一次，试列高等者有膏火之奖。余两受先生试，幸列高等，以昔习言之，先生为余受知师也，故余在杭而逢公祭，虽风雨必往与。

养正书塾之初立，虽似中小学之混合学校，然后三年设特班、师范班。特班、头班之程度，实与求是书院学生无别。彼时杭州有东城书院，月有试，与敷文、崇文、紫阳三书院同。东城山长由迪师聘林琴南任之，试法改新，求是、养正之学生因同与试也。养正之有师范班也，其制实为吾师瑞安陈介石先生创之，盖师本在上海叶浩吾姻丈瀚所办之教习速成学堂任教员，移教养正也。

社中祔祀高啸桐先生，啸桐先生于迪师兴学之计参画主持之也。

叶左文之孝友

得王子舫书，言叶左文相念，可感。左文名渭清，籍吾浙之兰溪。父商于开化，遂家焉。左文母亡，母继母如母，弟异母弟如弟，推产业尽与其弟，而自以笔耕养妻子。清末，举浙江乡试，时年未冠也。会科举废，以考职得盐大使，发广东，运使丁乃扬课吏，为第一，委署南雄场大使，优奖之，人所求之不得者也。左文就官未满岁，即辞归。事亲读书，笃信二程、朱熹之学，精校勘，所读书丹黄悉遍，殆傅沅叔、章式之所不及也。尝有志校订《宋史》，以糊口四方，未遂其志。

余初佐教部，欲任为京师图书馆长，不允就，乃聘为编辑。居馆，公事竣即读书，同事者惊为今之圣贤。余去部，左文亦旋去，盖不欲久屈也。及余再至教部，复聘为编审员，左文强屈焉。旋又辞去，谓事简不欲糜公禄也。后应北平图书馆之招，任校勘《唐六典》，其书讹讹不可胜正，而左文性谨严，从事二年，不能毕业，其书借自吴兴嘉业堂刘氏，促归，并托董授经康至馆代之索。授经言侵左文，左文即辞去，馆中数速之复起，不应也。

余识左文于广州，左文方以介执业吾师瑞安陈介石先生门下也。左文既弃官归，余亦旋归杭州，教于【杭州】〔浙江〕两级师范学校。邀左文至杭州，寓余家读书，会儿子龙潜当就外傅，为延吾家一浮为启蒙，而令受业于左文，欲其取则也。

清季杂志

清季光绪二十年后，杂志渐兴，梁任公所主持之《昌言报》，汪穰卿丈所主持之《时务报》，唐佛尘所主持之《湘学报》，童亦韩丈所主持之《经世报》，皆今日之杂志类也。稍后而发行于上海者，如蒋观云丈所主持之《选报》，余师陈介石先生所主持之《新世界学报》，罗叔言所主持之《农学报》，亦皆以报名。而马一浮、谢无量所主持者独曰《翻译世界》。《选报》《新世界学报》皆诸暨赵彝初祖德出资经营，彝初先治《选报》，招余佐观云先生编辑，而彝初喜多务，谋于余，欲更创一报，余因请以介师为之主，而余与汤尔和、杜杰风辅之。报初出，梁任公评为第二流，盖以其所治之《新民丛报》为第一流也。然《新世界学报》风行一时，观云先生知《选报》之不足以竞也，遂与彝初不合，而先去，故《选报》亦遂废。清季之有白话文杂志，盖始于吾师陈叔通先生等所治之《杭州白话报》，行于光绪二十六、七年，其时杭州无排印书局，以木刻之，是报于提倡女子放足最力。

鼓吹民族革命之《国粹学报》

余之主撰《新世界学报》也，邻有顺德邓秋枚实所治之《政艺【画】〔通〕报》，然初不相往还。及《学报》中废，而秋枚时尚科举之业，欲赴开封应顺天乡试（以庚子义和团故，和议成后，犹不许于京师举试，故权移开封），乃徵余为代，既而乃有《国粹学报》之组织。其始仅秋枚与余及黄晦闻节、陈佩忍去病数人任其事，实阴谋藉此以激动排满革命之思潮，其后刘申叔、章太炎皆加入焉。而申叔不克符其初志，为端方所收，转以讽刺革命党焉。申叔之及端方门也，端方为举盛宴，大集僚属士绅，名流毕至，都百馀人，以自伐，盖申叔世传经术而当其年少已负盛名也。

人谓申叔盖为其妇所胁，然袁世凯图帝制自为，而申叔乃与筹安会发起人之列。当筹安会未发表前，申叔抵京，余往访之，申叔语余曰："今无纪元之号，于吾辈著书作文者甚为不便。"余不意申叔之加入筹安会已，虽怪其言，然答之曰："是何害，未有纪元之前，古人亦尝著书作文矣。且《汉书·艺文志》有太古以来年纪也。"申叔瞠然。明日而筹安会发表矣，俄而洪宪纪元之令下矣，然则果为妇胁而然耶？

清政轶闻

谒陈伏庐丈，观其近得《岁寒高节》卷子，卷额"岁寒高节"四字，行草书，大八寸许，张怀仁书，未失明清间人体气。此卷所绘为松、竹、梅，以寿节母者，竹为宋牧仲作，颇佳，题者数十家，大率乡里之间者也。有顾贞观、彭定求，皆江苏常州人，可知所寿者亦是地人也。

会高欣木及叔通师丈皆至，相与谈及清季政治轶闻，伏丈谓："奕劻、载泽各以亲贵擅宠，而相植党竞权。武昌起义，湖广总督瑞澂逃入军舰，以避革命军，奕劻以瑞澂为载泽姊婿，得息，甚为快意，以为看载泽如何办。及奕劻主召袁世凯，虑载泽为梗，郑孝胥调停其间，则以由载泽奏保世凯，而奕劻奏保岑春煊为交换条件。春煊载泽党也，于是以世凯总督两广，而春煊总督四川。春煊故由李莲英进，及为邮传部尚书，有人进言于春煊，谓今为大臣，宜绝阉人，植清誉。莲英馈食，春煊竟谢之，莲英以是衔春煊。及春煊受挤，改督两广，莲英使人以康有为、梁启超之照相与春煊照相合为一纸，以进于慈禧，春煊遂失宠而不自知也。其将赴广督任时，迂道游杭州，高啸桐介余入其幕，春煊相邀，意甚挚。余告以不独我不能入广，望公亦不去，去则必有不测之祸，因告莲英所以陷之者，春煊大惊，乃乞病居上海。至是，春煊已密通于革命军，而世凯终亦叛清。"

通师谓："辛亥川事既急，总督赵尔丰以三急电请于枢廷，示剿抚，不报。尔丰乃电托叶葵初代探意旨，葵初方得信于载泽也。葵初将来电碎之，入诸字【箓】〔簏〕，曰：'管我何事？'竟不复尔丰也。"

伏丈又谓："逊位之诏，由袁世凯电嘱张季直为之。"通师谓："卒由刘厚生当笔，而汪衮父增末语'岂不懿欤'四字。"

杨昀谷论诗

检廿四年八月廿五日天津《大公报》附刊《杨昀谷之交游》一文。其举昀谷说曰："诗须句句以情事纬之，诗贵近思，又贵有远神。诗不可落论宗，《书谱》有迅速、淹留二义，作诗亦然，气行快矣，必用一句留之，相间成章，自然入格。唐贤高格，行气不尚疏快，此乃正法眼藏也。行气总以回合宛转为要，恐其去而不留也。"

昀谷名增荦，清翰林院编修，余与昀谷曩多往还。昀谷亦号云谷，故昔为余题李云谷残砚拓本诗，有争磏之戏。昀谷虽通朝籍，而未曾得志，一任龙济光秘书，亦非其志，落拓故【乡】〔都〕，奉佛独居，卒以穷死。其遗诗八卷，王揖唐为之刊行，余尚未见也。

婢亦人子也

移居金姓之屋，金盖所谓二房东也。其室悬一照相，冠清代二品冠，家有三婢，长者年约二十左右，馀皆十四五岁，每晚当余室户而卧。余夏率五时馀即起，乃起后竟不能赴盥室，以三婢席地横陈，且怜其睡才四五时也。於乎，此亦人子也，以贫为亲所卖，终身不复知其所生，自朝至夕，执事无间，一无求进知识之机会，年逾摽梅，婚姻不得自由，老大率为人妾，即幸得为嫡，亦仍归于贫乏。其毕生之福，为其亲得数十币而尽丧。而主人于婢，以微资享其十馀二十年之勤劳，虽衣食之，而所省于雇用佣者不止倍蓰也。及婢适人，犹复要其偿还身值，若是者盖十之八九也。其挞罚之加，饥饿之不顾，知识之不与，则以为当然。今国家有令禁畜婢，而畜者如故，易其名曰养女，使呼主人为父母，然其他皆无以异于婢也。此间主人于三婢，虽尚未闻捶楚声，然席地卷卧，覆之恶枲，何尝以家人视之，高于豢犬豕者几希耳。

昔余十二岁，从汤颐琐丈至温州，丈买一婢，才九岁，数月后，其父持新鞋来视其女，女闻声奔而出门，号泣欲从以归，父女相持，其状至惨。丈家故有长婢，阻其久叙，令雏婢入而趋其父去。余时即悲悯万状，且怪长婢亦婢也，顾乃不相恤耶！盖汤母无子女，视婢如所生，故婢亦亲之而如所生，仓卒之间，忘其本然耳。

命相术

在陈伏庐丈所，又闻李若农先生相术之神奇，丈谓得诸汪伯棠丈。汪丈,若农先生门生也,谓:"昔在京邸,一日,李公于某馆为其同年友新简云南按察使者祖道,余受命代作主人。然客至,李公亦至,面色惨然,向客一揖而言曰:'今日适病,不能亲陪,命汪某相代。'旋即归去。暨筵散,余亟至其家,询曰:'师何病?'公曰:'我无病,特不忍与之酬对耳。'余请其故,师曰:'余视其相,莅任必不及待家人之至而死矣,吾言之不可,不言亦不可,故不忍耳。'已而某至任二十日而卒。"

伏丈又言夏穗卿尊人紫笙先生课命亦极神奇,尝为汪伯棠、穰卿两人占之,谓伯棠当官二品,穰卿瓠落终身,此与李若农先生相二汪事全同,然则命相固一与?棠丈于建国后曾居首揆,乃不在命相中,何也?伏丈昔语余,奉天有一命课者,人戏以溥仪八字与之,此人云:"奇极,此命贵不可言,然止四岁活耳。"正亦相同。

然余知昔之相人者,率先诇得其情而后酬对。北平有钓金鳌者,以相起家,其先假东安市场一小屋,设座谈相,初所相皆豪家仆从,既而达官贵人趋之如鹜,无不称曰神相。其实江湖之士,术有所受,能于举止间得其人之家世地位,尝有见人入户,而旁人为揭帘,其人侧首而过,因决其为优而饰戴相冠者,探之果然也。既得其地位,则从而揣摩,乃立议论耳。然如李、夏二先生实非其俦,且如紫笙先生乃以朱墨笔点易数而论断也。

朱有年说

开化朱有年言，其乡汪氏为大族汪之先有庆百者，明代官至尚书，其外家某氏将葬其外祖母，有术者言甚验。其子姓各私术者求助，盖下棺时刻主后人吉凶也。及期，诸子皆临窆，独一女受术者教，不往，即庆百之母也。缘庆百之母，字而未归，闻诸兄弟求术而意动，伺间跽术者前，求助己，术者无以应之。而女求之不已，且跽而不起，术者乃曰："汝明日可不临窆所，而与汝婿以其时交合，则验于汝矣。"女之婿固亦助丧在女家，女遂私告之，及时竟苟合焉，果即成孕，追婚后仅百日而生，故以"庆百"名也。噫，使此事不诬，岂非旧礼教中所谓丧情害理之甚者，尚可以训乎？不谓高谈道德之风俗中乃有此事也。

有年又言，其曾大父行中有名毓□者，开化近时生员皆出其门，其人太平天国时为掠去，令负舆，不任，令担物，亦辞，以其为秀才也，乃任以笔札。一年元旦，军首所居尽以红纸障壁，栋梁亦裹以红纸，而无文字题饰，人以某可任文字，某即书其楣曰"一戎衣"，军首大喜，遂重用之。左宗棠督师，驻开化，使以高禄招之，某岸词不屈。及太平天国败，某无归而归里，里人共护之，为道地，得不死，削其生员籍，后复易名而入学，屡就乡试，皆以诗失拈败。余按：此事疑非实，盖宗棠招而不至犹可也，岸词相抗，岂复见容耶？余友叶左文犹及见其人，异日当复证之左文。

《送春诗》

为龙环改《送春诗》云："柳条不系东风住，暗约明年依旧来。惟有群芳悲久别，各零红泪付潆洄。"盖就原作润色耳。然似看人送春，不是自己送春。又为佩瑛改云："子规啼毕含愁去，朱紫纷纷泣下来。怪他杨柳无情思，枉有千条挽不回。"两儿欲余拟作，余本不娴诗，此题早有古人名作，实无可以再为，而儿苦促之，勉成二律云：

朱紫如国正举卮，东风偏倦欲兴辞。先幾自合功成退，任运还逢瓜及时。密与燕莺成信誓，早从桃李订归期。赋余惆怅年年是，一半伤心一半痴。

四时代谢帝无私，春去偏同怅惜之。水满忽惊双鬓换，花残何惜百杯持。千呼不转嗔莺拙，百绕还行怪柳迟。姑向东风陈款曲，归来千万弗愆期。

自谓"先幾"一联似无人道过。

治葬戒奢

陈孚尹来，言其尊人介石师墓被盗发露，闻之怆然。陈氏在瑞安有太丘之望，乃亦为盗瞰，盖墓制小宏，乱世不能戢小人之心也。

吾国墓制必须改革，南方风俗尤为庄严死者，宦族富家，一墓之费竟逾中产，其甚者饰为台观，崇阶广基，望之俨然，则累万之资，投于虚牝。往者政府为孙中山先生饰终，礼重报功，造墓如陵，耗资二千万以上，窃意先生有知，必不愉快于黄泉也。以此资为生产之业，其为先生造福者何穷？异日举国无冻馁，饮水思源，更隆功德，倍致庄严，似不为晚。然如先生功业，尚足以膺此报，浸而谭组安亦国葬矣，甚至邵元冲亦得国葬之资十万圆，是岂尚为民众所输汗血计之耶？夫以此十万，悉用之葬则为奢，用而有馀不以内官则为贪，是则于死于生两无足取，若逢巨变，骸骼暴露，子孙掩目，行路快心，亦何为耶？漆雕氏为移风易俗之儒，然草上之风必偃，是以有望于为政者。

林攻渎

姜次烈托人致奠金法币百元于其师林攻渎损，不知所投，乃倩余转交攻渎表弟陈孚尹，余方知攻渎死矣。攻渎为吾师陈介石先生之甥，幼失怙恃，育于母之妹。攻渎以教读事畜，祖母年百岁卒，子尚未成年也。攻渎之学，受于介师及师之从子孟聪，学不醇而长于诗文，倚马千言，八叉成诵，洵不虚也。其文畅达，位置当在魏叔子、邵青门间，时亦有汪容甫风格，诗则才华斐赡，深于表情。何次珊长北京大学，聘为教授，先后二十馀年，学生中喜新文学者排之，喜旧文学者拥之，其得于人亦有在讲授之外者。盖攻渎有节概，犹是永嘉学派遗风也，既不肯屈己附人，而尤疾视权势，其在讲堂有刘四骂座之癖，时时薄胡适之，卒为适之所排而去。攻渎颇自负，以不得志，遂纵于酒，而为酒伤。其为适之所挤而去也，余虑其或更自伤，特访其夫人而戒其谨护持，且称师而规之，甚苦，然竟不能改。今闻仍以酒伤殁世，欲为诗挽之，才成二章云：

> 回首春风四十年，讲筵谁得似彭宣。可怜一世文章伯，中酒伤贫入九泉。

> 长堤柳色几番青，消息沉沉倚驿亭。历数逢辰应有验，秋风吹落少【散】〔微〕星。

唐太宗书

熟玩唐太宗书《温泉铭》，至于欲忘一切。太宗此书，随意结构，拙媚相生，其落笔凡如飞隼，而纡回转折处，又未尝不致意，似无笔法可寻，而实显然有其途径，如"玉液"之"液"，"锐思"之"锐"，"汉帝"之"汉"，"长龄"之"长"，"朕以"之"朕"，"积虑"之"虑"，"风疾"之"疾"，"砌环"之"砌"，"屡易"之"屡"，凡此诸字，仔细体验，自无不瞭。而"疏檐"之"檐"，尤可玩索，即此一字足征其纯为中锋。抑观此书明是悬肘所作，故有行乎其所不得不行，止乎其所不得不止之妙，学书者必观之。太宗收二王书几【卷】〔尽〕，又遗诏以殉，殆欲使人不见高曾而自为始祖乎？

孙仲玙之学行

余昔从陈介石师知吾杭孙仲玙丈宝瑄而未之见也，今于陈伏丈案头见其日记数册，略读数页，更见其思想所趋，大概与介师及宋平子皆倾向于社会主义者，故三君子之交亦密。记中有斥章太炎著作流传为造孽不浅者，盖以太炎专事峻深种族观念也。然丈记中又有一处，则虽斥太炎而谓此时若以此致流血赤族，吾亦不悔。可见丈虽主张泯灭种族观念，而于清之杀戮革命者亦不之恕。于记中又见丈于新学说之书，殆无不窥，前辈好学，如丈与夏穗卿丈皆不可及。唯丈颇好神仙家言，记中屡及长春真人《西游记》中说而称道之，且谓女娲补天亦是此事，则又通学之弊。丈此日记涉时事学术者为多，可与越缦颉颃，叔通师丈颇有为之理董之志。余谓最好照原稿付印，不知世有此好事者否？

丈为清故侍郎孙子受太世丈之次子，兄即慕韩丈宝琦。慕丈以官为业，连姻清室，而丈独守儒素，虽历仕宦，无贵介风也。

樊樊山辞祝寿

三十年三月十日某报载樊樊山增祥八十辞寿启，言其父在日，每值揆辰，例不见客，垂为家戒。其父母六十生日，祝者不过数人，堂下并无声乐，盖樊山先德亦以生日为母难之日，故垂戒不得祝寿，异乎流俗矣。然父母年过六十，子女自当具庆，义有不同，唯当承父母之志，若父母不乐举觞，亦当从命。余天之戮民，孤露馀生，有生之日，不得为庆祝之举，早已戒余诸子矣。

闇三劫包

市物于霞飞路，遽有十馀岁小子，自余后劫余所持物而逸。余追之，则弃物而逃，物凡三包，先弃其一，再追，又弃其一，复追，则将纸包中断而弃其半，盖所谓闇三劫食也。（闇三或谓当作毕三，实有其人。余疑乃扁虱之传误。扁虱即臭虫也。）闻其行劫也，必三人为群，互相策应，其劫物而被追，次第弃物者其术也。如是则必有入口者矣，故余拾物而其人亡矣。归途至亚尔培路口，亦见一人追一小子，捉而殴之，余不觉失声呼打，然即悔之，自咎曰：余亦欲以此加诸人耶？彼皆余之子弟，谁使至于是，余不能使无至是，又不能尽余持而与之，且追而获其所劫则已矣，且此所被殴者，又明非彼劫余物者耶。以此知余近日修持之惰。

作书五养

凡书不独须养神养力，亦须养笔养墨养砚，盖意不靖则神不聚，书时自无照顾，所谓意在笔先者，即无从说起矣。力不养，则作数字后，便觉腰背不济。力不足，即神不旺。砚与墨皆可别储以待，唯笔不然，虽可别储，而方及酣畅之际，遽苦胶滞不敏，若易以他笔，又如方得谈友而忽来生客，必叙寒暄，神意全非。然墨亦有难言者，虽甲墨久磨易化，可易以乙，然必磨而待用，待久即宿，故墨磨就即用，则采色均润而入笔不滞。

余之信仰

访夏丏尊，余以丏尊桌上有佛经，壁上悬数珠，询丏尊："亦从事于此耶？"丏尊曰："否。"继而曰："人无信仰亦不好。"余曰："何故？"丏尊曰："无可归宿。"余曰："我自有我，何患无归宿？"然丏尊似不能谕此，故曰："总是有个信仰的好。"盖丏尊之意，亦倾向于宗教的信仰耳。朋辈中如许缄甫、钱均夫皆数珠一串，以此求了，何从得了，若不能了，何用于此？人生堕地，即入社会，唯有两利，以了此生，至于得福得祸，各随因缘。权在于己者，即看明环境，权量轻重，趋于合理，自然得福。若环境所迫，祸不可避，则安而受之，生死不计，如此则无时无地皆吾归宿。舍此别求，天堂乐境，果于何在？强求有附，正是将心来与汝安，亦何从安得，所谓"坐驰"也。余既于宇宙识其大者，宗教信念，脑际全无，但以任运而生，利他所以利我，利我必须利他，此外无求，所求者如何方得两利，使竖尽未来，横盖大空，无不得所，今之胶胶扰扰，终有清清楚楚之一日，乃余所信仰者耳。

乙卯词

余二十岁前即学填词，然无师承，亦未研究，姑妄为之，仍不讲宫调也。四十后所为益少，今竟不敢下笔矣。往时曾以稿本就正于亡友刘子庚毓盘、吴瞿安梅，均有题词，以示张孟劬尔田，亦为小令宠之，然故人皆假借之，望其有成而已。前年虽欲尽焚之，终以一时鳞爪，难以割爱，遂芟夷其甚不足存者，手录一通，而三家题词，竟尔失去。今乃检得瞿安手迹，而瞿安物故矣，亟录于此，其书云：

大著神似子瞻，小令亦具二主、二晏之长，间有献疑，签标眉轴，索西子之瑕垢，不自知其妄且愚也。系以小词，录呈藻削。《浣溪纱》云："身世沧波落照边，青城别梦渺如烟。（谓集中《浣溪纱》乙卯诸词。）无多青龒况霜天。　　子夜新声怜宛转，丁年旧事倍缠绵，不应憔悴柳屯田。"

瞿安词注中所谓"《浣溪纱》乙卯诸词"，余已剪除之矣，今亦从字【篆】〔籭〕中检录于下，然不足存也。

乙卯寒仲，国将改步，谢太学南归，车次无憀，口占五解

铜篦声声断禁烟，别情无语更凄然。不堪回首是离筵。　　旧事漫劳飞燕说，来时春草碧于天，锦城争唱乐尧年。（余于癸丑二月入都，正召集国会时也。）

五色旗飘古象坊，（参众两院均在象坊桥东。）马龙车水忒匆忙，为言军国费平章。　　遗恨那堪重记取，空闻揖让说黄唐，议郎终是怕儿郎。（选举正式总统之日，两院内外伏袁甲之士，议员欲离席者，皆为遮止，袁世凯迫两院以己应选也。）

雉堞森森对故宫，新开双阙度流虹，（京师正阳门，毁其子城，葺其南楼，以为观瞻。于此楼左右各开一阙，以通车马。）大师兀自阅哀隆。（两楼间饰以石狮子二，故清藩邸物也。）　　帘影沉沉飞燕隔，微闻细语怨东风，凄凉烟月逗寒栊。（清室有移居西郊之说。）

绵蕞诸生功最高，（谓筹安会诸人。）如何阼土后萧曹，君王明圣重初交。　　仪注春官新奏进，如闻舞蹈

异前朝。九重传语属娇娆。（袁世凯明令废阉人，用女官。）

谶语从来数盛周，分明天意那能留，（先是有术者言，中华民国终于四年，袁世凯所授意。）斜阳无语下西楼。　把酒高歌歌断续，飘零身世感沧洲，年年春水只流愁。

儒佛修持异同

夏丏尊来，偕访许缄甫，纵谈至日仄，初听缄甫与丏尊说佛法修养之要。缄甫于教宗诐悉，继因丏尊言及蕅益作《论语解》至"颜渊问仁"章而阁笔，缄甫因言儒家亦重修持，孔子答颜渊问克己复礼之目而曰"非礼勿视，非礼勿听，非礼勿言，非礼勿动"，明重在修持，吾辈不能当下即任，故不能成佛。余因问："何故不能当下即任？"缄甫谓："信不足也。"余谓："由有身见故。"因为明"颜渊问仁"一章，缄甫、丏尊皆无可非，余因劝二君不必礼佛持珠，只须除去身见，克服我执，遇事当然，即起赴之，便是成佛。

顺风耳

《随园诗话》谓于提督杨恺壁上见挂一器，形如喇叭，长二丈许，糊以墨纱，乃军中所用顺风耳也，将军与军中密谋则用之，相离甚远，其语只二人闻，他人不能闻也。按：杭州旧有卖捣鬼筒者，玩具也，以高寸、圆径二寸馀之竹管二，每管之一端糊以纸，以线穿两筒之纸心，长二三尺，每人持一筒，一人以筒贴耳，一人以口就筒语，语小，旁人亦不能闻也，而彼人得闻之。此是声学关系，不知自谁发明，顺风耳之原理亦同于此。顺风耳之式甚似今之电话机上之听筒，中国人何讵无发明，特无科学环境，乃仅止于斯耳。

马先生汤

《随园诗话》言："蒋戟门观察招饮，珍羞罗列，忽问余：'曾吃我手制豆腐乎？'曰：'未也。'公即着犊鼻裈，亲赴厨下，良久擎出，果一切盘餐皆废。因求公赐烹饪法，公命向上三揖，如其言，始口授方。"按：蒋法如何，未知《随园食谱》中亦著录否？据言则蒋亲下盐豉矣。

余亦喜制馔品，馀皆授归云以方，使如法治之，如蒸草

顺风耳　**147**

鱼、蒸白菜之类，余唯试味而已，【君】〔独〕三白汤必余手调，即诸选材，亦必与目。三白者，菜、笋、豆腐也。然此汤在杭州治最便，因四时有笋也。豆腐则杭州之天竺豆腐，上海之无锡豆腐，皆中材，若北平豆腐，虽选其隽，亦不佳也。此汤制汁之物无虑二十，且可因时物增减，惟雪里蕻为要品，若在北平，非向西单市场求上海来品不可也。然制成后，一切物味皆不可得，如太羹玄酒，故非诚知味者不知佳处。曾以汁贻陈君朴，君朴煮白菜豆腐食之，谓味极佳，而其家人不赏也，如就一二品增其浓味，便对一般人胃口，称道不置，然非吾汤矣。往在北平，日竭中央公园之长美轩，以无美汤，试开若干材物，姑令如常烹调，而肆中竟号为"马先生汤"，十客九饮，其实绝非余手制之味也。

传代归阁

《芥隐笔记》《辍耕录》俱言今新妇至门，则传席以入，弗令履地，唐人已然，白乐天《春深取妇》诗："青衣捧毡褥，锦绣一条斜。"按：此二书，余三十年前即寓目，然竟不记有此语，今复读之于《随园诗话》。此俗余见之北平及杭州。杭州新婚仪节，新妇至婿家，彩轿直登礼堂，出舆即立红毡褥上，候婿共礼神，及交拜礼毕，赞者唱"传代归阁"，则有应承者以贮米厂袋，从新妇足前铺起，新妇履之以行。候新妇行过，则揭后者复铺于前，递番以至洞房而止。据故老言，所由不使新妇履地者，妇家不愿以母家之土带至夫家也。若然，则仍是掠夺婚姻之遗习，盖示掠夺其子女而不得其土地之意。

途中人语

赴霞飞路有事，途中闻两人相语，其一曰："愿意死老婆，不可死大人，大人养我大来什么用？"大人谓其母也。顾其人乃商贾之流，其言当使为子女者尽闻之。《传》曰："人尽夫也，父一而已。"余亦曰，人尽妻也，父母一而已。

途中人语二

门外有卖菜者相语，以捐税之重，又加苛勒，甲曰："此种人将来不得好死。"乙曰："正是。"噫，舆人之诵也。昔孟子云"关市讥而不征"，未若《庄子》云"散群坏植"也。虽然，私有制度不废，则无以语此。

王郎中

李孟符《春冰室野乘》有"记王焕"一则。按：焕字辅丞，吾浙绍兴府山阴县人，其季弟会澧，清德宗光绪十四年浙江乡试第一名，实余之启蒙师也。余于建国前十六年，以吊丈之太夫人丧，谒丈于其山阴斗门私第，丈及师皆以丁忧南归也。时丈家食桌皆覆以白布，盖已仿远西之俗矣。丈与大刀王五善，此余后闻之建新师者。

赵子昂书

赵子昂书学陆柬之，昔人谓其有得于陆也。然柬之书于唐初，实远在欧阳、虞、褚之下，略与薛稷为伍，但王家骨血犹存。子昂书无一笔柬之玲珑之气，乃俗眼中好书，王家骨血洗伐殆尽，至董香光遂为场屋祖师矣。而近世犹盛称赵、董，盖九方相马，必辨其骨，今之相人者方面大耳，必是台阁之容，世之品书者，亦犹今之相人耳。盖点画具而略有姿态，便是今之好书，固无怪非巨眼不能识于牝牡骊黄之外也。欧阳、虞、褚面目各异，然确是王家骨血，智永亦然，若能参透数家，便能寻着正脉。然书岂限于王家门槛中，不过以之见高曾规矩耳。

汤定之节概

智影来，以师丈属示七绝三章相付，调汤定之丈续弦作也。词云：

> 喜星偏照茗闲堂，遮却双于似玉郎。绕膝儿孙齐拍手，争看彩牒署鸳鸯。

> 画梅楼易画眉楼，时样偷从眼底收。益信老夫真善相，女师好处是温柔。

> 明年报长紫兰芽，哺乳宵深错认郎。稍碍衾裯甜入梦，晓妆催起弄咿哑。

茗闲堂、画梅楼皆定丈自署居室之名，双于道人则丈自号，丈多须也。丈善姑布子卿之术，自谓平生所长，相法第一，隶书次之，画又次之，此则怀才挟艺之士，每每不肯自以其所长为长，如章太炎自谓其医学乃第一也。丈尝自谓相当饥而不死，往年，居窘，汤尔和任伪职，数以书招，促其北上，终谢不应，几濒于饥死。盖丈自南来，仍以卖画为生，而此间习尚，画喜吴待秋，或抚吴仓硕、王一亭，如丈之宗其先德者，格不能行，故月入不足赡养，然近年生涯诐展，竟应其术。盖丈近画多属松梅蔬果，世稍易知，至其山水，不先作轮廓，信笔而成，转得黄山、雁宕天胜之境，世不易知也，然则果有相耶？师丈严正，素不为绮语，此乃写尽温柔，道人得之，当有定情诗相赌耶！

寿亲不在文字

陈孚尹来，以许叔玑夫人今年政七十[1]，其子心馀欲余文为寿，托孚尹言之。余至不喜为寿文，然以叔玑、心馀之交，勉诺为之，不过致励心馀昆季而已。

夫人子欲慰其亲，至于文字，无非为文字之寿可千百年耳。故余母五十岁时，余亦乞江宁邓熙之先生嘉缉为文，先生懈筠总督之孙，诗文皆有法度，品节甚著，故欲藉先生以传余母。乃先生适病，其后先生拟就，无从致之余，托之吴北楼，而北楼与余不识，且亦不知余踪迹，稽留将二十年，而先生早归道山矣。及余佐教部在南京，北楼始以寄余，适余母政七十，乃装潢先生手稿为一册，颇珍视之。惜先生文集已先行世，未及登木，而顷遭兵乱，册子寄存戚家，闻筐箧已发，物当不存，徒成怅恨。然余母六十、七十时，转不求人为文以寿余母者，非无名公胜流之相识也，以余已谢不为人作【谢】〔寿〕序，亦不欲以此求人也。又以余母能自寿，若余复能寿余母，何须求人寿余母于区区文字间耶？况余幸能文，亦何必烦人耶？今余有《先妣事略》，苟得采入方志，余母便足千古，不然，亦与他人文集同供他年覆瓿，正不必也。

注释

1　即正七十。王羲之《七十帖》作"政七十"，因羲之祖名"正"，为避其讳，凡遇"正"字均改写为"政"。此处袭用此典。

盘瓠氏之图腾

《后汉书·南蛮传》曰：

> 高辛氏有犬戎之寇，帝患其侵暴，而征伐不克，乃访募天下，有能得犬戎之将吴将军头者，购黄金千镒，邑万户，又妻以少女。时帝有畜狗，其毛五采，名曰盘

瓠。下令之后，盘瓠便衔人头造阙下，群臣怪而諴之，乃吴将军首也。帝大喜，而计盘瓠不可妻之女，又无封爵之道，议欲有报而未知所【疑】〔宜〕。女闻之，以为帝王下令，不可违信，因请行。帝不得已，乃以女配盘瓠。盘瓠得女，负而走入南山，止石室中，所处险绝，人迹不至。于是女解去衣裳，为仆鉴之结，著独力之衣。帝悲思之，遣使寻之，遇风雨震晦，使者不得进。经三年，生子一十二人，六男六女。盘瓠死，因自相夫妻，织绩木皮，染以草实，好五色衣服，制裁皆有尾形……今长沙武陵蛮是也。

余谓所谓犬者，非走兽之犬，盖以犬为其图腾者也，为高辛之奴隶，故有尾，唯奴也故不可配以女、封以爵，后世相传乃以为犬者。古代记事之词质，故钟簴之饰若鸟兽跄跄，则曰"百兽率舞"；使以诸兽为图腾之族作战，则曰"教熊罴貔貅䝙虎以与炎帝战于阪【尔】〔泉〕之野"；舜明于事，则曰"重瞳子"；文王有德于人，则曰"四乳"。然则以犬为图腾者不具其姓名，即以犬名之，后人不知其故，遂以为真是走兽之犬矣。

彭李出家因缘

夏丏尊出示弘一法师十六年与蔡孑民丈及余及朱少卿、宣中华书，以闻孑丈在青年会演说斥僧侣故。弘一谓僧有四类：一利他者，一自度者，一治经忏者，一无所为者，不可一概斥也。若须淘汰，当有所采择，宜设一委员会主之。因举僧侣二人同董其事，二人者曰某某、曰太虚也。此书及余者，以余时亦备位浙江省政府也，然余时实未见此书，不知何故。

丏尊又示余吾宗一浮与彭逊之书，为逊之著《周易明义》成而无力刊行，一浮愿为印布也。书长千馀言，词旨斐然，一浮善于书札，有六朝人气息，而其书法效"褚圣教"，故有兼美也。盖逊之既披剃，故馀物遂为丏尊所收，丏尊因为言逊之所以出家之故，且谓弘一之出家，实由感于逊之也。余甚异之，遂质其详。

丏尊谓逊之既居窘，一浮为言之浙江水利局局长林同庄，用为职员，而无所使之，资其食宿而已。一日，同庄莅局，而天寒甚，逊之袍单体颤，同庄言，当为制一裘服，然亦遂忘之矣，天寒未杀。一日，日高矣，而逊之犹拥被不起，闻茶役相谓曰："那里去揩油，弄一件皮袍子穿穿。"揩油者，俗讥不出钱而得者也。逊之以为同庄既不赠裘，复令人相调，遽起，奔钱塘江自投。被救，问知姓名，复询有何亲友于此，则曰："我在杭州只有一友马一浮耳。"警察官吏有知马一浮者，遂召一浮往，一浮则为易服而邀之还局，不可；赴己寓，又不可。会弘一因爱大慈山定慧寺之胜，寓寺中，乃偕赴定慧寺假房，而逊之遂归依慈氏焉。弘一既观逊之披剃，大有感动，亦遂为僧。余闻而亦有感焉。一浮之识逊之由余，而逊之之为僧由一浮，叔同之出家又由逊之，世间因缘复杂变换如此，社会情状之所以繁也。

避　煞

旧俗，人死，须延阴阳推定凶煞，殓时豫戒生人趋避，然仅属戚友耳，亲丁不避也，则其理已不可通。自海通以来，归依天主基督者众，固不信此。如信阴阳，不知有几许避煞而亦死者矣，固不然也。是知此乃一方之俗，术士之所为。

余母大行，一切涉于迷信者，概付阙如，余妇虽甚迷信，亦莫如何也，然其于阴阳推煞，则坚持不能不用，意在为儿女也。余终如其意，然余意不为儿女也，余以俗尚未改，戚友多信此者。余母辈分既长，戚友卑小，依俗以送殓为敬死安生，若不示以所避，使人旁皇也。然避者甚少，盖余友好及弟子辈固不信此者多也。往年，谭仲逵之母丧于上海，余赴视殓，余即当避，然不避也。汪叔明师之丧，戚友视殓者不及十人，乃当避者居其八九，余亦与焉，于是最后之别，独余及某君而已。余谓视殓实为与死者作最后之别，往者不当避，此亦厚俗之道也。余既重犯凶煞，然亦无恙，亦可知其不足信矣。

石屋续渖

胡雪岩之好色

胡雪岩既致富，蓄妾三十人，衣以锦绣，而色皆殊。常分两队，与其妇各率其一，仿象棋指挥作战以为乐。雪岩设庆馀堂药店于大井巷，修制鹿茸、龟胶及诸滋补之品，日食皆珍物也，以是体充健，白日行房事焉。其妹之孙范某告余，谓其妾裤皆不合裆，盖备其非常之幸，有所不能待也。

雪岩之致富也，以太平天国得势江南，王有龄、左宗棠先后抚浙，皆依其办军需，其所置银号曰"阜康"者，驰名国中。阜康一纸书，可以立措巨款金资也。以是雪岩亦不宁厥居，而所至有外室。有某告余曰：雪岩一日渡钱塘江至萧山，于桥中见一女，有色，即为其所从客称之，客其银号伙也。雪岩归过其地，则已于女家为其置行馆，女出拜称主人矣。雪岩大喜。盖伙知其意，为货女母成之。雪岩数宿而归，留银五百两，后月复资之，每过江安焉。

张之洞

清代官场礼仪，皆有定制，著于《会典》。司道谒督抚，督抚不迎，而司道退，必送之仪门。盖故事于二堂治事，距仪门数十步耳。后多别设签押房治事，而延客或在花厅，则距仪门远矣（仪门在大堂暖阁后），以是督抚送客仅及厅门而止。

张香涛太年丈之洞，南皮大家也。兄之万状元及第，官至尚书，涛丈亦一甲第三人，一门鼎贵。及总督湖广，垂二十年，恃资望骄蹇，惟礼名士，视僚属蔑如也。布政使某者（忘其姓名）负时誉，涛丈亦不加礼，某不平。一日白事已，告退，涛丈才送之厅门，盖习以为常矣。某忽曰："请大帅多行几步，本司尚欲有白。"涛丈不意有他也，从之，而某殊无所白。行及仪门矣，涛丈乃曰："贵司果有何话？"某乃反身长揖，曰："实无话，仪制督抚送司道当至此耳，大帅请便。"涛丈为之气结，然不能斥也。

涛丈起卧不定，或数夕不寐，或一睡数日，其睡不择时地，往往即于座上合目，侍人急以身支之，更番至其觉而罢。一日有急事当入奏，其性本急，立命起草，亲有更定，即饬缮发。故事，发折（奏书通称奏折）当备香案，行大礼，鸣炮以送。吏役悉以具矣，而丈已合目，如是伺之者三日始觉，则咎侍者，然已无及矣。

清帝恶洋鬼子

吾乡孙子授太世丈贻经，清同、光间仕至侍郎。尝充毓庆宫教读，谓同僚中有佩计时器者，一日为穆宗所见，询为何物，丈具以对，穆宗遽取而毁之，作色曰："没有这东西，便不知时候？"又时为欧洲人小偶像，成辈列之，以刀以次斫去其首，曰："杀尽洋鬼子。"

按：清室祖宗颇崇欧洲技巧，故宫尚存奇异巨钟，皆乾隆以前欧洲各国所进也。穆宗不应未见，盖以文宗为英法联军所迫，出狩而死于热河，以此致恨耳。后一事据吴永《庚子记变》（书名或误，记不真矣）[1]谓是德宗事，然余闻之余母，余母则述先世所闻也。

注释

1 应指吴永《庚子西狩丛谈》。

清帝恶疾

清帝死于痘者二，世祖及穆宗也。然穆宗实以梅毒致崩，饰为出痘耳。

大成教魁

沈飓民来，谈及大成教，飓民曰："王锡朋与先君共事张勤果曜山东巡抚幕（按：曜，钱塘人，孙慕韩丈宝琦之妇翁也），其私行极好，官知县亦极清廉。然其学则糅合三教，而实则归于道，道又为汉魏以来之道教而非黄老也。门下无所不有，达官贵人至于贩夫走卒、男女老幼无不收录。清末，大僚如毛庆蕃（按：曾官上海道、护理陕西总督，又清学部尚书荣庆亦其门人），近时则倪嗣冲、王占元皆出其门。受业者先以占卜，卜皆应其人，是以共神之。既执贽则授以真言，甚秘。其弟子事之如严父，偶违师旨，则长跪谢罪。一日，庆蕃侍其游杭州之西湖，偶失旨，即然。从者如云，不敢避也。其教统则自伏羲炎黄以后，虽文王、孔子不得与，直至周敦颐。得濂溪之传者即周太谷也。太谷尝在庐山设教，有人容貌衣履甚怪，来从受道，既而其人骤然不见，索之池畔，得贽帖，乃曰：'此龙王来受教也。'人共灵之，从之者遂众。锡朋实得其传焉。锡朋说《论语》'学而'一章，谓隐藏'麟、凤、龟、龙'四字，其怪诞皆类此。居苏州，里中人莫非其徒。锡朋知余亦家苏州，欲来会，余以父执也，先之。既而来报，弟子塞途，皆从于舆后。"

疯民又曰："《老残游记》中之三教大会，即写此事，盖铁云亦此中人矣。"余按：《老残游记》中之山东巡抚，即张曜也。

圃耘先生之盛德

余家故业农，至曾祖父圃耘先生，始自绍兴县东胜武乡怀钱二百文渡钱塘江抵杭州，时年十二，孑身无所依，遂投一制履师为弟子。及壮，自设小店于横河桥（今名东街）。先生性严质，所制履工料皆不苟，其底使坚硬如板，以故步云斋之鞋名于省会，而得积资焉。然先生不自吝，人有称贷，必满其意。每当岁除，即以小红纸封银五分乃至数钱，于昏夜出巡僻陋，密听贫困有嗟穷者，即乘隙投封而归，岁有所费，不恤也。久之，人知为先生所济，来谢，先生亦不受。及余祖父举进士，官京曹，始以店授弟子陈元泰，而就祖父之养。先生不习宦礼，苦之，祖父之同年友来谒者，修后生礼呼年伯，先生长揖之曰"太年伯"，遂深居不易见客。

父子平等称呼

建国前，自由平等之说与西贾之舶俱至，少年闻之，竞相传话而主张焉。吾杭夏穗卿丈曾佑，以光绪十六年春试为进士魁，入翰林，其于书无不读，重译之籍亦容心者。其子元瑮自杭州求是书院转入南洋公学，复游学于德国，归为北京大学教授，以善相对论名。其在公学也，作书与穗丈，径称穗卿仁兄大人。穗丈得之莞尔，即复书元瑮，称浮筠仁兄大人。浮筠，元瑮字也。穗丈不讳，笑语友好，皆服其豁达。同时，陈仲甫与其父书，亦然。仲甫，独秀故字也。其父以道员候补于浙江，不修边幅，仲甫习其风，风流自任。某年，邵裴子寓上海一逆庐，闻邻舍嬉笑声甚大，自窗窥之，则仲甫拥其妻妹，手触其胁窝以为乐也。

张宗昌

张宗昌，少失父，母再嫁，以多力为小胡子。既洗手，犹为海参崴无赖魁，包娼、包烟、包赌，入戏园占位独优。妓女至海参崴者，必先奉于宗昌。辛亥革命，陈英士任沪军都督，宗昌缘李征五入英士部下，为团长。二次革命，英士失败，宗昌亦北还，复度其流浪生涯，时已窘困，得俄人周济之。后辗转归张作霖，以此起家，踞山东最久。宗昌虽当方面，无赖之习如故，见好色，必致之，妾至数十人。及败，居北平，就其宅延少年教其妾读，宗昌时时就听之，其妾故多不识字者，亦不习教规，莺嬉燕逐而已。

宗昌既富贵，物色嫁母，得之，事之致孝，母所嫁侯姓者迎与俱来，馆之客舍。及除夕，作家人宴叙，而其母独不乐，宗昌觉之，遽呼："请侯先生来。"侯至，与坐，其母乃进觞。汤尔和云。

中美同俗

廿四年十一月北平《晨报》刊有《侨居杂记》，其记北美新墨西哥省伽落普车站之南四十里租尼之母系社会，婚姻制度，男嫁于女，若得女之许诺，则女以手磨之玉米面送于姑，姑报以玉米，翁则以洁白之鹿皮相赠。夫原始社会，本皆母系为先，故有"上古知母而不知父"之说。惟此言以鹿皮相赠，似与许慎《说文》所谓"礼，麗皮纳聘"者同（麗为鹿之转注字），岂风习相同耶？昔年有在北美地中发见中国象形文字者，似亦在墨西哥也。因以为中国人实先有其地，然则此乃中国遗俗耶？贵筑姚大荣，余尝与同宴席，其人老矣，所著书数十册，余假而观之，盖本邹衍"大瀛海"之说，尤极其恢廓，博征中外异闻，不知已收此否？忆不真矣。

汤尔和晚节不终

汤尔和初名调鼎，姓名与明末一民族烈士同（见汪有典《史外》），后以字行。故为武进沙氏子，承其姑夫为嗣，姑夫钱塘人，尔和遂籍钱塘。其少长在江北，习武艺，能剑击，又能医，复善管乐，弱冠已为童子师。诗学选体，古文词慕马、班。年二十七，省墓杭州，其表弟魏易（与林琴南译小说有名）时教英国文于养正书塾，塾为浙始创新教育机关之一也。魏易劝之入塾，学即为诸生冠，尤为总教习陈黻宸所激赏，尔和亦接受其革命思想焉。未毕业，游日本，就学于成城学校。

清光绪末，俄来侵奉天，留日学生组织义勇队，推尔和及钮永建先生归国，谒北洋大臣袁世凯请缨。时世凯于督抚中负盛名，魏易之叔父方从事世凯幕府，欲因以说世凯。然清廷视留学生，固皆革命党也，已有令督抚防之。魏易之叔父亟挥之去，遂南归，为教员于浙江高等学堂。各省初设督练公所，温州人陈蔚亦出陈先生门，总办江苏督练公所，招尔和任科长，科长秩比知府。尔和不乐久其职，复游日本，习医于金泽医学专门学校。毕业，还浙，就浙江高等学堂教务长。

辛亥秋，浙江光复，都督汤寿潜使代表至湖北，谒鄂军都督黎元洪。时孙中山先生自英归国，各省军政府代表因商组织中央政府，遂会议于江宁，选孙先生为临时大总统，元洪副之，尔和实为议长，致证书焉。归浙，任政治部民政司签事，范源廉长教育部，召为国立北京医学专门学校校长。五四运动时，余任北京小学以上各校教职员会联合会主席，而尔和在国立八校校长中实执牛耳，得相配合，以与政府周旋。十一年，佐王宠惠为教育次长，宠惠旋受国务总理，尔和代之。罗文干长财政，以奥国退款金佛郎案为吴景濂所陷，被拘于法院，宠惠不能救，而又不肯辞职，尔和争之，宠惠乃从。时顾维钧任外长，维钧、文干、尔和至相得。后因同受吴佩孚之招，又为张作霖客。及维钧组阁，尔和任财长，其后一度任内长。

尔和有治事才，见事敏捷，然不能无蔽。余尝谓尔和一目能察舆薪，一目不见泰山，友人邵裴子然之。其所爱日本人也，亦以此持其家。尔和既历仕途，乐而不倦，又交王克敏，浸丧其操。克敏少习膏粱，服食奢侈，又好聚骨董，尔和染焉，居处甚拓，出以汽车，食具鱼翅，三五日宴客。其所畜书画，非余与裴子所为鉴定者，率赝鼎也。北平琉璃厂为古玩之薮，铺人所喜而迎之者两总长，即尔和与易寅村培基也。余初至寅村北平东城寓所，观其所陈尽伪器也。及其为劳动大学校长，家江湾，则客次悬其乡先辈彭玉麟所写梅花屏幅亦非真迹，斯诚可异矣。

"九一八"以后，尔和家时有日人影佐、梅津、本庄者流之踪迹，而尔和卒沾伪职以迄于死。其居伪职时，出入警跸，所经通衢，行者止以待其过。死后，二子即争遗产而相恶焉，然闻其女阿燕者，尝不直其行。余与尔和同学，又有金兰之盟，晚岁竟异趣，以不能匡救为憾。

蒋百里之自杀与被幽

蒋方震，字百里，浙江海宁人，蒋固海宁大家也。百里仪貌昳丽，姿地聪敏。清光绪戊戌，浙江始有新式教育机构，百里肄业于杭州求是书院，为监院陈仲恕丈所赏。未毕业，赴日本学陆军，因娶日女为妇。辛亥，浙江光复。元年，其同学蒋尊簋任浙军都督，以陈仪为军政司长，百里为总参议辅之。二蒋，吾浙少年军人之翘楚也。然尊簋旋去浙，百里亦行。仲恕丈任总统府秘书，荐百里于袁世凯，世凯赏之，使长保定军官学校。

吾友徐鸷忱朔，亦学于日本，治炮术。辛亥，隶徐绍桢部为标统，绍桢反正，鸷忱以所部与铁良战于金陵紫金山，仅以身免。百里因招使教于军校。鸷忱语余："军校学生有谋反袁世凯者，百里大惧。一日，召学生致训，学生多不为动，百里益惧，遂以所佩手枪自戕，不殊。"仲恕丈告余曰："世凯于午夜得军校电话报告百里自戕，立召陆军总长段祺瑞，使偕总统府医官即时赴保治其疾，且语以专车已备。"其宠遇如此，以百里忠于己也。然鸷忱颇薄百里，谓其性易变，不可恃。

百里擅战术，虽不将兵，而同学弟子遍军中，蒋介石、唐生智皆出其门。介石初不之重，生智以湖南反介石，百里实唆之，以是为介石所幽。百里故尝游德国，悉希特勒之所为，及被释，遂以所谓政治警察之计划献于介石，乃得信。此余闻之百里之所亲者。余与百里同事浙军都督府，其从子复璁又及余门，然余与百里无往还。

北平粪道水道之专利

在北京大学第一院三楼休息室中，俯见有出粪工人百馀，各持出粪之器，自东而西，盖市政府欲于今日实行接收出粪事，由官办理，而粪商反对，为此示威举动，此百馀人皆向市政府请愿者也。北平民家出粪清圊之事，有所谓粪商者包办，各据若干胡同为一道，不得相犯，住宅亦不得越本道而招他道粪商出其积粪。故本道之粪，实为本道粪商专有之权利。彼所尽之义务，则雇用工人为住宅出粪而不取工资，遇新年、端五、中秋三节日则索犒资，资须二份：一为商有，一为工有。粪商之于出粪者，一如普通雇工之例，予之食宿，工资至微也。

粪商置粪窖中，半以土而干之，然后以善价而卖诸乡农。大氐春夏间值最高，故工之出粪勤。及农【车】〔事〕既竣，需粪亦减，则出粪亦渐惰。然北习无论男女，皆溲于厕，一宅之中厕或不止一，故惟夏令稍感出粪不勤，秽气烝发之苦，馀时勤惰无伤也。近二十年，南人居此者不习于登圊，则如南俗用空桶，出粪者因藉口非其宿业，别索工资。始，每桶月止须银币一角，近则自二三角至七八角，今竟有超过一元者。不遂其需，则不顾而去，如倾粪厕中，即并厕不复清。无可奈何，必偿其愿。如欲易人，则格于粪道，虽鸣诸官，不得直也。彼粪商者，多以此积资至巨万，闻东城一粪商，拥资至三十万元矣。市政府欲革其弊，善政也，然闻有内幕，卒亦屈于粪商焉。

北平无自来水装备之区，皆由水工取于街井，挑送至宅。用水分甜苦，甜水价高。而水井亦为水商所专利之具，其水道之制与粪道同。居人颇苦之，南人尤甚。此种社会组织，亦即经济组织之一，水、粪商皆剥削阶级也。

俳优　戏剧　歌舞

《庄子》云："献笑不及俳。"（"献"借为"僖"，字亦作"嬉"。）《战国策·齐策》："和乐倡优侏儒之笑不乏。"《急就篇》："倡优俳笑观倚庭。"《左·襄廿八年传》正义："优者，戏名也，今之散乐戏，为可笑之语而令人之笑是也。"《通典》："散乐，非步伍之声，俳优歌舞杂奏。"据此，可知俳优所为，以必致人笑为目的。此今日之丑角戏也。特今之丑角戏，仅科诨致人笑耳。其名俳优者，《说文》"俳，音步皆切"，以此知俳优实是排忧，本是戏名，以名其人，遂曰俳优。据唐人称为散乐，亦正如今丑角戏不入大轴矣。今丑角戏无大乐，又《通典》所谓"非步伍之声"也。

古之所谓诙谐，亦曰滑稽，本属俳优所为。《汉书·枚皋传》"皋不通经术，诙笑类俳倡"可证。东方朔入《史记·滑稽传》，滑稽即诙谐之借字，诙谐又即《庄子》之"齐谐"，"齐""诙"亦以声类相同而借为"俳"，滑稽、诙谐则连绵为词耳。传载朔与舍人之相语，使舍人被笞而呼晷以乐武帝，是知东方朔亦武帝以俳优畜之者耳。今有两人对话，屈折不穷，而所言无义，特可以引人笑乐者。亲戚家有吉庆之举尝致之，亦乐技之一，而实古之滑稽也。

今之滑稽戏，不事装饰，亦无音乐，不知于古何如，然如优孟为孙叔敖衣冠以感悟楚王，《御览》四百八十八引《语林》："董昭为魏武帝重臣，后失势，文明世，入为卫尉。昭乃加厚于侏儒，正朝大会，侏儒作董卫尉啼面，言太祖时事，举坐大笑，明帝怅然不怡，月中为司徒。"可见古之俳优，不仅以语言致人笑乐，亦有装饰矣。宋杨大年为文效李义山而过之，号"西昆体"，讥之者令俳优为义山衣百敝之衣以相戏，则宋世犹然，此则今故事戏之由来也。彼时专以讽刺取笑，如优孟所为，实具诗人讽刺之旨，《诗》所谓"善戏谑兮"，盖其椎轮也。至如《语林》所记，出于董昭之指使，为己富贵之图，其事可鄙。如以其本身言，亦对明帝为讽刺也。然据此则不独取材故事，即当世人物亦可撷为资料。往年，上海为讽刺时事而盛行"活报"，颇与此符。

今之戏剧（指旧式者），可谓勾括三类，如上所举二类之外，其一则武剧也。余原戏剧之名，于古盖曰"僖劇"。然元人所为名曰"剧"者，剧或以声类之故借为"曲"。曲之为义，取其一唱而叹，是曲折之旨。而"曲"字本是器名，其正字当为"区"，曲即古之讴耳。如剧属戏之形式言，则"戏"当为"僖"，"剧"当为"劇"。僖者，字或作嬉，卜辞中止作娭，或作偒，其字从女从壴，壴为鼓之次初象形文，女为奴之初文。余以金器文中之婦即尋奴为例，则嬉即鼓奴。《说文》："僖，乐也。"乐与鼓一字，则嬉以从壴得义，司鼓者为嬉耳。古代征战，以鼓进，以金止。而舞之起原，实为表胜利凯旋之快乐，故其初文为武，武于文非"止戈为武"也，其象形文在卜辞中作一人持戈而挥之状，明其始摹拟战状为武也（《唐书·四夷传》言吐蕃舞事可证），仍助之鼓以为威。今大轴武戏，全为写战斗之实状可证。鼓为乐（礼乐之乐）长，而乐以乐人（乐者乐也），故后以戏为嬉，而戏、嬉有乐义矣。 勮者，致力之义，劬之转注字也。《说文》"勮"字下云："相斗不解也。"然非勮字本义，正是勮字之义，然则嬉勮者，谓有音乐之舞，此初谊也。后随文化之转进，而戏剧之内容包含益富，遂如今日之戏剧矣。

房中术

长沙叶焕彬，余于四年一见之章太炎坐上，其博学过王先谦，好色，尝在上海福州路茶楼，睹十馀岁女童，辄顾同坐曰："此中用。"所为《丽楼丛书》[1]中多言房中术者，大氐多出《道藏》中，余未之读也。

按《六帖》十六引《广弘明集》："道士张道陵云：男女行朱门玉柱，一、三、五、七、九，四眼两舌相对，以不洩为功德，玉门丹池为秘妙矣。"又引《正理》云："汉安元年，岁在壬午，道士张陵分别《黄书》云：男女有和合之法，三、五、七、九交接之道，其道真诀在丹田玉门，惟以禁秘为急，呼师父师母人根之名。"又云："女未嫁，十四以上有决明之道。"又引甄鸾《笑道论》曰："臣年二十三时，为道术，就观学，先教臣《黄书》合气，三、五、七、九男女交接之道。四目两舌正对，行道在于丹田，有行者度厄延年，教夫易妇，惟色为先，父兄在前，不知羞耻，自称中气真术。"

余谓房中术于巫觋之关系，即故都雍和宫之欢喜佛可以知之。董仲舒言《春秋》而信五行，五行之说，古巫家哲学之原子论也，其书亦言游房，亦可证也。张陵则更著书专言之。所谓十四以上有决明之道，似即《岛夷志略》谓真腊国"生女九岁，请僧徒作梵法，以指挑童身，取红，点女额及母额为利市。"

注释

1 《丽楼丛书》与房中术无涉，为《双梅影闇丛书》之误。参见杨焄《房中术与欢喜佛》。

国号不宜省称

至中山公园观侯子年画，颇能融会中西，有数幅极佳，然余无力致之，亦复不欲致之，以其题款尽书民廿四年，似不可通也。余昔作书，有仍袭前人用干支纪年者，亦不可通。因如不冠以年月，则不知是何代何时之甲子，既书年月则此又为赘，且甲子初止纪日，不以纪年。前代于纪元下更书甲子亦自有义，盖有一帝而纪元屡改者，增书甲子，乃便推算耳。今国家纪年，由元、二以至无疆，自无此必要矣。

故余近书每记若干年，因余为今之中华民国人，苟非为外国人书者，不妨省去国称，中华无疆之久，则自元年后固无复也，后人不待考而明矣。至于典礼之词，自当具书，余昔书或作建国某年，思之亦不甚安，不如直书中华民国为诚安，以此乃国名，具之不为俗，省之不为雅，简称中华尚可，但称民国已不可。今仅曰民，直不可训也。然以章太炎之通，犹时署民国焉。

孙传芳

候邵伯䌹先生于其家，见报载孙传芳为施从滨之女剑翘所杀。馨远实一世之雄，崛起群豪间，淹有五省，然终局乃与张宗昌同。

其南昌之败，由余说浙江省长夏超归依国民政府，动其巢窟。浙江故有兵二师，然时皆不在省会，周凤岐师且为馨远征赴南昌前线。贡先（凤岐字）故与定侯（超字）及张暄初（故浙江省长载扬字）、俞丹屏等为十兄弟，而贡先资望颇老，知定侯得国民革命军第十八军军长兼理民政，忌之，即率所部不禀命馨远而遽还浙。是时，馨远势甚盛。蒋介石自率中路与馨远相抵于南昌，馨远攻陷总司令部，介石几不免。贡先既反兵，馨远恐蹑其后，遂退，以致于败。故馨远衔余甚，榜以购余。然余甚惜其才而不得善用之者。

馨远近已礼佛矣。异时，曾见靳翼卿（故国务总理云鹏字）亦数珠一串不离手也。居枢要，握符节，可以自度度人，彼时不知实地修行，归田以后，数珠在手，合掌百拜，岂能了得？况或不能扫除心地习种，方寸生劫，更持数珠致礼拜亦何用耶？然而岂独馨远、翼卿如此，戴传贤固在位也。或谓季陶（传贤字）最聪明，有所为而然。

章太炎书札中称谓

章太炎丈与人书札称谓，其初与余者称"长兄""道兄"，后遂免而止称"彝初足下"矣（彝初，余故字也）。其自署则为"炳麟顿首"或"章炳麟白"。兹读《制言》第三十一期，载有太炎与孙仲容丈书，立辞谨重，后署"末学"，盖太炎师德清俞君，孙丈与俞君同辈行，而论年亦非十年以长之方也，故致敬如此。太炎别与孙丈一书，中挽孙丈致书刘申叔为讲解争端事，其于申叔可谓笃至，申叔晚行则背之矣，地下相见后无愧乎？

纪年不宜用干支

钱玄同所为林景伊《中国声韵学通论序》，末署"中华民国廿有六年为公元一千九百卅有七年，岁在丁丑，春，一月八日，吴兴钱玄同饼斋氏序于北平孔德学校，时年五十有一"。玄同以提倡新文字、新文学得盛名，然此书实不伦不理，既书"中华民国廿有六年"，又书"为公元一千九百卅有七年"，犹为便后人之检读也。复书"岁在丁丑，春，一月八日"，则未安矣。盖举国历而复系以"岁在丁丑"，而国历之首月及二月初旬，实属旧历太岁之所在，若三月以后则岁星已移，若谓丁丑，实为廿六年之"岁在"，则书一月为不当，必如旧俗书正月而后合，以一月虽为国历之首月，岁星犹在上年之星躔也。且国历之首月，亦非当年之春，而实上年之冬，四时以寒燠节序为判也。或据《春秋》书"春王正月"，周"建子"，则所谓春亦夏时之冬也，是一月即可为春。玄同之意固如是乎？然与今俗不合，今人言春，仍谓旧历之正、二、三月也。余近于署岁月必曰"中华民国某年某月某日"，从国制也，或省署为某年月日，以今别无纪元之名，无嫌也。

至乃饼斋，则今所谓别号，下实不当连用氏字，以姓氏者，即今言姓名籍贯。氏即阜字，阜为山陲人居之地。上古洪水横流，则居山上之平原，水退则居近水之阜，阜即阪也。故姓以纪族，氏以著地，后世多以氏为姓，而饼斋非姓非氏也。

西方接引佛

印度古代宗教，派别即杂，佛兴，乃超宗教意义而进入哲学领域，以其俗故，不能脱离宗教形式，故至今仍称佛教。今言佛教有大小二乘，中土所传，皆大乘义。此由有部诸义，正如此土惠施、公孙龙之谈，早被扬弃（观《庄子·天下篇》可见）。而东晋玄学，已涉空境，故非大乘，无由接受耳。

佛之言觉也，所觉者平等一味，然印度严峻阶级，此理不可得现。于是悬想西方，乃有乐土，期诸彼觉，能相接引。至其悬想乐土，七宝庄严，亦由印产多宝，王侯盛饰，以是循思，当有此状。而诸经为文，乃如实有，此由印度为文，每以想境，写如实状。亦犹此土书言钟鼓虡饰，竟曰"鸟兽跄跄"矣。古代东方文辞，盖有此格，而愚者不悟，则谓实有西方乐土，且得彼佛来接于临命终时矣，所谓痴人前说不得梦也。

古代契牒文字

观《流沙遗珍》（金祖同编）所载唐时官私契牒，可以证知彼时官牒实用通俗格式词气。今日视之，彼时俗契，亦成深奥之古文矣。余以金器刻词，如敡氏盘文，即为当时语体。若集此类，以考历代民俗文学，亦今日研究文学者之所当有事也。《文选》中有"弹文"一篇，中记狱词，皆当时俗语。清代讼牒，则以谳词另附牒后，然所记悉为俗语，即凭当时问答立词也。

抱　告

《周礼·小司寇》："命夫命妇不躬坐狱讼。"郑玄注：

"不身坐，必使其属若子弟也。"按：清代荐绅之家有诉讼，先遣佣工投状对词，名曰"抱告"，即其遗法。然亦可见贵族阶级处处占便宜也。

又《大司寇》云："以两造禁民讼，以两剂禁民狱。"郑注："讼谓以货财相告者，狱谓相告以罪名者。"则是今民事诉讼、刑事诉讼之别自古已然。

底子是好的

郁平陈六笙璚，起家翰林，太平天国军退出杭州后，即官杭州府知府，擢杭嘉湖分巡兵备道。时布政使为杨石泉昌濬（或为蒋益澧），以军功致位，六笙轻之。一日衙参，共在巡抚署官厅，六笙衣冠故敝，其靴有"履穿"之叹，石泉谓之曰："六翁何不易以新者？"六笙跷足示众曰："底子是好的。"石泉阴恨之，盖讥其不从科第起也。

及石泉擢任巡抚，以事奏弹，得报，降四级调用，遂为同知。同知者上可代知府，下可为知县，俗称"摇头大老爷"。然六笙不久复知杭州府，又擢杭道，其后复被谪知杭州府，最久。余总角时，六笙尚官杭府也。晚年，又擢杭道，转四川布政使，护理总督印信而终（四川或误，总在西南边省)。其在浙,始终折旋于杭州府道两阶,亦奇。六笙当官虽无大建树,然杭人尚称之。

官场陋习

清时,长官见僚属,长官坐炕上,而僚属坐两旁椅上。然僚属必面对长官,故率不能正坐,仅以臀之左或右一部着椅,一部则半悬于外,以其足着地支之,又必直其背为敬,故非久习,每每失仪。又属官不得戴眼镜,否则为不敬,故见面必摘去焉。以是患近视者,有不悉长官之容貌者矣。辛亥后不拘此,然十一年,汤尔和长教部,余次之,余既莅部,尔和偕余谒总统黎黄陂,修到官初谒之礼。尔和未入室即卸眼镜,且急嘱余亦卸之,余患近视,以为苦也。余不觉诧尔和甫作官而染习已若此,然部中无此礼,盖总统府犹有清时馀习,想见袁世凯在位时,当必更有甚于此者。

清时用胡俗,相见一膝为礼,谓之"打跧",实即《周礼》"九拜"中之奇拜也。僚属以衙参谒长官,长官受拜不答,若平素则答拜,然僚属必复拜谢之,其捷必使长官无复答拜之时间,故只见左右膝一时齐屈,而实有先后,一致敬,一致谢也。不相属者,若盐务官员在各省者,惟巡抚兼管盐政及盐运使为直属长官，他即非直属，相见以客礼矣。然卑秩亦往往越礼焉，为异日或转为直属长官也。

清时官场以敬茶为送客之表示，此习沿自宋代。盖僚属问事既毕，虑长官有指示，不敢遽退，而长官无复相语，则举茶示客可退矣。既举茶后，侍者即在室外高呼送客，客亦不能不退。此法初盖为拒绝闲谈妨事之法。

芸阁论清代书人风气

《枝语》云："姜尧章《续书谱》云：'真书以平正为善，此正俗之论，唐人之失也。唐人以书判取士，士大夫字书皆有科举习气，颜鲁公[1]作《干禄字书》是其证也。矧欧、虞、颜、柳前后相望，故唐人下笔，应规入矩，无复晋魏飘逸之风。'余谓本朝试事，乡会试场外皆重书法，故士大夫作字亦合规矩者多，而生趣逸气转不及明人也。道光以来，益复挑剔偏傍，呵责笔误，而唐宋以来相传之书法益以尽失矣。"

余按：自汉以来即重楷法，特魏晋以前，不以拘墟，且观六朝朝廷官府尚用行楷，故各依性情，宣露厥美。唐初亦重楷法，以是欧阳、虞、褚楷皆上乘，此由右军《乐毅》

《曹娥》之迹、《兰亭》《黄庭》之卷，见重太宗，遂为范则（《兰亭》虽兼行而楷意多）。然规矩虽立而运用无方，故未尝斤斤一轨，风神洒落飘萧，仍有骥逸鸾翔、虎卧龙跳之致，力入纸而气凌虚，所以迥绝于往代，高曾于来世。至颜、柳而虽力自奋迅，要为规矩所制，但非宋人死著纸上也可比耳（米元章不在此例）。明人纯学面目，则优孟衣冠也。清代惟包慎伯、姚仲虞、何子贞、康长素可语书道。此外要不能尽脱科举习气，若刘石庵似能树立，然腕不能离桌，其黄夫人遂能摹似之矣。

注释

1 按：《干禄字书》为颜元孙所作，非颜真卿（封鲁郡公）作。

清宣宗嗜鸦片烟

清初场屋之书，以赵、董为范，文犹次矣。余观内阁所庋是时试卷而知之。至宣宗以嗜鸦片膏倦于亲政，杜受田教之"挑剔偏傍，呵责笔误"以为明察，于是场屋书法亦益就庸俗。至清末又重欧体，而实乃墨猪盈纸，无率更峻秀之致，具宋板方罫之格，于是魏晋以来，簪花之美，扫地殆尽。

宣宗之嗜鸦片，自不见于《起居注》。《枝语》云："鄂恒，道光间尤以衍直著称，锡厚庵《退庵集》有《哭松亭》（鄂恒字）诗，略见其概。闻尚有疏，语涉宫闱，宜为宣庙所深嫉也。"余谓所谓"语涉宫闱"者，盖即谏嗜鸦片也。宣宗于清诸帝中有理学名，其貌亦恂恂如乡先生，衣数浣之衣，知惜物力，然乃有此嗜，而鸦片之战，即其在位时也。

文廷式论董书

文芸阁廷式，江西萍乡人，从宦居广东，师事陈澧，其学甚博，中外之籍无不览也。以一甲第三名及第，授编修，官至侍读学士。在戊戌政变时，以授珍、瑾二妃读，阴襄新政，卒为慈禧后所恶而去官。所著《纯常子枝语》，实其读书记也，积四十卷。汪精卫以闻胡展堂诵其《蝶恋花》词有"一寸山河一寸伤心地"之句（《云起轩词》中已易为"寸寸关河，寸寸销魂地"），感之，遂为刊成巨帙。此书中凡天文、地理、历算、文字、经史、宗教、科学无所不谓，虽无条理，颇堪循诵。其读书时有独到之见，余摘之于余日记中，亦有箴砭焉。

其第一卷中《论董思伯书》云："董思伯书软媚，正如古人所谓散花空中流徽自得者耳，不知何以主持本朝一代风气。"又云："董书通颜、赵之邮，惟失之太华美耳。卷折之风不变，固无有能出其上者。"又云："朱子论书云：'本朝名胜相传，亦不过以唐人为法。'盖时代相近，则流传多而临习易，国朝之初群习文、董，亦其所也。"芸翁论董书正与余合，且以孔琳之相比，尤为善颂善祷。然董书实楛瘠，谓之软媚尚可，华美犹过誉也。思伯书之骨子乃赵松雪，晚年乃略有颜意，但无其雄伟。

杭州闺秀诗

《枝语》云：《蕙亩拾英集》，《宋史·艺文志》著录，余从《永乐大典》中集得数条，大抵皆妇人诗也。具录于后。

张熙妻王氏作《西湖曲》（菩萨蛮）："横塘十顷琉璃碧，画楼百步通南北。沙暖睡鸳鸯，春风花草香。闲来拨小艇，划破楼台影。四面望青山，浑如蓬岛间。"

马氏词。余尝闻冯上达教授云，曩在京见友人韩择中亲老贫甚，久不得志，其妻有诗寄云："力战文场不可迟，正当捧檄悦亲闱。要看鹊噪凌晨树，莫使人讥近夜归。"盖近时有《闻登第曲》云："鹊噪凌晨树，蹬开昨夜花。"而唐杜羔妻《闻羔下第》诗云："良人的的是奇才，何事年年被放回。而今妾面羞郎面，君若来时近夜来。"故用此二事激之。韩得诗益勤窗几，翌岁登科，马氏复作五十六字寄之，有记领联云："果见金泥来报喜，料无红纸去通名。"末句云："归遗直须青黛耳，画眉正欲倩卿卿。"唐人初登第，以泥金帖子报喜于家，裴思谦登第后，以红笺名纸谒平康。"归遗"乃东方朔事，"画眉"张敞事，"卿卿"王浑事，其该洽如此。

《白纸》诗。士人郭晖因寄妻问，误封一白纸去。细君得之，乃寄一绝云："碧纱窗下启缄封，片纸从头撤尾空。应是仙郎怀别恨，怀人常在不言中。"

蜀妇田氏尝有诗云："桂枝若许佳人折，须作人间女状元。"

尝有黄公举妻诗以其词近亵，不录，其书则佳。

余按：《西湖曲》是吾乡掌故，马氏诗又吾家故实，至其"料无红纸去通名"，虽用裴思谦事，然唐杜羔妻刘《寄羔登第诗》云："良人得意正年少，今夜醉眠何处栖。"是马实兼用其意，然亦儿女子应有之情耳。氏不知何代何处人？芸阁称黄公举妻书甚佳而以其诗近亵不录，芸阁尚欲删《风怀》二百韵以赚得两庑肉耶？世传芸阁既以一甲第三名及第，即所谓探花也。梁节庵之妻意探花郎必美男子，慕之投诗焉，芸阁遂与之私通，其实芸阁正是"不是君容生得好，老天何故乱加圈"之流也。不知此事是诬与否？若果然，则是装点门面以自掩矣。

董皇后

《枝语》十一曰："陈迦陵杂诗《董承娇女》一首、屈翁山《大都宫词》第三首皆与吴梅村《清凉山赞佛》诗相应。"又曰："京师彰义门善果寺有一碑，康熙十一年立，益都冯溥撰文，内称顺治十七年世祖【奉】〔章〕皇帝为董皇后设无遮大会，车驾凡五临幸云。"又十一曰："释玉琳《语录》云：'顺治庚子，奉诏到京，闻森首座为上净发，即命众集薪烧森，上闻遽许蓄发，乃止。'"此芸阁亦信世传清世祖因董小宛死而遂出家五台也。小宛为如皋冒辟疆妾，近人颇有辩其诬者，而冒鹤亭尤闒茸焉（如皋冒氏为元二八目之后，以蒙古人改中国姓为冒）。或谓迦陵、梅村既生其世，与辟疆为数百里间人，岂竟无闻而泛造歌咏耶？

余谓清初入关，诸王颇纳汉女，遂致附会，犹因皇族取蒙古太后而有太宗后下嫁睿王之说，亦见张苍水诗矣。诸家之诗盖缘福临特眷董后，致欲舍身，故发为声诗。陈诗明云"董承娇女"，必非徒取董姓，况董后为董鄂氏耶？

崆峒教　在理教

《枝语》十一记崆峒教，即余前记之大成教也。其说云："道光间，又有所谓崆峒教者，泰州周氏创之。周，彭泽人，或云池州人。其徒薛执中者游京师，与王公大臣交，后伏法。张姓者居山东黄岩，为阎敬铭所杀。李姓者最老寿，游江湖间，卒于光绪十年以后，徒众殆三四千人，士大夫亦有归之者。李之徒有蒋姓者，余曾见之，述其师宗旨云：'心息相依，转识成智。'此仅用禅波罗密法门，其流派论说纷纭，余不欲赘论也。"余别有记，亦未为全豹。[1]

《枝语》记黄壬谷《破邪详辩》摘录邪教有四十馀种。芸阁谓："惟在理一门为近世所创，或谓与邪教异，然终日必默念观世音菩萨。又闻别有所讽经卷，则亦非徒禁烟禁酒而已。在理之徒亦不下数百万人。"余在上海时，见有在理教会堂而未入览也。余子克强之友湖南旷运文为是教中人，不烟不酒，馀无异也，询之则殊无所语。又有法商水电公司工会理事李传庆者，山东长水人，亦在是教，余识之而未有询也。其表亦为劝善，内容殆非其中人不可知。

昔诸贞长宗元语余，从宦江西时，知一种宗教最奇：人死后复妆饰如生，妇女施朱粉焉，坐堂皇，众朝拜之，无礼谶而但焚阴镪，镪积如山，焚之，光烛远近也。

余谓此类教派大氐多托迹于道、佛两家。吾国汉以来所谓道教，本是巫【诬】〔觋〕之馀裔，日出而爝火自息，惟自佛法东来，遂为所混，一《道藏经》，半皆依附佛典，然仍不足以动智者。惟佛法本有至理，实当自脱于宗教之林，顾名世之徒，仍必袈裟数珠、佛灯禅榻，所以度人自度者，不外经坛法宝。其身方受人供养，即有施舍，亦慷他人之慨。余以为过去无名菩萨，自不在论，若有名诸佛，尽搜典籍，亦属寥落。苟使真信佛者，必诃僧打佛，收经论侪于凡籍，以事功庇之众生，则佛法益宏而法益更大。不然，城社一虚，狐鼠安托？前路匪遥，岂能不虑？或谓学佛必由禅定，扰扰人寰，何由习静？正果未得，何以济人？及夫一经此道，无论依何法门，其归一致，所以高僧有起，功德如斯而已。余谓众生未渡，誓不成佛，不入地狱，谁入地狱？如了此义，则赴汤蹈火，岂有所辞？夫墨翟兼爱，则巨子至死，近代北方之儒颜玄，力诋宋儒，则身履畎亩，斯所谓干蛊者也。不然，上者录入《燃灯》，名悬《宗镜》，而下者即诸教所依，败家子弟，谁不谓其父祖当执其咎哉？

注释

1　见本书《大成教魁》条。

八股文程式

　　八股文，余少时曾习之，然至起股而止，其程式则今犹能辨之。其本质实宋代之经义，其格调盖受四六文之影响，而焦理堂则谓出于元曲，亦颇有因。其始仅须帖括经义，故亦称帖括文。至明乃名为代圣立言，遂依题敷衍，始有限格，侵上犯下，规矩肃然。然上者犹能借吾之笔，作古人之口，畅所欲言，寄余怀抱；下者遂如学究，谨守绳墨，无复波澜，清季墨卷盛行，皆此道也。至甲午前后，始自解放。如汤蛰先寿潜丈之中式文字，竟破程式，放言时事，海内诵之。余师陈介石先生黻宸亦老于此道，今得其光绪十九年癸卯乡试中式程文，题为"孔子曰：见善如不及，见不善如探汤，吾见其人矣，我闻其语矣。隐居以求其志，行义以达其道，吾闻其语矣，未见其人也"。师作云：

　　　　圣人为天下求人，因有闻见之慨焉。夫如不及、如探汤则见，而求志、未达[1]则未见，夫子述古语而思其人，殆为天下慨乎？且天地有正气焉，善人君子以生；天地有闲气焉，帝臣王佐以生。无善人君子，谁与砥礼义廉耻之防？无帝臣王佐，谁与肩拨乱反正之任？之二者世道人心所系也，而吾夫子若别有感焉。以为吾尝博稽载籍，深求古人之行事，与夫故老之传闻，凡入吾耳而历历在心者不知凡几矣。始焉叹古人性情之正，继焉叹古人气量之宏也，吾又辙环天下，周旋名公乡间，与其贤士大夫游，凡身与接而耿耿至今者，亦不知凡几矣。始焉得所求而喜，继焉得所求而惧也，且时至今日，其需人也亟矣，以吾望治之深心，欲见其人也久矣。乃吾综计生平，有见其所闻者焉，有闻而未见者焉。语有曰："见善如不及，见不善如探汤。"斯人也，上之可以进治，次亦不失为寡过，是吾道之干城也，庶几见之，予日望之。语又有曰："隐居以求其志，行义以达其道。"斯人也，潜则卷而怀之，见则举而措之，是民物所托命也，跂余望之，何日见之。然而行芳志洁，秉道嫉邪，列国每多狷介，吾党亦著风标，吾见焉，吾忆所闻焉，以是知直道之不没于天壤也。至如胞与为量，天人为怀，居山林者未之讲，在廊庙者处若忘，吾闻焉，吾未之见焉，于以叹民患之未有艾也。世之盛也，人心纯朴，习俗敦庞，其乘时履位者，皆以挟正抑邪为心，明体达用为学，好恶审而刑赏平，故在朝之端，人有所倚而不惧，在野之真，士有所劝而弥修，虽一节一行之克敦，小足立名教之间，大可为风俗之助。世之衰也，美恶混殽，是非倒置，其乐行忧违者，非应其候则不生，非际其遇则不出，运会穷而人才绌，则孤高绝俗，且有独立之嫌，嫉恶过严，不免清流之祸，纵利害身名所不计，而能争于纲常之大，终莫挽时事之非。噫，大道之行，三代之英，某虽未逮[1]，窃有志焉。不谓迟之又久，卒无所遇，在吾目中者，仅此落落古处，自念固可以少慰，其如天下何耶？

此除破题、承题、起讲以下为起股，起股以下一段，余忘其名矣。以下六股，惟后两股最大，或称大股，没为收语。自八股废后，一切八股文集并遭摈弃，余家所有，亦付焚如。然撰文学史者断不能将占有数百年势力与国家民族之治乱盛衰有关者，缺而不著，余因录以为资料。

注释

1　"未达"似应为"达道"。

张勋复辟

　　吴文祺送"沈寐叟藏书"抄稿本三十一种来，其日本人细信夫《复辟内情谈》，为吴兴刘氏嘉业堂抄本，译自日本《亚细亚时论》十月号。首有记云："细信夫氏，张勋之友也，复辟之际，亲在北京，目睹当时情形，一一无遗。然复辟时种种事迹，传于世者甚多，今特揭载该氏所谈种种内情以及该氏意见，以为我国对华政策之参考。"末有"姚赋秋以日本《亚细亚时论报》一册，摘此篇使垂绎之，海藏楼记"，则出郑孝胥家，刘氏传录之，翰怡亦复辟时呐喊者也。

　　据此"谈"，则张勋虽有复辟之志，而七年之举，非其本定，为部下所为。又据此，则徐世昌实极端同意而特不欲其事成于张勋，陆宗舆为世昌衔命至日本即以此。又据此，则段祺瑞于复辟亦首施两端，余昔固知其参加徐州会议也。又据此，则梁启超参与所谓天津团，即曹汝霖、陆宗舆、张镇芳、雷震春等集天津设临时总参谋处，议推世昌为大元帅，使人邀张勋赞和且用张勋名义通电各省，电报稿由启超草就，请张拍发，但为张所拒。惟任公似不致如此之愚，此当考耳。

男角女羁

《留青札记》云："宋淳熙中，剃削童发，必留大钱许于顶左右偏顶，或留之顶前，束以彩缯，宛若博焦之状，曰勃角。"余谓此即《礼记》所谓男角也。杭州旧俗：生儿满月，剃头正如【日】〔札〕记之说，亦有留一大圈者，名为刘海圈。余谓此即《礼记》之女羁也。

福康安果谁子

清乾隆时傅恒子福康安尚公主，年三十馀，大拜，所尝总督者十六省，封王，且遗诏配享太庙，盖于古无有也。相传其母以后妹入宫，被幸，福康安实高宗所生。吴绚斋士鉴《清宫词》有"龙种无端降下方"，即指此。然满洲舒氏《批随园诗话》（此书冒鹤亭证为清闽浙总督伍拉纳之子所为）云："福康安为法和尚后身。法和尚者，乾隆初年恶僧也，以地窖藏妓女，交通贵家眷属。为提督阿里衮奏请斩决，伏法之日，福康安之母白昼见一和尚入内，遂生福康安。"然则或即法和尚所生耳。

周赤忱谈辛亥浙江光复

陈仲恕丈七十二岁初度，余与钱均夫、周赤忱皆往寿。赤忱名承菼，海宁人，故求是书院学生，出丈门下。辛亥浙江省会光复之日，赤忱曾为都督一日。余因询其何以此一日中都督三易，赤忱曰："实一易耳。"因曰："初，余任一标标统，家板儿巷，朱介人（瑞）代理二标标统，居福禄巷，相距颇近。一日，陈英士自上海来，在介人家食蟹，邀余往与。英士力主革命，余以与英士初面，而介人家屋窄，弁卒舆人皆伺于窗外，不得深言，持重而已。及武昌事发，余方请假成婚甫八日，闻讯，即电询萧统制应否销假。萧趣余归，遂谒巡抚增韫，报告销假。余时例着军服，且佩刀，增韫见余即战栗，盖以余予假未满，惧有故也。余自与英士谈后，即阴择将校，特别训练，有所鼓励。至是，将校即欲响应，而以格于军制，未敢径言于余，乃由教官某以陈意，余因指示方略，以待机缘。及上海发难，褚慧僧（辅成）持上海同人意旨来，余即与王文叔、顾子才、徐允中定谋，攻巡抚署，执增韫。事定而突见有都督童伯吹之告示，部下哗然，即扯去之。所由然者，以余非同盟会，而事起仓卒，众意无准耳。此事实也，然亦不必论是非耳。"

孙渠田先生逸事

吾浙瑞安孙琴西先生衣言、渠田先生锵【唱】〔鸣〕昆季，皆起家翰林，致身卿贰。琴西先生以江宁布政使入为太仆寺卿以终，名虽右迁，实所谓暗降也。盖由是时总督两江者为沈葆桢，出渠田先生门下，虑有所不便，故言于中枢被内召。陈叔通师丈谓余曰："渠田先生出常熟翁心存门，及渠田为会试同考官，得十翰林出其门，盛事也。尝率以谒心存，心存出受拜，遍目十人者，乃拱手为渠田贺，曰：'此中有两人勋位皆高，渠田不愁没饭吃矣。'两人者，李鸿章及葆桢也。心存且许鸿章勋位当出葆桢上，已而皆然。渠田先生被劾罢职后遨游江介，时湖广总督李瀚章，鸿章兄也，以其为弟之师，知其将至，使兵舰迎之，而葆桢方督两江，又以兵舰迎而至江宁，归又送之。渠田先生果藉两人得无匮乏。"

钱江风月

抄本《宦游日记》，为福建傅绍勋著。绍勋号兰屏，清咸丰壬子科举人，则为余祖同年友。以佐杂候补吾浙，捐升知县，与浙之当道多世交姻联，则其先世盖亦官浙。此书署籍兰溪，是随宦久寓于兰溪者也。记所阅书，知其非死墨卷下者，而记注自帝尧迄今岁（咸丰九年）共四千二百十六年，其后每改岁，皆于眉上书几千几百几十几年，似别有用意然，不能解也。此册记自咸丰九年正月一日至十一年十一月初五日，末叶已残。其时适当太平天国军入浙，庚申、辛酉（咸丰十年、十一年）又为吾杭两次城陷之时，记中虽无大事可撷，然此公以末职随军，故于时杂伍移动，围防进退，皆以所闻见记之，足为吾浙掌故之助。

于记中略见钱江花月之风，不逊秦淮。彼时官僚，皆为顾客，虽戎马生涯，亦呼莺捉蝶也。其辛酉四月初五日记中有注云："舟为呆货菱白，榜人名许和尚，初一弟兄，有妹三妹。"盖钱江有所谓菱白船者，实风月艇。其始由明太祖以张士诚不服命，贬其民舟居，依水为生，后有九姓子孙（九姓余昔有记，今忘之矣），不能生活，则使女子以歌技娱人，继乃鬻身。然至清末，已率岸居，其卖技在舟，而鬻身必登岸。光绪中，宗室竹坡宝廷督学赴上江，乘菱白船，即纳其一女，时有"宗室八旗名士草，江山九姓美人麻"之讥，盖操是舟者皆江山人，故俗亦称江山船。而竹坡所纳女面麻，故云。然竹坡所乘，实呆货，盖平常载客往来，不抱琵琶取缠头者也。

汪康年

汪康年字穰卿，钱塘人，以进士补殿试，得内阁中书。汪氏与余家因有孔李之好，余于清光绪廿八年侍陈介石师及宋平子先生自杭州至上海，穰丈来报谒两先生于逆旅，余曾一拜之，遂未复见。其遗书在故都读之，都忘之矣。顷在上海摊头复得一部，皆其主持《京报》《中外日报》时文字也。丈在当时实一社会导师，其议论品评，今时或视为未足当意，发于彼时，固可谓言人之所不能言也。其遗著卷七以下皆杂说，有云：

前日《帝京日报》载德皇忽下令，令军士以后皆饮华茶，勿得进加非。如此，则吾国之茶可扩一销路矣。虽然，吾请国人思之，德之此举，为吾国之茶谋销路乎？抑欲使其兵士，成此嗜华茶之习惯，将来至中国，不复思饮加非乎？事虽小，用意乃极深也。吾闻人言，德兵之戍青岛者，皆三月一代，受代后则令游历内地三月，始得回国，而至中国者，悉食中国食。故德国已有无数兵深悉中国情形，又习中国风俗，甚至起居饮食，皆可同于中国。试思此何为者欤？又闻日本在辽东之戍兵，退伍后即在当地营小生业，而新至之兵悉自国中携兵械来，代还之兵，其械悉留于辽东，而沿安奉线高大之房屋甚多，大率即以贮此等兵械。於乎！此又何为者欤？

丈卒于清亡之年，未尝睹及两次大战，然其因微知著，早悉德、日谋我之深。德之于我，曩者曾见上海某报载一某国人之日记，于威廉二世之阴谋甚详，盖威廉二世之志固在囊括欧亚也。其于亚洲以黄祸为理由，实不过藉口于此，以号召欧美白种人耳。

记又云：

> 今已许外人入籍矣，且定章程、印券据，为永远遵行之法矣。顾一方面则尚未许外人杂居也，然则偶有以内地为利者，群使入籍，而入我奥区，购我物业，夺我生计，探我秘密，则如之何？

此亦知己知彼之谈。各国国籍法甚严，自有至意。而弱国又定能遽许外人杂居，往时日本辟租界于杭州城北之拱宸桥，商务极淡，然日人居之不去，足以知其故。汪精卫居伪职，与日本订立协定，其中即有日人可以杂居内地之一款，达其目的矣。

记又曰：

> 今有一事，至要至切而又至易，非若定官制、立责任内阁、颁新刑律、开国会之烦难也，是何也？则凡新简督抚及行政长官，不可使因简放要任，而增巨大之债

务也。盖债务增，不特筹还有碍于事，且以负债之故，须分心于无益之地，而因债主之多，须位置其私人，则害于事大矣。此事惟政府能处分之，往者不可谏，来者其可追？

此说诐似无头公案，丈立言无难测如此者，为公何不举事为例？岂当时奕劻当国，以赇简吏，如李孟芙《春冰室野乘》所记鲁伯阳等事乎？蔡乃煌之得苏松太道，固尤敫然在人耳目也。

　　记又曰：

　　　　今者忽有日本人所办亚细亚协会，震烁于吾之耳目。其地则自日本及中国及暹罗、越、韩，分会约十馀处，云："谋商业之发达。"西报乃谓实日本之参谋部主其事，筹开办费五十万，会中人咸陆军中人。日本报虽辩之，或有谓见日本文原文者，此于吾国国势关系至深，不知吾政府闻之，亦思所以对付之否？我国国民闻之，亦有所憬然于中否？

此其揭发日本对我阴谋也。然而是时满清政府固瞢焉无知者，即当时人民亦未尝深切注意也。使丈在今日，其大声疾呼又当何如？

汪精卫《与张静江书》

十五年三月廿五日，汪精卫《与张静江书》云：

静江先生道鉴：先生来而弟去，不得一见，至深怅然。二三月来，弟屡患眩晕，初以为过劳则然，漫不经意，至本月十七、八、九等日，眩晕至不可支，始延医诊视，至廿二日始察出病源。然弟虽卧病，何必屏人不见？此情不为他人言之，不能不为先生言之也。弟本期与介石共事，至最后之一息，然以二十日之事观之，介石虽未至疑弟而已厌弟矣，疑不可共事，厌亦不可共事也。然弟不与介石共事，又将与何人共事乎？此弟所不为者也。故即使病愈，亦惟致力于学问，以所获心得供国人及同志参考，不复欲与闻政治军事矣。此信抵左右之日，即弟已离去广州。乞先生转告介石努力革命，勿以弟为念。此上。敬请大安。弟兆铭，十五年三月廿五日。

按：此书关系廿年来大局至深，汪、蒋之隙末凶终，以致国被侵略后，精卫犹演江宁之一幕，为万世所羞道，受历史之谴责。在精卫能忍而不能忍，而介石不能不分其责，观介石后来之于胡展堂、李任潮者，皆令人寒心。则精卫之铤而走险，甘心下流，亦自不可谓非有以驱之者也。三十四年八月廿九日，余访陈陶遗，谈次，余告陶遗，精卫有此书，陶遗因言："廿九年，精卫至上海，亟欲访我，我因就之谈，问精卫：'是否来唱双簧？'精卫即泣下。我又问：'此来作为，有把握否？'精卫亦不能肯定。"

余闻任致远云："三十某年，精卫访满洲，期以两国元首礼相见，日人谓溥仪云：'当以来朝礼见。'精卫持不可，卒由日人为定礼，精卫入宫，互相握手。然及见，则溥仪上立，而赞者呼三鞠躬，精卫如赞，而溥仪不答，精卫礼毕，溥仪始与握手。精卫还寓，痛哭不已。及归抵北平，寓居仁堂，独与殷同密谈，侍者窃闻两人皆痛哭也。北平伪华北政府请精卫即居仁堂为群众演说，精卫不发语，久之，始谓：'我在被清朝逮捕入狱后，有人问我中国何时能好？我谓在三十年后，我想今日在坐亦必如此问，我亦作如此答。'因带泣而说，频致愤言，又频拍桌也。座中青年多以泣应之。寻而日本军官十馀人佩刀而入，精卫演说如故，日人亦无以止之。"然则精卫天良尚未尽泯乎？亦何足以免其罪也？其至日本，亦以朝礼见裕仁，且望见其宫阙，即于车中立而致敬。尝语人以在车中俯仰不得为难受，是岂非甘为奴于日者乎？

习惯失辞

余同学友章厥生嵚，钱塘人，清故相章简之后。清末科举垂废，厥生乃得乡举，后为北京师范大学国文系主任最久，以病归，忧郁而死，以其子参加中国共产党被拘囚也。厥生对客，无论客言如何，辄报以"是、是"，即客言甚谬者亦然。朋辈皆举以为笑资，学生亦背议之。往时宦习，末僚对长官语，不敢有违词，无不称"是"以对。一长官令其属某办事，不称意，厉声责之，某连声曰："是、是。"长官意以其当能有所自白，复与温语，某亦惟曰："是、是。"长官乃盛怒，竟斥为"忘八蛋"，某亦称"是、是"，长官不禁为之霁颜而笑。然厥生讷讷书生也，盖习成而已。

又北京政府时，有财政次长某者，对人语，辄曰"好、好"。一日，有科长向其请假，曰："家母死了。"某曰："好、好。"科长为之啼笑不得。

马将牌

余儿时见杭州赌具，止有纸及竹制之三十二张牌。此具始自何时及何用意，忆前于某书曾见有考记，似涉及星宿数理之术，惜不能具其说矣。及九、十岁时，父执苏州俞先生赠余父马将牌一副，于是祖母喜抹之，有戚属来，并余父母凑成四人即合局。余旁观焉，遂悉其术，然童子不得入局也。一日，余父以客至，祖母乃令余代之，余到手即和三番。而余迄今无此嗜，且恶其费时误事，又牵连他人，意谓行政者必禁止焉。顷以宓逸群饭其师任心叔，邀余往配，归后就寝，暑热不能贴席，而邻家正作此赌，牌声滴笃，复有歌唱，益扰余睡，乃暗记云："谁家滴笃斗牌声，十二三抬笑语盈。百搭愈多和愈易，电风扇下忽天明。留声机里唱皮黄，一样喧阗搅耳房。忽地飞机过一队，知输什伍到前方。"（时卅五年八月四日）

马将起自宁波，闻包达三云，乃一张姓者所为，其用意不可知矣。此牌本止一百单八张，后增东、西、南、北（余最初所见似为公侯将相），又增龙、凤或中、发，至所谓白板者，乃备损失之用，然今亦以凑入，而得碰者为一番矣。后又加花，花又可复至无数，近年并有财神爷、猫食老鼠等，可谓花样杂出。而百搭出，则和益为易，盖可以代对子、嵌当、吊头、边张也。今乃百搭亦加至四张，则几乎可以倒地即和矣。其他种种花名，如门前清、门里清、一条龙、喜相逢等等，余不能具举，而皆可以增加番数，且其名日新月异。不意十三张牌竟能变化如此，当非作者始料所及，而赌品斯为下贱极矣。

须之故事

李任潮、陈真如、马寅初、谭平山、王却尘约饭于任潮家，使年六十以上者并坐，因各以须为谭资，然黄任之无须也。任之为言，其友某蓄须则复剃之，尝询其妻："某有须与无须孰美？"其妻曰："无须时觉其无须为美，有须时觉其有须为美。"余谓某之妻可以当外交主任矣。然使再问以复剃须如何，必曰："剃须后仍觉无须为美矣。"举座为噱。余因忆笔记载宋蔡襄一日侍朝，襄有美髯，仁宗问襄："卿须长若是，睡时安于衾外耶，衾内耶？"襄谢不知。归之夜，以仁宗言，安须于衾内不能睡，又安于外亦不能睡，如是一夜为之不宁，此颇可与为类。

翌日，又集任潮家，任之因与马寅初并坐，而余又与寅初连席，任之嘲余二人云："昔余原籍（川沙）有姓名为马骉骉者，人不能呼其名。"余曰："此人熟读《礼经》者，盖古投壶一马从二马，又庆多马也。"座中亦大笑。然举座亦无能举"骉骉"二字之音者，余知"骉"音如彪，而亦不识"骉"字。戏谓当读如冯，俗呼姓冯者为马二先生也。归检

《玉篇》："徒鹿切，音独，马走也。"

陶公匮　陶成章之死

陶公匮者，吾浙陶七彪先生所手制也。先生名在宽，绍兴人，光复会领袖成章之叔祖，以书法自雄，作八分颇醇雅，由诸生官至道员，清末归田，寓于杭州忠清巷，一老妪应门，不与宦场酬酢。余时教授浙江两级师范学堂，居相近，时过先生谈，因观其手制陶公匮，匮方营造尺尺二三寸，以木为之，凡格屉若干，行旅所需笔、墨、纸、砚、杯、盘、碗、箸、茶具、烛台皆安置井井，其下一大屉则折一凳内之。盖可以柜为桌而支其凳，作书饮食皆可无所求矣。其妙则不用一钉而精巧可爱。其游欧洲时，意大利王爱之，即以为赠。后又制一柜，大略等，内床于中，床亦张弛巧妙，配柜适如行脚僧之一担，天才也。

辛亥冬，成章被刺，先生自沪取其枢归杭州，适与余同寓清泰第二旅馆。余以成章被刺事为问，先生涕曰："焕卿（成章字）薄都督而不为也。"盖是时有陈英士与成章争浙督之说也。成章之被刺于上海法租界之广慈医院，余时为《大共和报》主笔，由屈映光知之，映光初亦隶光复会也。

即赴院视之，乃为捕房之侦者认为嫌疑人，虽示以名帖，犹被留五六小时，至午后四时，偕至捕房一询而后得还。成章之死，章太炎谓蒋介石实刺之（见《论衡》或《国华杂志》）。然余闻诸介石乡人曾与介石共作北里游之某，谓成章死之前夕，歇于福州路之四海升平楼，介石来，持银饼二百元，怀手枪一具，某即以指蘸茶书三点水旁于桌示介石，介石摇首，某又蘸水书耳旁，介石颔之。盖水旁谓汤寿潜，时寿潜任浙督也。耳旁则成章也。次晨而成章以被暗杀告矣，然下手者王某也。

陈叔通师丈云："清末，余在北京，陶焕卿忽来相访，自言来京有所图，询以何为，曰：'有两事：一为徐锡麟、龚宝铨等捐官，一为开一妓馆。'盖为革命计也。余告以捐官自可办，妓馆如何开得？吾辈楚楚者，一着手即为人侦知矣，焕卿因息此图。"

夏震武

夏灵峰先生震武，字伯□[1]，号涤庵，浙江富阳县里山人。以进士官工部主事，治理学，宗程朱，而实私淑晦庵。母殁，葬杭州西湖之灵峰，遂又号灵峰。先生庐墓三年，巡抚尝使致劳，睹芒鞋竹簦者不知即先生也，不为礼，先生因亦不语以姓名。知仁和、钱塘两县事者，以时候起居，夏孝子之名，遂播于人口。服阕赴曹，及甲午之役，劾李鸿章误国，不报，遂归田。

至清末，则廷琛为京师大学堂监督，聘为教员，先生以师道自居，朔望谒拜孔子，必先监督。某年，先生年假还里，过杭州，寓望仙桥堍旅馆，使招余往，率然问曰："君看汤蛰先为何如人？"蛰先，汤先生寿潜字也。时蛰丈方办沪杭甬铁路，有盛名。余知先生言必有谓，不敢遽对。先生曰："蛰先，伪君子也。"余唯唯而已。

辛亥后，先生里居不复出。余往候之，先生束发冠儒冠，衣深衣，俨然如对古人。余宿其宅，内外不闻语声。先生有弟，则剪发矣。设米店于江边，弟司其业。然闻里山人云，买卖斗升出入不同，未知何如？余荷先生青目，昔时庋藏其所遗书牍，经渐当付阙如矣。

注释

1 原文留空，当为"伯定"。

蔡元培逸事

蔡子民先生元培，初字鹤卿，吾浙山阴人也，为同里李莼客慈铭之弟子。少时，事叔父至恭，叔父嗜雅片膏。一夜，叔父于烟榻上忽忽睡去，先生不敢离去，叔父觉，见先生犹侍立焉，乃促之出。先生以翰林起家，不供职。清光绪二十五、六年间，先生居杭州，议办师范学堂，被阻而止。元室物故，乃娶于江西黄氏。结婚之日，一去俗仪，仅设孔子位而谒礼焉。元室子无忌，时六七岁，是日特为制清制一品衣冠而服之。时平阳宋平子先生及余师瑞安陈介石先生皆有名于时，先生请平子演说，平子教新夫人以后母之道，皆创闻也。光绪廿九、三十年间，先生在上海，办爱国女子学校，又治《警钟报》，为革命之倡导。隆冬之日，余往访，先生仅服薄棉袍，长才蔽膝，受寒，流涕不绝，盖居窘，报以私资支持【之】者也。其入翰林也，试者得其卷大喜，评其文盛称之，而于其书法则曰"牛鬼蛇神"。

三菱公司

清末，奕劻以亲王位军机首席，政以贿成。其子贝子、农商部尚书载振，尤揽势。朱家宝以进妓杨翠喜于载振，得黑龙江巡抚，事尤著于耳目。时有御史江春霖、赵炳麟、□□□（偶忘其姓名，其名末字亦为林音，其官或非御史）[1]皆不避权贵，封奏弹劾。人戏目为"三菱公司"。三菱公司者，日本之商业会社之名也。

注释

1　应为赵启霖。

黑车子

余少时闻故老言：清朝王公食俸衣租，然其体制隆崇，媵妾广众，包衣奴婢率以百十数，进奉馈遗，岁费亦巨，子弟纨绔，复不知节，用事者匿报侵蚀，所入不给。于是有所谓黑车子者，令太监为导，物色初至京师欲冶游者，伪伴游览，以黑薄帷车，昏黄之际，载入府中，由旁门入，纵令妻妾与之交嬉。来者不知其为何许，破囊恣欢，知其富有者，则俾留连数日，忽然报称爷至，匿之暗室，讲价而出，所费倾装。相传龚定庵之于太清春，亦乘黑车以入，第定庵乃被太清春园遇赏识而后进，不由太监致之耳。太清春者，醇邸四美之一，南人也。

章一山

　　章一山先生枬者，吾浙宁海人，出德清俞曲园先生之门，清末以学者称。时台州有王子庄棻、喻子韶长霖、杨定甫晨、王子裳咏霓、王枚伯舟瑶，皆负乡望，有著述，先生与靳骖焉。余于诸公间，定甫先生有书札往还而未之见，枚伯先生则余主讲两广师范馆时，先生方为监督，而一山先生于四年谒之上海，先生以遗老自处，时犹辫发垂垂然也。

　　先生以宁海向无翰林，必欲得之以为荣宠，且县学有奖资，宗祠有学田，可恃为终老之养也。先生为军机大臣善化瞿鸿禨提督浙学时所取优贡，成进士后，谒善化求为援，善化曰："若必欲得翰林，尚须习馆体字，使入格，否则无能为力。"盖时习所重也，因令告殿。告殿，谓殿试时谒假以待后科也。先生不得不如命。至光绪三十年甲辰科补殿试，善化仍在军机，为置三甲，得翰林检讨，以告殿假者例不入二甲也。先生不善诗，陈伯严先生三立，诗坛祭酒也，尝谓浙江有四个不能诗之翰林，先生与吴绡斋士鉴其二也。

王福厂、沈尹默书优劣

上海有活报者，谓："王福厂篆隶等描花，沈尹默富商撑腰脊。"又谓："福厂书平铺直叙，一无足觇；尹默书王字底子尚不算差，但其笔趣则缺然，不足名大家。"

此论尚非过为诋毁，特尹默不可与福厂并论。尹默书工夫不差，相当知笔法，惟以深于临摹，入而不出，故灵变不足，然无匠气，究非今日其他书家可望其肩背也。近时如慈溪钱太希、永嘉马公愚书皆有王字底子，但一望而为匠人书，皆无笔法可得也。后人作王字，皆失之俗，失之薄，俗者多矣，薄者如董香光、王梦楼皆是也。然薄犹可医，俗不可治也。此四人者，福厂余父执，余尝观其作篆书楹帖，亦不空肘腕，是真描花也。尹默年必展览其书一次，收入巨万，谓之"富商撑腰"亦不诬。

讽刺联词

公园闲话，张纲伯举汪精卫伪府时有为偶语云：

近卫汪精卫，你自卫，我自卫，兄鲁弟卫；

陈群李士群，来一群，去一群，狗党狐群。

又一联云：

> 孟光轧妍头，梁鸿志短；
>
> 宋江吃败仗，吴用威消。

梁鸿志、吴用威亦伪府大员也。皆词虽滑稽，义严斧钺。

袁巽初词

袁巽初，名思永，湖南人，故清两广总督袁树勋之子，曾从吾浙汤蛰先丈寿潜学。少年，即以道员官吾浙。清末，任督练公所总参议。蒋介石之赴日留学，曾受其试，称弟子焉。十八年，余解教育部政务次长职归杭州，余樾园亦自北平来，遂有东皋雅集之会，巽初与之。顷读其《木兰花慢·登豁蒙楼远眺》词，云：

> 一层楼更上，趁薄醉，倚危阑。望险堑龙蟠，雄关虎踞，大好江山。神州陆沉，岂忍待，凭谁横海挽危澜。记否六朝金粉，南都此地偏安。　　朱轮翠盖自班班，几辈济时艰。把纸上经纶，刀头策略，冷眼偷看。浮云尚笼暗影，在乱鸦残柳夕阳间。剩取秋光可爱，栾花红照愁颜。（自注：鸡鸣寺山麓有栾木数株，秋深作花，红艳可爱，为他处所无。）

此词讥蒋介石也，有宋人气息，在辛稼轩、王圣与间。

潘复杀邵飘萍、林白水

九、十年间，潘馨庵复为财政次长，摄部事。余为北京专门以上学校教职员会联合会代表，以学校经费事访之于财政部。馨庵衣不合襟，履不掩踝，出而相见，与余特致殷勤，谓于《国粹学报》时有雅谊，余茫然，敷衍之而已。顷于《学报》第四年第三十八期中见馨庵写《题学报第三周年祝典兼呈秋枚晦闻诸君子》，乃恍然。

潘故山东富室，闻国务总理靳云鹏乃其乳母之子，后投军致高位。翼卿（云鹏字）既贵，馨庵亦因缘起家，然闻其清末曾举乡试也。后附张宗昌。十五年，段祺瑞下野，冯玉祥军亦离北京，而张宗昌入，即杀《京报》社长邵飘萍，馨庵实唆之。飘萍尝于其报端诋讦馨庵，故报怨也。盖宗昌入京后，佩孚、作霖亦旋至，俄而作霖以大元帅秉政矣。

飘萍吾浙金华人，肄业浙江高等学堂。辛亥，杭辛斋办《汉民日报》于杭州，飘萍任编辑焉。后入北京治《京报》，出入权贵之门，刺探消息，以是《京报》不胫而走。飘萍有黄远庸之风，笔墨犀利，而更泼辣，往往讦人阴私，故贾怨。吴佩孚自武汉入北京，朝权在掌握，下令讨伐张作霖，《京报》大赞之。既而冯玉祥回师废曹锟，黄郛以内阁摄政，《京报》立转其笔锋，时人惊其神速。此亦其致死之因也。

先飘萍而被杀者为《社会日报》之林白水。白水者，少泉拆其"泉"字而为号也。白水福建人，清末落拓至杭州，后游日本。建国后，至北京，办《社会日报》，初尚能言，袁世凯月与银三千元收之。白水服食以奢，尝坦然语人曰："吾为金人矣。"以月入三千元缄其口也。至是，复萌故态，其笔亦刻利，因遭害。

谶　语

谶语起于战国，至秦时，有"明年祖龙死"之记，汉成、哀时始盛。光武以"刘秀为天子"应谶，遂崇信之，至以违谶为大逆。其实此巫家之所传，上古神话之演变也。巫家变而为道教，东汉初有《太平清领书》，颇见引于李贤《后汉书注》，今在《道藏》，为道教本质之经典。至以老庄入藏，则牵引附会以为重，而今通传诸经典，又模仿释教为之，后起之作矣。唐有李淳风《推背图》，明有刘基《烧饼歌》，亦未可据。如《烧饼歌》，余据《金陵琐记》证出铁冠道人，冒鹤亭广生《小三吾亭随笔》据顾起元之《客坐赘语》，亦如是云。

《随笔》又记"七字妖言"一则，谓："道光中民间竞传七字，谓合国朝七圣纪年之数，曰木、立、斗、非、共、世、极。'木'字文为十八，属世祖。'立'字文为六一，属圣祖。'斗'字文为丨三，属世宗。'非'字文为两三十，属高宗。'共'字文为廿六，而六字缺一，属仁宗。'世'字文为卅一，属宣宗。其时宣宗未崩，解者谓是卅一年，及庚戌正月升遐，乃悟其义，盖谓在位三十年而一年则属后人也。然求'极'字之解，终不可得。庚申八月，英人犯都城，銮舆东狩，明年七月驾崩。好事者以离合推之，乃十年八月了口外又一年也。当时闻者纷纷传说，惊为神异。"余谓事固神怪，然文宗以后，尚有同、光、宣三朝，何以竟不入数？是"道光中民间竞传"者，因有传者其人欤？否则或同治初有巧思者构造之，而托于道光时传说耳。

《良友》第九十五期有刘伯温谶语云："五六百年见，泰山甲乙，沉沮利楫。周有遗荫，子肇帝业。草冠木屐，中合三一。苍穹雷动，为君辅弼。古毫是独，作桶称德。轻重在握，功立殊域。兑余运南方出君臣，应觋懂说妙童，先复铜柱，后定鼎水。中九转，起前程。天运洪武六年岁在癸丑三月穀旦，命讨蛮将军郭愈携往象郡瘗于交趾疆界，刘基占志。"余谓世传伯温谶语甚多，然果出伯温否，未有证也。洪武六年癸丑，纪年虽合而郭愈待考。且即使语出伯温，而自洪武六年讫今早逾五六百年之数，无验明矣。

讣闻方式

今之讣闻，各以俗异。然普通方式，犹沿旧习，首称"不孝○○罪孽深重祸延显○（考或妣）"云云，而末则具"孤子（或孤哀子）泣血稽颡"云云，其长子先亡而以长孙承重者，则称"不孝承重孙"云云。顷得北京大学同事戴君亮讣其母作古之讯，君亮治法学者也，今之国法无承重矣，而讣言"承重"，其于"孤哀子"上特加"斩衰"二字。按：通俗"孤哀子"上更不加字，君亮湖南人，或其俗然耶？父殁丧母，亦斩衰，此唐后制度，而非《礼经》所垂。讣书言谨遵礼制，夫言礼则经之所无，言制则今因无制，而有围纱之礼，袭自远方。况出门之女亦称"斩衰"，则礼经、旧制、习俗皆无，岂以今者法律上男女平等故耶？或君亮之乡固有其俗耶？

《西江月》词

《西江月》调，宜于慷慨悲歌，《水浒传》宋江题反诗用此调，极其致矣。十五年重五日，张宗昌至北平，余以奔走革命，颇为人瞩目，乃亟避居东交民巷法国医院，孑然无俚，亦作此调四阕以见意。云：

> 身世真如蓬转，客中几过端阳。艾旗蒲剑忆江乡，云水重重惆怅。　朝里七零八落，民间十室九空（洽如癯）。今年节景异寻常，满眼车骑甲仗。

二云：

> 宋子空谈救斗，墨家乱说非攻。如今拥众便称雄，愧我无拳无勇。　敢比望门张俭，原非投阁扬雄。走胡走越且从容，权住东交民巷。

三云：

> 背后风波渺溔，眼前云狗苍黄。谁秦谁楚总都忘，只是群儿相王。　却为天公沉醉，便教长夜未央。一卮浊酒荡胸肠，杀尽魑魅魍魉。

四云：

> 暑往寒来奔走，朝三暮四纵横。赵钱孙李不须详，都是一般混帐。　楚馆秦楼面目，城狐社鼠心肠。有官捷足去投降，幌子居然革党。

戒王超凡

门人王超凡人骥，长衢县，调武义，关白抵省，闻余归，来谒。勖以为地方官之责任，在实地予民众以利益，盖今日一般之民众实无以【瘳】〔聊〕生矣。为政者多言以为富，何益哉？超凡近从事五教合一之说，五教者儒、佛、道、耶、回也，超凡以为问。余生以五家之中，儒、道绝无宗教意味，且实与之背驰，皆主无鬼神者也。东汉以来，黄老之学亦绝。所谓道家者，古代之巫教而已。释家具有宗教仪式，然大乘阐理，直达无神。惟耶、回主一神创造。至各家之出发点，亦各不同，不能以其共谈仁义，共言救世，等而齐之，以为一道。三教同原之说，已成过去，况合五教耶？此种论调，要皆出于无识之徒，今则倡此者类是妄人。超凡学未深造，今日思想方面欲寻出路不得其由，遂为妄人所诱耳。然超凡正司导民，岂可身为提倡耶？即切戒之。

干支由来

干支者，斡枝之省文，其何自来？余读书少，未有见也。廿五年在成都，军官学校成都分校主任马君弼谈建昌附近之蛮俗，以三百六十日为一年，三十日为一月，其称日无初一、初二、十一、十二之名，谓木耗子即甲子，火耗子即丙子。余谓古书言"大挠作甲子"，大挠或说黄帝时人，寻颛顼历与今阳历同，而《尧典》言"三百有六旬又六日"（旬亦日也，此日之转注字，后人多以旬为十日，则《尧典》不可道矣），是其时皆已不复用三百六十日为年，三十日为月之历，则"大挠作甲子"，可能前于颛顼。古止以甲子纪日，顾亭林已言之，盖初亦如蛮俗以鼠、牛、虎、兔等十二生属纪日，后以五行配之，遂成干支之名。五行之说，乃上古宗教派哲学之宇宙论中所谓元素也，此似为较进化之表现。据《史记·五帝纪》，则五行之说颛顼时已有矣。至纪岁之名如阏逢、摄提【于】之类，亦上古民族语，或外来名词之译音。

哀启格式

得夏映庵先生丧母之讣，其前不附遗像，哀启亦遵旧式，止叙病情，不阑家世事状。盖哀启之兴，原于《春秋》书"许世子弑父"，以其不尝药也，故近世遂历叙病情医药之经过以告亲友，欲人谅其侍疾之尽义也。近年哀启，竟有阑入家世，历述死者事迹，盖并行状而一之，不学之过欤？余遭母丧，讣启一去"罪孽深重"等虚文，以此本宋人丧亲通书自责之词，后乃沿为讣启定式，殊无谓也。亦不附印遗像，惧为人即投于字篓也。不致哀启，以吾亲笃老以终，虽异无疾而逝，然亦并无恶疾阴症，戚友平日致问，临疾相慰，无须复有此文也。

家庭中称大人

清季知府以上悉称大人矣，然在其家犹称老爷，即官至极品，犹然也。应季中丈仕至布政使，一日余在丈所，而其兄叔寅至，家人曰："三大人来。"余颇异之，然其呼季丈仍为老爷也。盖丈自幼即馆于外舅朱茗生侍郎家，昆季之来，反如外宾，故家人呼叔寅如此，是宾之矣。今国家为民主政体，一切前代制度自不应袭用，居官时称其职可也，去官仍为民矣。今则一为科长、县长、厅长、处长、部长、师旅长、主席，人并终其身如其官呼之。如厅长以上或称为大人，则袭清代之俗矣。余未入仕，邵伯䌹与余书札，函面称老爷或先生，及余掌教部，改称大人，余惟笑之而已。乃一日屈文六招饮，闻其家人呼文为大人，余亦笑之而已。

与许缄夫论佛

缄夫，吾友许炳堃之字也。缄夫学于日本，治纺织，归为浙江咨议局议员，后长省立工业专门学校，有声绩。及游欧美归，则谢事而不能生活，至登报召友朋为助生活资，又一度为僧。及以荐为民政厅顾问、秘书，是时，厅长为朱家骅，颇蒙礼之。缄夫于佛学教宗颇悉，信事有部，谓此是真的佛学也。

余与缄夫久别，初不知其精此也。及在上海，望衡而居，亦不相知，辗转乃悉其所寓，则趋访之，缄夫高声剧语，豪气如故。见余发虽白而未见老，盖在黄昏中不细辨耳，乃询余何修而然，余谓无所修养。缄夫不信，坚问所由，余以缄夫事佛，正设供养，乃指而笑曰："你以此，我亦以此。"缄夫诧曰："你亦然耶？"余曰："我实不拜佛、不念经、不吃素，但略知其旨，取其一切平等耳。"

缄夫自谓学佛主心宗，且劝余读《宗镜录》。余乃谓："我近实转依唯物，宇宙现象皆物质之变化，实不见有心能造境。且余以知唯物故，故即人之一切行动，无非内外物质交感而然，故对于世事亦复趋于平淡。"缄夫不以为然，谓其体验，实是境由心造，因举似曰："盗掌吾颊则起惧心，友掌吾颊则起怒心，妓掌吾颊则起喜心。起心不同而击颊则一，明自心造也。"余曰："吾所见正反是：所见为盗，盗之面目狰狞则起惧心。所见为友，友之面目不如盗之可惧则起怒心。所见为妓，妓之面目可悦则起喜心。是则由目不由心也。目不能自主，境异而异也。"缄夫亦未觉不然。

翌日缄夫来，复理唯心、唯物之论。缄夫本主唯心，今日乃曰："境由心起，心由境造。"此又慈宗唯识之旨，不纯心宗之论矣，则其信仰未深，即由于理未澈。今日缄夫举似其梦中前知之说，似最可为境由心起之证。然余于梦中有前知之事，已非一二次矣。余详加剖析，追忆过去，无不有其来踪去迹，特有往所未经注意之境而印象已入，梦乃为之错综离合耳。如缄夫所举，虽余非缄夫，不能知缄夫梦前所经者何如，而缄夫今日已有我执，正在持此以证唯心，又不肯追详过去经历，以明梦境所由然。且如缄夫向所未曾注意者，缄夫亦自不能知也。至如昨日缄夫所举掌颊之比，余今复进一层为了证明确由目故，以若使瞽者遇之，彼本不知击之者为谁，必无喜惧之分，唯有怒之反应耳。此反应非由心造，显然易知。如心可造，当不见痛，亦可无惧喜矣。假使告以掌之者为谁，则亦同常人矣，何也？平日或受他人所告，盗有如何可畏之貌，妓有如何可悦之色也。或以为即此可证境确由心而起矣，仍不然者，盖以能起者言，亦是脑神经中枢作用，传达官部，若失去某一部官部神经，即不致然矣。以此为心，虽非司血之官器，仍是肉团，即仍为物质使然。正如悬鼓空中，击之成声，厚围而击，声不能发，然则仍是唯物矣。

王小宋之佛学救世论

《制言》第三十八期有王季同《略论佛法要义》，初不知季同为何人，后闻章太炎夫人言，乃知即王小宋也。余佐蒋观云丈治《选报》，所居为上海福州路工部局东之惠福里，时邻室设一英文课堂，教授者为温庆甫宗尧。而张菊生丈元济每晨八时即来，就庆甫习英文，不失分秒。后去《选报》而治《新世界学报》，则迁而与小宋为密邻，然不常往还也。转瞬四十馀年，正不知小宋尚在人间否？今读此文，恍如重握矣。此文在《制言》中较有价值，然亦有未安处。如言：

> 马克斯尝谓宗教为民众之雅片，盖言其止能麻醉民众，无滋养价值也。然彼除对基督教偶有讨论外，未见其讨论他种宗教，更未见其讨论佛教，且佛教委实非他种宗教可比，然彼便下宗教为民众之雅片之结论。
>
> 余谓凡属有宗教性者，谓有神权之意义，无真理之剖

示，而复具有特种崇拜神权之仪式者也。佛学诚有真理之剖示，然亦有特种同于崇拜神权之仪式，此虽由于因袭婆罗门教而然，要使具有半宗教之意味矣。且如今日之信有往生乐土者，非具灵魂天堂之意义乎？则马克斯是否将佛教列入宗教，固少明证，而使即然，有以召之矣。小宋此文于现代哲学亦极了解，然其结论之旨，在以修持，求证真现量。余昔亦如是主张，且亦下多少工夫，然无心所得，即是真现量。此在老庄，亦如是言，况佛固阐其说乎？无心者止是破除我、法二执耳。

《要义》有言：

> 社会不安之主要原因，在众生之自私自利，自私自利由于俱生二执，即错认我与宇宙为实，故大心众生依佛法修持，观我与宇宙皆空，即能发出世心，祛除自私自利之见。又观二者虽空，而众生执迷为实，造业受报不爽，空而不空，即能发菩提心，拔苦为乐。拔苦者，社会贫乏，则随力财施。与乐者，以佛法真理教人，使人人知我与宇宙非实，不复孳孳为利。贫乏者能安贫乐道，不起非分之想，富有者能博施济众，胞与为怀，不务货悖而入，然而社会不安者，未之有也。

余谓宇宙不外因缘所成，此理是实，征诸科学而不背也。人明此理，即不必谈空，但能实践而不违，私利之见自祛，此中国理学家之所以异于佛学者也。五识所接，必谓之空，止增众生之惑，但示此理必然，则世非愿自杀者必不饮鹤红而食砒素矣。世人每谓一切皆空，而实一不能空。若尽如是，亦复何益？若谓未证真果，故不能空，则自释迦成道以后，得证者几人，即一乘大藏之纂述者，果皆证得而后言耶？抑亦以因明得之为多？则亦如现代哲学者矣。如章太炎丈能言大乘了义，然其二执实未能破，此余所亲接而知其然也。故余愿世尽得了解自然，尽得了解社会，亦自然能现平等性，发菩提心。《孟子》所举"乍见孺子"一章，即可证明一睫之间，两者俱现，固不必精心一藏，了通大乘也。以自然科学利用厚生，胜于空谈教义多矣。

至于自然科学，一方实有启发杀机之事实，但此为社会必经之阶段，非其本身之罪恶。亦正由利用厚生之术，未极乎常轨，而社会发展必然之法则，未得人人而喻。苟明历史唯物之真理，与社会发展必然之法则，而以自然科学利用厚生，使生活各得满足，则杀机自弭。不然，虽多法门，终属无济。自佛灭度将三千年，世界何如？即印度又何如？冯道对契丹酋长言："佛救不得，惟皇帝救得。"此虽一时权对以挽时急，然三千年历史之照示，佛教空垂了义，未救人伦。梁武帝乃至饿死台城，并己亦不能自全，此不得以生灭平等漫为解嘲也。未利用厚生，术虽未尽，譬之望梅，犹足止渴。谈空绝有，义虽复高，譬之画饼，竟不充饥。是知叔本华不如马克斯矣。吾人固不轻视释迦与叔本华，顾以宇宙现象，决非成毁于一心起灭，人类生存，亦必资取于利用厚生，徒语人心生法生，不若使其人若已足。况境由心造，心自何来？心如非有，有者为何？变言唯识，仍不解惑。又若谓人人知我与宇宙非实，即是转识成智。转识成智，仍不绝有。故佛言出世，不坏世法，特使修成平等性，得发菩提心耳，以是"不复孳孳为利，贫乏者能安贫乐道，不起非分之想，富有者能博施济众，胞与为怀，不务货悖而入"。此亦理想耳。佛居世时，成佛者几人？佛灭度后，成佛者几人？若期人人知我与宇宙非实，正如俟河之清，而以明明实者谓之为空，此余所以谓止增众生之惑也。

故佛法流行三千年，世界人类生生灭灭，真非河沙可喻。然若大乘妙义，曾不能动其毫末者，决非六道轮回，众生业重，直是现实生活无法解决耳。如谓不然，直是佛法无灵，一藏诳语矣。且宇宙皆物质不断之流动，各为所保，各有所需，而生物尤有营养之必要。贫乏富有，非由自然，生理所需，富贫一致，不足则求，无有能外，是故富有能博施济众，由其生活已得解决也。纵使能博施济众，所分者岂能与已有同等？不能与已有同等，是以馀沥治人，受者如得墦间之祭馀而已。若竟同等，则是已无特殊之享有，何为而必致此富？且其所以致富者，非自天坠，亦非地涌，事实相证，尽由剥削。故贫者虽得富者之馀沥，而终不得饱暖，亦岂甘于长贫？在社会即盗贼所由以发，在国际即战斗之伏因也。若谓此当以知我与宇宙非实为前提，既知我与宇宙非实，则贫忘其贫，富不见富，此直戏论。戏论者，谓其违背实际耳。

余多见禅林道院库藏丰足，穷其得来，谓是布施（其实不尽然，亦多藉布施所得，转事贸易），布施之人，即是剥削人以致富者。林院恃以济人，亦谓布施。则此实可耻之事，乃居为善之名。若夫沿门托钵者，仍有嗟生之叹，此曹挂单，每为知客白眼，而富贵登门，则趋承恐后，俗谓最势利者莫若僧侣，自有由也。然林院之徒，未尝不能言空有之义，亦或能知空有之理，然而生死等视，不求自济者，固属仅无，其真能舍己济人者，亦为仅有。故唯有使生活满足，此无所羡，彼无所阙，生活平等而斗争始泯矣。余闻今日苏联，人人劳动，人人得食，用力多者得酬多，然得酬者至无可费，而转纳其多馀之赢于国家，国家转以生产而利大众，此不愈于乞祭者之墦馀，求布施于富人耶？

云林寺僧　天竺寺僧

　　吾杭西湖之胜处为灵隐，有云林寺，所谓四丛林之一也。季春香火之盛，即僧众衣食之源，而每年犹得向布政司支公帑焉。清同、光间，其住持僧贯通者，犹及见余祖。光绪末，贯通年已六十而近。时余家以余屋赁于傅姓，而傅翁司事于所谓过塘行。过塘行者，转运物货所假贮而因宿客焉。

　　有金松林者，江北人，年五十馀，自谓提督衔，记名总兵候补副将，先寓于行，傅翁招之，徙于其馀屋居。时松林有从者一人，犹今所谓副官。而松林嗜阿片膏，少出门，出门则冠一品冠，行装乘舆，从者骑而殿于后，朝出而夕返，时或不归。从者浸增至三人，其一则萧山少年也，自少年口知松林出必渡钱塘江，以是或不归。既而由萧山与一中年妇人至，谓其配，而不类，又自其从者争喧知少年实妇之子，然亦不能究也。一日，傅翁子妇三十岁初度，戚属以傀儡戏为寿，锣鼓阗然，松林与妇俱为上客。夜阑客散，诸声将寂，而松林急呼阿明，阿明者，其从者领袖也。而阿明亦急召其伴起，曰："有刺客。"然事旋定。翌之迟明，即呼一舆至，载妇人渡江归萧山，以其子从。妇人之出，乃由余家后宅胶州孙典史大庚寓假其后门以行，以是知妇人为松林渡江所寓之主妇，然一乡妪耳。松林私之，而托言为佣与之俱。及其夫悉之，乃乘夜来，采刃以伺焉。松林亦遂移居，后大庚遇之衢州，则率巡防队矣。

松林尝之云林寺，贯通因来报。见吾家所悬匾额有余祖名字，因邀余往游，逾时，余忽趣其寺，因留饭。贯通以故人子弟视余，故出其常食为饷，赫然六器，其四为鸡、鸭、猪肘、海参，皆佛门戒食，其二为蔬物与羹，其味皆极美。盖其烹调，不用柴火，燃烛代之，火候专也。而侍者为二沙弥，皆妙龄。人言贯通故有妻三，皆蓄于寺右，伪为民家室，皆次第物故，乃以二沙弥侍。

云林寺之富，实不及天竺寺，天竺寺有三，曰下天竺、中天竺、上天竺。每寺僧皆分若干房，房各占有施主，施主率为浙西及苏州、上海人。每年春季，施主朝寺，则各以簿进，乞香火资，施主署其数，若数十，若数百，以至于千，数十者即时付焉，其数大者若老顾主，不即取，以时收诸其家。故各房之僧，时以争施主而至相恶。各房之僧亦各有室于外，或一或二，当地之人能指目之也。各房皆植田，其征租率重，实为地主阶级矣。

西湖之西筲箕湾，又有法相寺者亦然，余所悉有僧名六一者，以放债置田产致富，嗜阿片膏，有妻子于寺外，又尝私于寺之近地妇人。

东岳庙

东岳庙者，祀泰山神君，主生死者也，其说亦具《太平清领经》，余已于《读书记》言之矣。吾杭有岳庙三，一在城隍山，一在三台山，皆属故城之西南隅，一在城西北十馀里，称老东岳。杭人兼信巫佛，乡民尤信巫，率有"投文"之举，具姓名、年岁月日时辰、籍里于庙祝所制之文书上，投诸神君，求得免罪，好生来世。其书必置黄布囊中谨藏之，命终时与俱入棺。

每年秋初，庙有朝审。朝审者，神君所属百官往朝神君，而神君以此时审判罪犯也（神君俗呼东岳大帝，此由五帝之说，东方为青帝，而以岱岳配之，故演变为此称。朝者，汉时太守刺史之官署，亦称朝廷，僚属禀白公事即为朝会）。其朝也，由庙祝书百神之名于红柬，向神君唱之，如曰"城隍臣某某、土地臣某某"之类，若仿衙参为之，而实本古之计偕。余曾于天台山岳庙见唱朝者有"少保兵部尚书臣于"者，于为明"土木之变"为石亨所杀之于谦也。谦墓适在庙右，遂以为神君臣，而不呼其名者，示敬也。人有以"君不君臣不臣"讥之者，其实巫祝所为，本不足道也。其审也，则率为病者，而以疯人为多。审犯时五木所加，一如昔时官府鞫狱，威严懔然。俗谓疯子经东岳审后得愈也。此自为治精神病之一法，特得效颇少耳。庙中制度，同于天竺，故财产甚丰。老东岳一日燃烛大小以数千计，率甫燃即去之，来者众也，已燃而去之之烛，仍由浇造家收入，重制焉，即此所得已致富矣。然三台山岳庙瞠乎不及，城隍山者则更冷落，盖老东岳为四乡及外县之信众所荟也。

陈介石师之史论

李义山《龙池》诗："薛王沉醉寿王醒。"不为玄宗讳娶杨太真事。陆甫里《和皮袭美太伯庙诗》："迩来父子争天下，不信人间有让王。"疑亦刺灵武事。玄宗几失社稷，肃宗虽自正号，实亦无嫌，争名教者必蒙以篡名，真无谓也。

昔侍陈介石师黻宸，师颇以王阳明功业虽成，然武宗无君人之德，而宸濠亦朱家子弟，不劣于武宗，何必左祖武宗而诛伐宸濠？犹方孝孺之赤十族，不过为建文争帝位于燕王，而以十族为名教所牺牲。师论史往往如是。

余亦尝谓刘备语诸葛亮"可辅则辅，不可辅则君自取之"，此固备明知禅之不肖，无奈亮何，而为此语以试亮情，亮以"鞠躬尽瘁，死而后已"为对，得以免疑。然观亮虽擅朝政，而《出师表》有"宫府一体"之语，盖固未尝一切可以独行也。以亮之才自可取而代之，然乃奉孱主而卒失其国，亦名教之缚束不能自脱也。然后世乃信"如鱼得水"之言，使果如水鱼，备何必为是言乎？

鸢飞鱼跃

智影告余，前日看电影，目为《女人面孔》，颇具高尚哲学思想，殆与莎士比亚之《私生儿》相伯仲。以此可悟世间所谓罪恶，皆是社会制度造成之。智影治文学，而思想新锐，所见皆真切。余以为活泼泼地生命中并无善恶种子，鸢飞戾天，鱼跃于渊，即是各遂其生命，至于络马首、穿牛鼻即是罪恶。故曰："圣人不死，大盗不止。"然如今日吾国之社会，正为造恶之洪炉，鸢飞鱼跃，非有一番陶铸，何讵得语此耶？

科学家信佛者

赴医归途，经般若书局，本为买书局寄售之神曲精午时茶以治胃，乃药单外附有书目，书目后附有《佛法原理诸书印成后系之以诗二十首》。此吾杭净慈寺前双十医院院主汪千仞所为,千仞固治新医术者也。其前十六首陈义皆是,乃治科学者之言。其第五首云:

> 纷纷异学逞神通,佛亦时沿猎较风。当识经中灵怪句,与吾庄叟寓言同。

第六首曰:

> 神巫乩士寓言家,都藉灵山挂旆牙。检我如来清净法,几时威福向人加。

第七首曰:

> 昌黎毁佛语皆盲,迎骨之争理却长。舍利为私经卷重,本师金训俗皆忘。

第八首曰:

> 超幽仪轨起于梁,本是权宜辟解方。今日山门人事废,只馀鬼事十分忙。

第九首曰:

> 耕而后食语殊通,怀海门徒悉执工。诚虑世人齐学乞,阿谁来作饭僧翁。

不徒箴砭末俗,亦予缁流一棒喝矣。然其十七首曰:

> 三生业报例难逃,非若尼山笔贬褒。今世麟经无效力,微权端赖鹫峰操。

业报之说,章太炎亦时道之,盖亦如是我闻耳,余则不信乎此。一切物物皆是因缘聚散，依物质不灭定例，散于此复聚于彼，《庄子》所谓化臭腐为神奇，化神奇为臭腐也。然后时之神奇，非复先时之臭腐，后时之臭腐，亦非复先时之神奇。此理以程伊川之粗疏亦知之，今日科学中更可证明无诬。若佛法所谓业识总持，则又所谓宇宙之谜。此缘出发点为唯心，则非此异以自圆其说耳。夫谓一身之生时，有过去未来，其思想行动相为因缘，亦有果报，理许成立。若谓此身之前为过去生中，此身之后为未来生中，而为一身三生业报之说，理不得成。即以组织今生之身，其质并非前生之身，组织来生之身，其质亦非今生之身也。且一身而受过未之报，事实未得证明，即有传说，皆缘妄附。苟必持此说，又令众生颠倒，避实趋虚，毫无所得，遗毒社会，制造不宁矣。然其第十八首曰：

> 胜义中无果与因，轮回属幻亦非真。善知万法皆如义，则脱轮中久转身。

则仍是善知识，而前章为劣根人说，究属多此一举。其实佛性一如，根无优劣，积世人力，自致天渊。今者吾人深知改造有方，只须从生活实际求其解决，平等现前，乐土斯在。至如业报、轮回、祸福之说，不足以动智者，亦不足以济愚人，止与不足为智者、不至为愚人者作一种话柄，且业报、祸福本实非一。

其十九首云：

> 轮回既脱去何方？宁有方为佛所藏？乘愿当然仍入世，但非被控业之缰。

第廿首曰：

> 太息群伦昧本源，演成血案满乾坤。我惟度众希菩萨，不愿登颠作世尊。

前章义是，但只能就现在生中说三生业报，说六道轮回。试为举例：在母身中，遗传平等心性。出世以后，教育平等心性。入于社会，锻炼平等心性。是人即是活佛，不受轮回矣。出于富贵之种性，长于膏粱之生活，耳目所接，皆非平等，心知所触，尽障菩提，此人依其程度，各受轮回。虽出富贵之种性，长膏粱之生活，耳目所接，皆非平等，心知所触，尽障菩提，然一旦发悟，即脱轮回。如是言义，实契佛谛，苟就分析，亦具三生，随缘轮回，可经六道。必执旧义，斯坠神论。至如后章，似未澈明，缘菩萨与佛，程度之差，故佛有十地，金刚喻定，便是登颠。登颠不为趋灭，何以遂不度众？正当度心弥坚，度力益广，非至涅槃，慈悲不止。如谓喻定则众生生灭，不复起念，则是喻定与涅槃不别，大觉遂成不觉，乃落边义，非复圆成实性矣。

葬地生熟

杭州风俗，葬求生地，谓熟地不发子孙。熟地者，曾葬古人者也。然自古死人无算，而葬地有限，且自郭璞之术行而家求吉地，吉地不多，则熟地自多矣。故杭之以为人治葬为业者，辄侦葬家无后，或积世离乡久不扫墓者，平其墓而新之，以求价。人不知而以为生地也，质之堪舆家，堪舆家每与业是者通，遂为之证，其实仍受其欺也。余妻家即业是者，故悉其情。

余之葬母，以格于市令，不得合葬于吾父，又将迁高祖以下三世之葬，求少广之地不得，乃卒得杭县转塘乡忙坞云栖寺山后之新茔。然窆窆之时，发土得旧粮食瓶，证此必熟地矣，非近年所为耳。余不为意，以无求福之念也。今读王荆公诗注引《陈始兴王叔陵传》："晋世王公贵人多葬梅岭，及叔陵母彭氏卒，启求梅岭，乃发故太傅谢安墓，弃去安柩，以葬其母。"然则古无生熟之嫌。如叔陵止求葬母于名迹之区，发先代闻人之墓而不恤，余亦无取焉。余身敝以后当诫子孙以电葬或火葬，何必以臭皮囊夺生人生计耶？

学步效颦之丑态

廿六年九月三日上海某报载有上海教授作家协会战时文化建设委员会电致军事委员会委员长，词中有"属会"云云。按：战时文化建设委员会属于上海教授作家协会，上海教授作家协会岂属于军事委员会者耶？不然，"属会"之云，何以为解？此种官署文习，乃复见于上海教授作家协会之文化建设委员会电文中，已可怪矣。电词全文皆系旧式体制，然殊无动人佳句。谓其止求达意，无心造词耶？则句句似皆经营而出之，若"惩□□（指日寇，今忘之矣）之强梁，树大汉之先声"可证也。即此二句，依旧式体制，乃属俪偶之词，然对既不切，韵又不谐，何苦乃尔。近来旧式文体之作绝无佳者，此出教授作家宜当笔者为教授中之作家也，未免可怜。陆敬舆奉天改元制下，骄将悍卒为之感泣，词之感人固有可以入人心脾者，若此者宜以覆瓿耳。又今之少年，不悉故事，书札启事亦多可笑，如"钧鉴""钧启"每随便用，由不知"谁秉国钧"乃可当此。清季宦海，阿谀成风，然"钧"字不能误用，犹悉其义也。今日此类一可革除，致人恭敬，本不在此。

赵撝叔

赵撝叔之谦，吾浙绍兴人，以书及刻石擅声，举人，致官知县。与李莼客为中表而莼客以妄人斥之，然人谓莼客毁誉有以己意者。惟李审言详《脞语》记撝叔私造魏碑以售于世，书有润格，如应亲友之作，于首一字必淡墨书之，使之有别。又由杨惺吾介绍京师汇文堂为刻《续寰宇访碑录》而不付工资，则撝叔竟无行至此耶？

何子贞嫉吴攘之

李审言《脞语》中又记何子贞既倾包眷伯，又嫉【何】〔吴〕攘之，谓："攘之老矣，栖于佛寺，求书者踵接，赖以赡家。贞老闻之，不平，语扬州运使方子箴曰：'吴某，其师尚不懂笔法，况吴耶？'语渐传于锸贾之耳，攘之之声价顿减。"

审言江苏兴化人，昔有文字投于《国粹学报》，然余未之识也。十八年，余在教部，有为审言老而贫，以著作来求置名编审处，然未能延揽也。今闻已亡矣。其人似不至为诬语，然则贞老亦有文人相妒之习耶？两家书各有所长，皆从规矩入，从规矩出，蝯叟书可效，故杨□□瀚所作几能夺蝯叟之席，特根柢自异耳。攘之能运指，故虽未成就而人不能效。

熊秉三

熊秉三希龄，湖南凤凰人，以翰林起家，与戊戌党籍，清末官东三省盐运使，建国后为进步党领袖之一。袁世凯成清流内阁，以秉三为国务总理，梁启超长财政，为一时之望。然世凯顾以非己系，不之信。且秉三以责任内阁自标榜，而世凯实仍操持财政，故数月而败。秉三出为热河都统，即故清行宫为署，行宫库物尚夥，署中人发生貂皮以铺地，皆不之识也。秉三解职归北京，持若干以衬足，陈伏庐丈见之，骇然，谓秉三："何如此阔，竟以貂皮障地？"秉三亦诧曰："这是貂耶？"按：清制，京官三品以上得服貂。盐运使四品，又外官，秉三或以此未尝服貂，或未尝睹生貂皮。貂皮未制者多健毫，故不易识。

秉三夫人江苏朱氏，有干才，能治生，秉三颇倚之。然夫人视秉三如子弟然，每致语若告诫，滔滔不绝口，秉三苦之。秉三任督办□□赈务，日趋公，夫人以电机与通话，秉三接而听之。然夫人语每移时，亦实无重轻且或致诟谇，秉三厌之，且以妨公，乃置听器于桌上，少顷一听之，料其将毕，乃复听，唯唯而终，以为常，朱夫人不知也。伏丈云。

清代试士琐记

清代各省试士之所为贡院，贡院非大比之年，率闭而封之。大省贡院可容万人以上（江宁贡院最大，以江南三省之士皆于是试），大率南向而筑屋。屋分东西列，东西又各分若干列，每列自南而北又分若干列，列列相距丈许，南北之列，各为屋一百号。每号高可容人立，广可伸一臂，深可坐而书。坐具如北方之炕，而就隔墙之两端支一板可以起落者为桌，以书以食。前无门窗为蔽，蔽者即前列之屋背，而高于屋，故阳光仅入，夜则号给纸灯笼一（自有洋烛后，可携方形折灯洋烛以入）。试者朝夕于是，饮食于是，卧溲于是，有监试者监焉，不得相往来、通言语。有号军供水，然一列仅一人也。每日供食二次，饭与菜皆不能下咽者，试者多自备以入，出资使号军代治，亦止煮饭而已。自有酒精烹煮之器，则或携以自治，然亦中产之士才能办也。院例予人一饭具、三菜具，可以携归，然皆如小儿玩具，以糙瓷为之

（余父就试，携归予余姊弟为玩具，一碗饭可三四口而尽，一盆菜亦下两三箸可毕也，然余于故书知此犹宋之遗制）。如是者三日为一场，得归休沐，三场而毕。是谓矮屋风光。

凡各省之试曰乡试，乡试以子、午、卯、酉之年一举，举于中秋，时气候蒸热，病者日有，中恶暴疾而亡者，皆以为有夙冤索命也。当试者就号以后，号军于夜初击柝而号曰："有仇报仇，有冤报冤。"闻者为之毛起。于是有失行者，精神为之刺激，惴惴不安，益以昼夜疲劳，往往中恶，作鬼神相附语，传者神之，谓为冤报矣。相传贡院许生入，不许死出。盖锁棘以后，非终场放考不启，所以防弊。故虽监临（监临例以巡抚任之）、主考死于院，亦不得遽出，以监临、主考皆钦差，例须正门出入也。试士之死者，经检察后由侧门殓而出之。（相传主考死于院者必其子孙复来为主考，乃得骑棺而出，然余未检故事也。）

乡试之监临，巡抚任之，巡抚有事，则以学政代焉。主考、监临之入闱也，由监临主主考行馆，导主考（正副各一）背朝服（清制，朝服为大礼服，平常冠带为常礼服，不着外褂而用马褂，袍亦开襟者为行装，便骑者也。朝服之冠履异于常服，且须加披肩，旧俗死者遗像所服即朝服也）而乘宪轿（宪轿谓法定之轿，状如神座，上无幄，旁无蔽，盖使人民得具瞻也，实即古步辇之遗制。每岁迎春之日，巡抚及布政、按察两司使俗称三大宪，亦朝服乘宪轿以往，平时皆常礼服，坐暖轿），具全副仪仗呼殿至贡院，入而锁棘（俗呼封门），试毕而后出闱。盖校士为大典，故隆礼焉。

清故事，进士殿试列一甲者例止三名，故俗呼三鼎甲，即状元、榜眼、探花也。榜下，赐宴端门，大学士（清制，文华殿大学士为首揆，后代以领班军机大臣，然大礼仍如制度也）执爵以饮三及第者，三巡而毕，插花披红，骑而归邸，大学士揖之上马，有司护送，皆如唐宋故事也。三及第者即日授职，第一名为翰林院修撰，六品，馀皆翰林院编修，七品。试士自四方至京，往往寓其本籍省府县之会馆，三人者之同乡官于朝者，即日各就其省馆为设行邸，迎而宴之，官最尊者执爵致贺，然后撤花红。此三人者例于次科乡试得放主考，或学政缺出，先得学政，然皆慕主考，以门生皆举人，腾达易，而己有利焉，如前记吾浙孙渠田之于沈葆桢、李鸿章是也。清制，官俸甚薄，后增养廉，亦不足以资生。故有不乐为翰林而故污其卷俾入三甲者。然以翰林清望，故竞之者犹多。生事则窘迫矣，往往就达官家为宾师，且便夤缘得试差（主考、学政）。一差所得，不通关节，亦足数岁温饱。凡出差至其座主（试官）之乡土者，必诣座主请教焉。座主往往有属托，即利薮也。昔人记一故事，有请教于座主者，屡以其乡人才为问，意在献殷勤，而座主殊无所托。此人以座主无言，不敢遽退，忽而座主一欠身，此人以为座主若此其敬也，必所属有异于常者，则振襟请益，座主曰："无他，下气通耳。"此人谨记其言。及事，卷必亲阅，意其佳才也，前列既定，殊无其人，乃命搜遗，而得夏器通焉，喜而录之，文仅粗顺而已。归朝日，报于座主，谓不辱师命也。座主大诧，谓："余实无所属。"此人为言其故，座主大笑曰："是时适下气通耳。"此科场之笑柄也。

会试，清制在京师，有试院如各省。主试者称大总裁、副总裁，总裁一，副之者三。总裁以大学士、尚书为之，副者则爵尊而外亦取兼有重望者为之。殿试则所谓天子临轩策士也，故及第者俗称天子门生。其制，就保和殿集进士中式者覆试之，以古今事宜作策问，使之对，王大臣监之。进士皆衣冠负笈入，出矮桌（彼时北京琉璃厂文具店有备，可折放）敷之，坐地而书（矮桌之制沿于宋，宋则官为之备耳），终日而毕。其文首书"臣对""臣闻"，末书"臣谨对"，中则引制策（即题目）逐次条答。其对有虚有实，实者非饱学者不能为，虚对可以剿袭成文，虽牛头不对马嘴，无伤也。清末往往而然，盖止取字体端正，词无忌讳，有无内容，在所不问。惟德宗曾亲阅试卷。甲午，兵败于日本，乙未殿试，元卷已定（故事，阅卷大臣以其爵秩及被命名列先后为次，得依次各取一甲三人及二甲前列七人，都十卷进呈御览，皇帝率如所定，不之易也），是科德宗以骆成骧卷有"君忧臣辱、君辱臣死"之语，密密圈之，自第七拔置第一。

故事，殿试卷书无所限，惟遇"天"及"帝""后""祖宗"等字，须提行，且必高出一二字书之（俗称抬头，如"天"字须比"皇上"高一格，"祖宗"亦然）。至清末，以慈禧垂帘，则"太后"既高于"帝"，"祖宗"复高于"太后"，"天"又高于"祖宗"，于是同时有此，竟至四抬。前此遇抬头处，前行可以空脚，即词不须到底也，及是，则须行行到底。于是必临时硬增强凑以足其数。此又科场之末弊，而朝政所趋亦已明矣，其亡也宜。

乡会试自监临以下，有监试、提调等名，以现任或候补道府以下者充之，其资格以科举出身者为上。自总裁主考以下有襄试，由现任或候补之道府县之正途出身者充之，通称"房官"，会试称"同考官"，皆先为总裁、主考任初步阅卷者也。试者如出某房，即称门生，故任襄试多次，其门生亦众，身受奉养，泽及子孙，亦彼时宦途中调剂生活之一道也。

学政校士，省会之外，就各府召其属之士而试之，盖学童（法称童生）必自县试及格，而后得就府试，府试得隽而后得受院试（学政体制如巡抚，其署称部院，俗称学院）。

故无试院，省则就其署为考棚，置长板桌、长板凳，东西前后为行列，如佛寺之饭僧者然。试者未明而入，及暮而出。试有初覆、提覆。提覆施之拔萃及有疑者，学政试不加弥封，学政巡视诸生以为异者，可召而询之，使上堂，为特置坐而试焉，谓之"提堂"。提堂者必置第一，否则亦在前列也。绅士子弟号为官生，亦得提堂，然不定必取，但多得被取之机会耳。

清制，试有文武两种，学政兼试武童，至武乡试则由巡抚主之，武试止重刀、枪、剑、戟、弓矢、程石，虽亦有文字之试（试武经），应故事而已。

文武生受学政试竣，则发其原籍府县学为学生，具称府学生员、县学生员，所谓入庠也。生员文者，初入为庠生，其后学政复有例试，学优者进为贡生，与廪饩者为廪生。廪生得为童生就试之保证人，俗称廪保，保其身家清白并无假冒（尤重冒籍），其被保者既须纳资于廪生，又称弟子焉。资数，非士族而崛起者，求保不易得，可由学官（清制，府学教授一员，县学训导、教谕各一员，俗称学老师）指定廪生为之保，则如余幼时所知仅银两圆为高额矣。不然，则称家之有无。故廪生得保一殷富子弟，胜坐十年冷板凳也。贡生而得饩者为廪贡生。又有优拔之试，隽者称优贡生、拔贡生，拔重于优，可径赴朝考，授知县、学官等职。此古拔萃、优异等特科之遗制，文士之又一出路也。

武生率为农工子弟，无力攻读，乃以力自奋，学艺既成，遂得请试。以其家贫，故率衣冠故敝，不成威仪。前代又重文轻武，武生亦不敢与文者比伍，虽同年为一学弟子，不相通谒也。余尝至学院，观文武生员行初谒礼，文者蔑视武者若恐浼焉。生员入学时有制服，其冠与朝帽同，而上插金花二，相交其上端，冠顶以白色金属制为雀形，与入流品者特异。（清制，官等以品分，自一至九，各有正从。一品冠顶红宝石制，二品珊瑚石制，三品明蓝石制，四品青金石制，俗称乌蓝，言不透明也。五品水晶石制，六品砗磲石制，洁白色。七品以下铜制，俗称金顶。生员初用雀顶者，盖示甫释褐未入流品也。）既释褐即与七品以下官同，并戴金顶，服常礼服矣。所履亦为方头靴，此朝靴也（此式今尚可于剧中见之，实自古相沿之制）。惟衣称襕衫者，无殊明代士服，以蓝色绸为之，而自襟而下及前后衩、前后边并加五寸之绸缘，色或深蓝或缥（杭俗称天青，实《考工记》"六入谓之玄"之玄），或以韦陀金，则非富者不办矣。衫上施硬领、披肩，亦与朝服同，大氐富贵之家得捷报即治之，已婚者则由妇家制以相贻，而贫士率假于人。武生员竟有不能具衣冠，或止便衣而戴礼冠。相形见绌，此之谓矣。

周之德

周之德，不知何处人，清末官浙江衢州府都阃，身长六尺，仪貌魁梧如古传记中人，性严正，不为势屈。

清制，各省文武官吏知县事以上出有仪从，自总督、巡抚而下渐杀焉。总督、巡抚以小红亭前导（俗呼头亭，余昔尝有考记，今不复能记矣），次有红伞、绿扇（伞以障雨，扇以障日），鸣锣者四次之，所以告人也。次则若"甲"字形之木牌四，白地上绘虎头，黄黑色，虎头下书"肃静"者二，"回避"者二，制人冲道也。复次为官衔牌，则以其官衔之多寡为衡，每一衔为二牌，皆衙役分左右肩之以行，令道旁左右之人皆得见也。大率总督、巡抚自本职总督某某地方军务、节制水陆各镇、巡抚某某地方外，例有兼官，因司弹劾则兼右都御史、右副都御史，因治军务或兼治军务（总督本是军职，巡抚则本非军职），则有兵部尚书或兵部右侍郎节制水陆各镇，如兼管盐政、漕政者，亦必揭橥于本职之前。他若得有宫衔及赐爵者（宫衔如太保、少保、太子太保、太子少保，爵如王、公、侯、伯、子、男），亦具列焉。故至少衔牌有四五对也。再次则冠红黑帽之皂役各四人（俗呼红黑帽子，古之隶也），呼喝不绝，义若警跸然。又次，骑而导者一人（俗呼顶马，率为五六品武官）提香炉，而从其后者四人，本官乘绿围红障泥之轿，四人前后抬之，四人左右扶之（俗称八轿），又在引炉之后，有戈什哈（巡捕）二人从于左右，而跟马二殿焉。此外省八座之常仪也（大礼时仪制尤备）。

光绪廿六（庚子）年，督抚以下减省仪从，仅前后有骑导从，而以少数卫兵警护，然并未改制，故督抚不能正式令其属必相遵服也。之德于岁朝仍仪从呵殿出入，人有谓之者，之德曰："我敲的是皇上家的锣。"长官无奈何也。分巡金衢严兵备道鲍祖龄者，中兴名将鲍超之子也，习狎邪游，时时宿西安（衢州府首县，后避陕西同名，改为衢县）城外妓舟中。荐绅以下慕其风，无顾忌，之德非之。一日见其从人，叱之曰："孰在是？"曰："道台也。"之德大怒，曰："道台而来是耶？狗奴故污若主，且吓我。"鞭之流血，曰："即道台来，吾亦鞭之如是矣。"祖龄为越舟逃归，自是不敢复狎游。

是年畿辅有义和团之乱，而衢属之江山亦有事，西安将响应。总兵喻俊明老而偷安，文武闻警皆周章，独之德坚约束，为守备。会与知西安县事吴德潇有龃龉，诬德潇于民曰："知县康有为党也。"生员罗楠者，尝建议于德潇，德潇面掷其草，谩骂之，楠亦共短德潇。一日，德潇会荐绅于城隍庙，之德、楠突率民、兵数百人往劫德潇，德潇求解于祖龄，祖龄不能救，乃奔外国教堂中避之。众毁教堂，缚德潇手足，以木贯而扛之，楠率众刃其体，无完肤，刺其心而死，并伤教士。事平，外国使臣颇要挟，之德遂抵罪。方之德听谳来杭州，余及见之。迨余至西安，闻西安人云，之德置法之日，西安人往杭州观者咸泣下不平，今犹呼周爷爷也。

是役也，光绪二十三年浙江乡试第一名举人（俗呼解元）余友郑渭川先生永禧亦被牵于狱，幸而获释。先生少辑《烂柯山志》，晚年撰《衢州府志》而失明，未知其杀青否也。

童疯子

经杭州下板儿巷，问童疯子，故老犹能指其所居，而疯子死久矣。疯子，崇明人，其名晏，字曰叔平。书画得南田老人法，画菊尤善。疯子平时善谈论，趋厉慷慨，人多亲之。惟有乡试之年，则大发疯，服道人服，巾道人巾，持铁如意，缓步通衢，有呼为疯子者，则击之以如意，官吏轿马过者亦击之，归则以如意击其妻。疯子居室极精雅，善书、名画、古金石罗列，辄引如意坏之，或执途人而入，按之坐，途人惴然，疯子徐与古器，揖让而去。一日，疯子置大桌衢中，敷座，坐于上，下积纸元宝焚之，火及衣矣，妻号泣跪请其下，勿顾也，会火微，得不死，疯子恨之。余父善书，与疯子交，谓言者妄也。一日与吴子绂丈饮其家，疯子忽入，挟其妻以出，令与吴丈交拜，曰："汝当为之妻。"余父愕然趋归，曰："叔平真疯子耶？"余少时一见疯子于姻戚家，貌伟，体高，美髯，与人言，娓娓有雅致，不知其为疯子也。或谓："其父为吏，理狱有冤，故疯子得鬼谴。"或曰："是有所托也。"今科举废，惜疯子早死，不能见其疯与不疯矣。疯子死，葬南屏山下，妻吴庐于其墓侧。

疯子有弟大年，亦善绘事，且精刻石，所谓童心安者也。吴丈名恩绶，善画，画宗新罗，得其生动之致，然未尝鬻画以为生，晚年就浙江劝业道署为科员，辛亥后不通闻问，当已物故。

李钟岳

李钟岳字崧生，山东安丘县人，清光绪廿四年进士，浙江即用知县，署衢州府江山县知县，补绍兴府山阴县知县。崧生性温厚，其莅江山也，前官龚廷玉者，善媚外国传教士，既代去，谓崧生曰："此间民尚好，教士横肆，不可纵也。"崧生以为旧尹之善言，甫治事，即为教民讼平民，教士为之要说，崧生不听，竟笞教民而直平民，于是教士教民谔错出不意，稍稍敛迹矣。

余初不识崧生。光绪三十二年，江山人毛云鹏延余教授江山县中学堂。江山地故为浙闽要冲，自海道通，始废为僻壤，士寡学而民健讼，号称难治。崧生务与民清宁，废涵养书院，以其址立江山中学堂。然崧生起科第，不谙近世更新学校事，乃悉以筹画之任付云鹏。云鹏为画计，以书院膏火资充经费，不足，则征加契税，而自请出家资营其始。崧生以为加契税格于例，然非是则事不举，乃慨然曰："吾忝官于此，事有益于民者，吾当任其责，虽干禁且为之。"卒从其计而捐银五百两为之倡，即以云鹏监督其事。县有仇其夺书院膏火资者，以云鹏尝购得清帝及慈禧后照相，取《西厢记》"我见了也销魂"一句题于慈禧像侧，遂给得而以大逆告云鹏于官。崧生谋两解，讼者以为官且畏事，志必致云鹏于死而破其家。时衢州府知事为满洲人，讼者因扬言，县官不为理，且首于府道，使其党乘夜至府，将以要挟崧生。云鹏父【老】年老畏长祸，潜赂讼者，讼者益居奇，索贿巨万。云鹏所遣往府刺事者余绍宋（时亦为江山县中学堂教员），急书言讼者结荐绅之憾云鹏者共白知府，将罗织兴大狱（实为讼者之计而未见于行），于是云鹏父母遽趋云鹏至上海避之。

时余在云鹏家，见其一灯黯然，仓皇行色，乃诣崧生，谓之曰："比人人言知府有意于毛君，果狱兴，亦非君利也。"崧生曰："知府为人，吾亦习之，若札来（清末上官下所属文书称札子），吾据理申报，不使毛君被诬也。"余曰："君固长者，奈何小人媒蘖其间，君且得咎。"崧生乃私于余曰："吾即当诣府为道台寿（时分巡金衢严兵备道驻衢州府城）。道台吾乡人，吾又善其公子，必为毛君援，愿先生语毛君暂避之耳。"异日，崧生来报余，谓余曰："近日官率喜以革命诬人，致戮无辜，今者康有为、梁启超皆远窜，安有所谓革命者耶？"以是知崧生为长者。既而云鹏家果重贿以息事，而余亦辞归。

翌岁，崧生调补山阴，而余至广州。安徽候补道徐锡麟者，山阴人，以其戚属故山西巡抚俞廉三之介，为巡抚恩铭所信，而锡麟藉所办巡警学堂开学行礼时，微刺恩铭，死之。绍兴府知事贵福者，恩铭姻娅也，欲为雪其恨，系锡麟家人而治之。锡麟故为光复会领袖，其会员秋瑾，女子也，亦急于绍兴谋起事，遂为贵福所捕获，例由县先鞫治，崧生悯之，多所宽假。一日，贵福与会稽县知事及崧生共案是狱，崧生逆知贵福意，将多所系连，愀然不乐，无所鞫讯。

贵福诘之，则托言头风不任，贵福曰："若本不办此，须吾自审耳。"崧生即去不复与。贵福以其不能严钩距，白巡抚罢其官。继崧生者希巨功，滥刑及无辜，崧生愤懑不平，对人辄歔欷泣下，遂自经死。

宋 恕

宋先生恕，浙江平阳人。其母将娩身，梦见一怪物来，群燕逐其后，寤而生，遂以兆字之曰燕生。先生家故富，而先生少读书山中，日以一撮盐配脱粟饭，家遣佣至，先生特为设蔬，费钱数十文，而自食如故。

先生虽籍平阳，而家居瑞安，瑞安自宋以来为人文渊薮，故太仆孙衣言与其弟故侍郎锵【唱】〔鸣〕归田后，又以永嘉之学为后进倡，太仆子诒让又以经术为大师，孙氏瑞安之冠冕也。侍郎有爱女欲以妻先生，闲与先德语，先生从屏后闻之，扬言曰："齐大，非吾偶也。"侍郎益大奇之，即以女归先生。先生既师事太仆昆弟，又受业德清俞先生樾之门。俞先生学为海内所宗仰，著弟子籍者远及日本，所谓曲园先生者也。

先生学亦无所不通，二十馀岁，著书曰《六斋卑议》，六斋者，先生自署其课读之室也。俞先生读《卑议》，称之曰："燕生所为《卑议》，实《潜夫》《昌言》之流亚也。"人以为不阿好其弟子。壮游南北，遍交其贤士大夫，谒归翁之门人直隶总督李鸿章，并《卑议》，鸿章曰："燕生以为卑议，吾以为陈议过高矣。"先生与鸿章语，鸿章辄曰："愿燕生卑之。"又尝称于人曰："宋燕生，奇才也。"

然先生卒不以学阿时，以诸生主讲南北学校，时藉故书以兴起学者平等自由之思想，又诱之读课籍，故生徒多趋向革命。故参谋本部局长史久光，辛亥时实首谋以江宁反正，至今称道先生不衰，故北平大学女子文理学院院长许寿裳，亦受先生教最深者也。清末，开经济特科，礼部侍郎朱祖谋（即词学太斗号【上】彊村者也）以先生荐，不赴。其友合肥张品珩总办山东学务，聘先生往，先生至济南而品珩奉调上海。杨士骧巡抚山东，留为学务顾问，称先生未尝敢字之。士骧迁督直隶，再聘先生往，不应。继士骧者为袁树勋，下车，即试学务官属，决去取。先生生平不立崖岸，亦与其试，文辞朴雅，似东汉人所为，又多四字句，竟得注考曰"文理不通"。报罢，人谓先生以是求罢也，遂归。卒于家，年才五十。

先生晚年更名衡，字平子，或谓其慕张平子之为人，则不然。先生游历半国中，又尝至日本，所至自达官贵人，下至隶圉，咸与之习，问中失疾苦，确然知天下事之坏由于不平，故宗其旨于名字。章太炎曰："燕生学行于古可方宋牼。"梁任公赠先生诗曰："梨洲以后一天民。"皆知先生者也。先生善为诗，一时推巨擘。其诗时时以新名词入焉，晚年为文益求明达，几如白话体矣。

与许缄夫谈梁山舟逸事

许缄夫来，谈及其族伯祖周生宗彦（鉴止水斋主人，其宅在杭州马市街，今为余表姊夫高鱼占所得，建筑精雅。北室外有梧桐二，高十馀丈，大可成抱，南室外有双蘦，皆旧物也。鉴止水斋旧额则为瑞安林同庄得之于旧货铺，舍于花市路之温州会馆矣。此吾杭掌故也），娶于梁，吾杭梁山舟先生之从女也。先生尝助许氏之丧，赠赙之谢帖皆其手书也。先生尝应巡抚之宴，适雨，着钉鞋撑雨伞以赴之，至巡抚署，乃出岸鞋于袖中而易之，以雨具交巡捕官。及归，巡抚送绅士，尝俟其登轿，一揖而退。先生因无轿也，巡抚顾巡捕，呼梁大人轿，先生摇手曰："没有，没有，只有钉鞋雨伞耳。"

余按：先生族子所为《两般秋雨盦随笔》谓先生自号

"青躬道人"，人问其义，则曰："无米无穴，精穷而已。"先生与余外家邹氏有姻联，其父兄并官至尚、侍，先生亦致身侍从，而及至此，其节操可师也。今乃止以书闻，然先生书实馆体之美者，近时沈【蒙】〔寐〕叟比之，家常便饭是也。缄夫又谓先生家杭州众安桥，其邻鄙人酗于酒，遇先生，掌先生颊，先生不较也。既而其人流于盗，并抵法。先生闻而喟然，曰："我害之矣，使其批吾颊也，即鸣诸官，决臀二百耳，不至于此也。"以余所闻，杭州驻防军属欺汉人甚，每出嬉妇人，妇人过其地者，虽贵家之室女乘轿而往，亦举帘弄其足，云"看小脚"。先生一日访将军，故【侨】〔乔〕为妇人足，露鞋尖于轿外，驻防果来嬉，先生乃告将军，杖之而严禁焉。先生家已式微，其墓在西湖之北涯山麓，十馀年前其墓道之地亦易人矣。

"你也配"

清道、咸间，宗室成亲王以书名，士大夫求之，未尝以尊贵为拒。一日，为名士某作书，都统某羡之，以精纸亲奉求其书，未见拒，某以为荣。翌日，即使送还，某益喜，以为若是其速也，盖得青睐矣。展卷则无所有，卷尽，始见小字如蝇头者三，为"你也配"，都统索然。因忆某书记梁山舟先生官京师，有笔贴式（书记）满洲人某求书，先生还其纸，某颇衔之。某后官至山东巡抚，而先生已忘其事。一日过其境，遇水，不得进。某留居其园中，日款以盛馔，桌上笔墨精绝，架上累累然卷者皆纸也，然无书籍可为遣日者，则以书自解。某始来相话，渐以公事冗，辞不至矣。问水消长，则以未退告。如是匝月，架上纸尽，某始复来晤，拱手曰："幸水退，可荣行矣。"即呼治酒为饯。旋顾架上卷，逐一展之，随展随掩，顾从者作怒容曰："谁污是！"先生自承曰："某所书也。"某曰："此吾收之，将以求某（贵人）书者，乃尽为公污，误吾事矣。"先生嗒然，即日买舟以去。然某则大喜，悉裱而悬之。盖以水涨绐先生，赚其书也。

许缄夫知余以鬻书补生计，因谓余曰："今之书画家皆增润笔矣。"因言孙勤侪收入不恶。勤侪为余伯姊之侄，清末官翰林编修，建国后一知诸暨县事。抗战时，避地上海，亦以鬻书助生。余曰："此太史公头衔之足贵也（清时翰林在上海鬻书，虽极不堪入目者，求之者仍不乏）。余则宁缺无滥，故余之润笔特高于人数倍，欲迎而反拒然，正不欲使今日高悬以炫人，明日深藏以饱囊。向见杭州王星记扇庄悬谭组安延阁所书楹帖颇可观，及组安甫卒而易以勤侪之书矣。组安尚能书，仍未脱馆体，勤侪书则十足馆体，更合今人脾胃，是何怪其收入之丰矣。"余又曰："今日卖字亦须有术，如书成对联装而挂之笺扇店中，使人望而知其姓名，或且自己买归，以示顾者之不绝。"缄夫曰："然则你亦可以照办，我来买可也。"余曰："你倒肯买，我倒不肯将去挂，只是够难的。"相与一笑。因又谭及书画家品格。缄夫谓："吴仓硕以知县候补江西，布政使某慕其画，特宴之官邸，材官以纸笔进，缶老（老缶，仓硕别号也）无可辞，即席绘成，然称谓如平昔交游也。"余因举陈止庵太世丈师书画皆有声，为湖北知县，总督张之洞属画，师画以进，但署名而已，涛丈盛装而悬之，终以无上款为憾，然不敢请也。余见吴绖斋杭州宅中听事悬六尺大屏，上称绖斋大人，下书属吏某，盖绖斋督学江西时所得也，此于古殆鲜闻。余长浙江民政厅，有余父时成衣人石某以其子习速成法政求使，因命为警佐，乃以富世英所刻折扇为赠。世英以罪入狱，于狱中习此艺，识者许之，然余不受，以嫌疑之际也。其后袁巽初之弟求书，亦以此为贻，则不能辞，然余不用，此扇刻以厅长称余也。彼时余正居官，且古人亦多以职名相呼，实无所嫌，然余未久其职，而民主政制，去官即仍是民也，故始终阁置焉。

王湘绮不知书法

王湘绮闿运论近代名人书法，谓："吾涉世乃觏三君，陈子鹤行草绝伦，莫子思篆分入圣，何蝯叟早学钱氏（钱南园澧），晚专汉碑。至其意趣，纯乎《黑女》，则亦仍包氏之说，通碑贴之畦町。要其临池勤力，日课有程，最为用力。其生平自命方古无惭，然墨迹照曜，上石则减，反不若陈莫小大可镂，由纯用笔锋，韵趣在墨故也。"又谓："尝以为逸少不如北海，子鹤胜于香光。"按：香光书无论正行大小，总是裹足乡下大姐。

余尝谓自赵松雪始为俗书开山，香光实传衣钵，后世场屋当行，不足与于书林。其书胜之故不难，然子鹤书犹不能胜王梦楼，安能胜香光乎？（子鹤陈孚恩字，清同治初肃顺、端华当政，子鹤亦相附用事。）若谓逸少不如北海，可谓妄语之极，以此知其根本不识书法，然此老固自言"不谙运笔"也。北海书从逸少出（唐人书画尽然），随在可证，而犷厉之气充于字里行间，盖如近世画之有海派耳，何讵得比右军，况谓逸少不如耶？至谓蝯叟书"墨迹照曜，上石则减，由纯用笔锋，韵趣在墨故也"，此亦外行之言，蝯叟书虽不能比于龙跳虎卧，然自非流俗之笔可比，刻工不佳，便失其真。余既得笔，作书入石，匠人束手，如许叔玑墓碑，几乎已不能辨矣。尝书聚骨扇股，高心尔奏刀亦以为苦，是则何关作者工力？子思书笔墨尽在纸上，故抚刻自易。湘绮一生以抄书为日课，数十年不辍，故其耄年犹能作蝇头书，然固不知书也。

高吹万扶乩

自海格路一七七号寄余一册子，开视则为《吹万楼日记节抄》，有吹万特赠印章。吹万乃金山高燮自号也，余与吹万同隶南社籍，亦同以文字发表于《国粹学报》，而未尝把晤，亦未通笺，此册不知为吹万自赠，或他人所贻，无从致答。册子所记，皆吹万丧女朝芬后，以扶乩与朝芬问答唱和，且有亲友中亡人之语。吹万以此自慰未尝不可，而册中竟满纸鬼语，一若宇宙间自有此物此志者【者】，以之播之报端，以此遗赠友朋，既扬迷信之谈，亦贻不智之讥。

余生平不信有鬼神，世界惟有电力作用，即人之心理，亦受其鼓荡而成。然自应循物理以解释，不能如世间所说鬼神之幻妄也。观此册所记，大部分均可以心理作用解释之，然心理亦属物质的作用也。如所举"刘三降乩"一节，刘三降乩在其夫人与吹万谈后，则刘三之家事隐然在吹万脑海矣。刘三惜其养子凤儿，实即吹万潜识中有不以刘三收养子为然，而又惜其养子幼而孤，异日家庭或有不顺，则此子殊可怜也，遂幻为此事。其他皆可以是推之，特潜识之变幻，今之心理学者尚未能究阐其极。而吹万所记许多似绝无因者，他人不能为吹万证明其因，而吹万亦未尝用心理学自索其因，则若真有此不可思议之事，观其每记有扶忽停止之时，在吹万意其女已去，不知扶扎者之心理中或呈怠状，乃有此变动耳。余昔尝用碟扎，竟无一成，说者必谓余之不诚，苟有鬼神，即余不诚，亦当有告，以诚而告，弥征为心理之反应矣。故信有极幻之事实，乃皆物理的而非玄学的也。

发币于公卿

《左·隐七年传》："初，戎朝于周，发币于公卿。"杜预注："朝而发币于公卿，如今计献，诣公府卿寺。"孔颖达疏："晋时，诸州年终，遣会稽之吏献物于天子，因令以物诣公府卿寺。"按：汉之上计，乃犹清代之户部核销，晋犹因于汉。然彼时上计者，或兼以土物献纳于朝廷耶？故杜言然。惟戎之来实非上计，其发币于公卿盖相赂耳。昔段祺瑞执政，余摄教长。后藏班禅喇嘛额尔赫尼来京，犹循藩属故事，于国务员皆遣其属致藏宜，如哈达及狐皮、麝香等物，此正发币于公卿也。

少年行动[1]

忽于枕上思得一事，为清光绪三十一年秋，浙江高等学堂初立，陆勉斋丈懋勋为监督。开学之日，巡抚聂缉椝、布政使翁曾淮以下皆至，勉丈宿戒教职员皆衣冠（清时礼服），余与汤尔和临时赁于人，服不称身，无异戏台上所谓跑龙套者。及时，集礼堂，谒先师孔子，皆三跪九叩首，毕则行官师弟子相见礼，勉丈亦宿约弟子顿首，官师则答以揖。余与尔和及两三审者皆不遵约，皆以顿首答之。众见余辈然，则相而皆然，勉丈及巡抚以下亦不得不然。礼既成，勉丈诐致愤愤。此事无关大体，特余辈少年不爱羁勒，且于大官尤藐视之，具有必折其角之气概。然尔和竟无以自立，可慨也。

清时用胡俗，相见作奇拜，屈一膝为礼，谓之"打跧"。僚属以衔参谒长官，长官受拜不答，若平素则答拜，然僚属必复拜谢之，其捷必使长官无复答拜之时间，故只见左右膝一时齐屈，而实有先后，一致敬，一致谢也。不相属者，若盐务官员在各省者，惟巡抚兼管盐政及盐运使为直属长官，他即非直属，相见以客礼矣。然卑秩亦往往越礼焉，为异日或转为直属长官也。

清时官场以敬茶为送客之表示，此习沿自宋代。盖僚属白事既毕，虑长官有指示，不敢遽退，而长官无复相语，则举茶示客可退矣。既举茶后，侍者即在室外高呼送客，客亦不能不退，此法初盖为拒绝闲谈妨事之法。

注释

1 本条后半与本书《官场陋习》条同。

习　跪

帝制时君臣间犹如主奴，然宋前以《周礼》"坐而论道"之训，宰执犹得与皇帝坐论朝政。至宋太祖以王质柴氏旧臣，欲抑之，阴令寺人撤其席，遂以为故事，虽宰臣亦不得坐矣。文彦博年逾八十犹侍立，转为人称，可谓甘居下流者也。清制，大臣面对，皆跪，非叫起不敢起。吾乡王文韶已大拜且年逾七十矣，每日犹习跪于家，其法束厚绵于膝，使能忍久耳。

胡林翼　左宗棠

胡林翼巡抚湖北，时值太平天国军兴，林翼居上游扼
之，急思得才以自助。其驭人颇有术，幕府客某，林翼之左
右手也，一日谒假欲归，林翼不许，某泣然，遂白："实由
母病，故必归侍。"林翼遽呼侍者传语，为某师爷备船，且
嘱司计致厚赆。时风甚紧，顾某曰："正是顺风，莫停留
吧。"以此得士。左宗棠居林翼幕，司章奏，径自发驿，不
复咨启。一日，林翼闻炮声，顾左右曰："何事？"左右曰：
"左师爷拜奏耳。"

宗棠以举人起家，其出，曾国藩实扶翼之。然不附国
藩，遂致隙末。其陟位中枢时，相传有一故事。清制，召
见，免冠叩首，面毕，乃复叩首，冠而起。宗棠自起幕府至
入阁，故未修觐，不习故事，其被谕退，辄效剧中称"领
旨"，叩首而起，竟忘冠其冠，此实失仪也。是时宗棠功
高，随命太监持与之，宗棠正惶窘，得之乃安，太监亦不敢
有所索，盖非宗棠必出巨赂矣。宗棠晚年病目，见僚属恒闭
目而语。总督陕甘时，一知县者淮人，谒时，宗棠聆其语，

遽问某是若何人，知县者对是叔父。宗棠忽张其目曰："好官呀！"知县者大惊，归而病数月。

红　学

杭州学官巷有巨室，是为吴氏，清初治小学兼明唯识之西林先生颖芳实是族也。雍、乾间则有以骈体文名之彀人先生锡祺，道、咸间则有以诗名之□□[1]先生振棫。锡祺官至于〔国〕子监祭酒，振棫则至四川总督，姻丈子修先生庆坻及其子士鉴又皆翰林，绚斋（士鉴字）且以榜眼及第，父〔子〕皆放试差（主考，提督学政），故吴氏为杭之望族。故事，一甲即授职编修，翌年差试。绚斋以疾，至光绪十九年始提学江西。绚斋承家学，著书甚多，其《晋史注》，刘翰怡为之刊行，因并署翰怡名耳。陈叔通师丈言："绚斋为顺德李若农侍郎文田得意弟子，其得一甲，实侍郎泄题予之。侍郎精西北地理，绚斋因豫为对策得隽。"

修丈恂恂君子，博学多闻，虽居荐绅，不与官事。然少耽《红楼梦》，至废寝食，登圂犹手之，因患泄精，至骨立。其姑母戒之，始事学。丈于《红楼梦》不徒举事若数家珍，且能一字不遗焉，可谓红学。

1　原文留空。按：吴振棫字仲云，号宜甫、毅甫，晚号再翁。

钱塘汪氏　《西征随笔》　独翁

　　钱塘望族，学官巷吴氏外，当推汪氏焉。余之嫡外祖妣竹斐夫人瑄，即出是族。余读外祖父邹蓉阁先生《记事诗》注，则奕世簪缨，已冠郡望，而姻联亦多玉堂人物，最可称者，自虚白老人以下姑妇、妯娌、姊妹无非女学士也。竹斐夫人有遗墨，著录《杭州府志·艺文志》，然余未见全豹，仅读诗馀一首耳。汪氏后世遽式微，余祖父之金兰友子绥先生官江西知县，其子□□丈余及见焉。其女则一为沈蔼如姻丈室，一为溧阳狄平子先生室。孙怡厂[1]则以创速记学，与余同教于北京大学。竹斐夫人之先族名宪者，尝刊《说文解字系传》行世，清代《说文》之学极盛，而《系传》初刊实始于汪。

　　又有星堂先生者，尝从年羹尧至西陲，著有《读书堂西征随笔》，羹尧因以致死而先生亦遭辟。《西征随笔》不完本今在故宫博物院，中有《记红娘子》者，文甚佳。今称钱塘汪氏者，皆指目振绮堂。往年，余乞伯棠丈大燮题蓉阁先生友声册子，棠丈谓与竹斐夫人异族。然振绮堂以进书得称，小米始传著述，棠丈乃致位卿贰焉。

振绮堂族有子用先生曾唯者，余祖执也，少时曾拜之。清季谋开铁路，将绕城西以行，须迁墓以为路基。杭人先世率葬于城西南，先生倡议："有主张是者，必舆櫬致其家。"遂无敢发难，后卒由城东以行。先生有独性，人号为"汪独头"，先生因自号"独翁"，章太炎尝称及焉。

注释

1　即汪怡庵。

谭廷献　戴望　潘鸿

杭州于太平天国军退后，人文之恢复，实知杭州府【潘凤洲先生鸿】[1]【辞】〔薜〕慰农时雨之功。一时名士如谭复堂太世丈廷献，陈兰洲太世丈师豪，皆其门下生也。二丈与德清戴望、阳湖庄棫友善，皆喜今文家言。望字子高，著书满家，而《管子注》尤在人口。曾国藩总督两江，致之书局，国藩内召，饮僚左问："诸君有以赠吾行乎？"众未有言，子高年最少，对曰："公功成名就，急流勇退，是其时矣。"众为愕然，国藩善之。子高少孤而体弱，早卒。

复丈以拣选知县（举人例可得知县，故得署衔曰"拣选知县"）发安徽，任□□[2]县，老而告归。余以通家后生礼一谒之，时丈寓兴忠巷黄氏故厦（黄□□先生琳，官翰林，早卒，余母之义父也。汪独翁亦尝赁此以居）。其子子刘则曾于北京见之。复丈有《春秋繁露》纂订本，余始得兰丈师所录副，凡十六篇，乃语子刘宜谋刊行。子刘遽出复丈门下生胡某刊本相贻，则与兰丈录副不同，盖定本。今此书不多见，而余藏已让于北平辅仁大学，当尚存也。复丈精诗馀，经史之业亦专焉，尤喜《史通》及《文史通义》。教子弟学者，率先以此为入门之径，然诸子不能继也。子刘幼时甚顽劣，复丈尝寓西湖（杭州）之滨，以其不率教，竟持之植于水。

〔潘〕凤洲先生〔鸿〕亦友子高，擅为词，以举人起家，官内阁侍读。光绪末，出为日本留学生监督，解任归，为杭州府中学堂监督。先生瞽一目，以假眼饰之。杭州先辈衣皆博襟大袖，先生始窄襟袖，事少年装束。与许抑斋增善共嗜赌，因损士誉焉。

注释

1 "潘凤洲先生鸿"应为衍文。

2　谭献，原名廷献，历知歙县、全椒、合肥、宿松等县。

莘草道人

　　莘草道人，余师杨雪渔太世丈文莹自号也。师钱塘人，以翰林出为贵州学政，秩满，遂请告，竟不复出。清制，学政为"钦差"，一任三年，所至有供役，不亲民事，而有"陋规"可受，故虽不通赇赂，亦足衣食终身矣。贵州故瘠地，地多植莺粟，师请禁植，而并革若干陋规。然师竟染嗜莺粟膏之习，终身不能去，人谓师春秋鼎盛而遽请告，即以是故。其总理杭州养正书塾时，谓余辈曰："余官至侍从，又积银二万元，有妾二，我知足矣。"然则其任学政所得亦盖不菲，以为基金，遂得资生无虑。

　　某年，余自广州归，因师有地在余下羊市街旧宅之左，人有欲侵之者，因修起居而并陈其事。师因谓余曰："余已不审有是地矣。然余犹忆洪杨时（太平天国），兵至，余匿入君家之后屋，屋多陈尸，皆自尽者，余卧于其间，伪为死人。俄而兵去，有妇人者呼余起，令速去，余略识其面目，犹不敢遽起，及起而四顾，无妇人也。陈余侧者一妇人尸，似所见，骇而逃，遂得免焉。"因指神龛曰："此中所祀，即其人也。余感之，故祀之。"按：师自无谬言。顾余以为妇人必自尽而未殊者，师是时"大恐漫漫"不能辨耳，妇人或即死，或未死而恐兵之复至不敢遽逃，遂复卧如陈尸，固无鬼也。

徐鸿宝说

徐森玉鸿宝，吾浙吴兴人，博览多识，尤擅目录板本之学，殆为国中魁硕。走国中，所不至者鲜矣。尝游贵州，访红崖石刻。往年告余，以世传石刻拓本皆非真迹，盖石刻高山，非攀援而登不可读。拓亦不易，必施架阁，才可毡墨。往者显贵购求，有司乃以石灰堆积于所刻上布纸打之，复刻于版，故今传本皆异。余按：昔邹叔绩始为是刻释解，乃附会为殷伐鬼方之词，近有许石栖尤勤力于此，尝为余译其词意，然余反复研绎，竟不易知。如属殷伐鬼方之刻，不应与卜辞文字异形，此可断其非中土文字矣。盖如确是石刻，则为苗文，然苗族文字今亦可考，惜余未尝从事耳。

森玉又谓："数观苗人祭祖，礼极隆重庄严，惟终不得其先世由来，苗人多秘不使外人知也。苗服皆上衣下裳，裳之中间施黻，与吾古制同。"余疑苗族之图腾盖猫也，惜不得其证。卜辞有一字，颇似猫蹲伏而从对面正视之形，顾亦未易定也。

《落花春雨巢日记》

阳湖赵惠甫先生烈文，余外祖邹蓉阁先生之友也。其《春雨巢日记》蔚为大观，惜不得尽读，徐益藩摘录一卷，宓逸群以示余。其记曾国藩言："郭芸仙自负不凡，奏折无有清晰得要者。"余按：督抚章奏，多出幕府之手，固不能即以为郭笔本然。然芸仙有文名，即出幕府，岂不过目？李莼客《越缦堂日记》中亦讥芸仙"事理不清"，乃至谓湘人率然，则未免以一概万，近于诬矣。然以余譣之，如易寅村亦芸仙之伦，则越缦故自有据而云，第偏率耳。

《日记》又记涤生言："芸仙在粤，声名之劣，罗椒孙至与骆吁门书云：故乡大吏皆如虎豹，民间有'人肉吃完，惟有虎豹犬羊之鞹；地皮括尽，但馀涧溪沼沚之毛'。"按：此与《春冰室野乘》记乌达峰尚书与恽次远学士同典浙试，乌文字疏浅，而学士有烟癖，或以二人姓为联词，曰"乌不如人，胸中只少半点墨；军无斗志，身边常倚一条枪"，皆善谑而虐者也。然后联"常"字似宜易以"空"字，更稳切。

车夫之言

　　三十三年六月十日傍晚，挈龙珮散步通衢，遇一人力车夫，踞而数其所得之钞。余因询以日得几何，曰："最多不过三百元，尚非每日皆可拉也。（上海人力车一辆，率二人分朝夕拉之，亦或分前后日拉之。）少赚时，日止百馀元，而一饭即须百馀元。饭每碗五十元，两碗下肚犹不觉也，增一蔬十元，实不足以饱腹，然腹不饱即无力。"又指其车轮上橡胶胎已坏者曰："车租每日百元，胎坏车主不管换，修责要我担任，每修要卅元。每日又要打气，每日打气一次要三元，如打两次要六元矣，与行主理论，不顾也。"又曰如每日要多赚，即指其腿曰："要靠此。"余又询其家口几何，曰："三人。"余曰："皆赚钱？"曰："只二人赚钱，其一乃母亲，不能算也。"余几为之泪下。於乎！此真正之社会基本分子，其生活之状如此！许绒夫亦谓尝共一人力车夫语，车夫谓："现在车钱以十元起码矣，但生意更坏，不坐车者多也。"噫！何以致然耶？谁之罪耶？

吴待秋画

旧书画家每欺常人不识，便率尔与之，此恶习也。此习于以鬻书画为业者更甚，上海之以鬻书画为业者尤甚，然则实自承其弊耳。盖欺人率尔，久之即己之技能不复得进矣。余父执吴伯滔先生擅绘事，顷从徐益藩见其于聚首扇上所绘，似任伯年、胡公寿而较雅。其子待秋澄鬻画上海，三十年致巨富。盖小康之家以上，壁无待秋画若有不足者。故待秋蜷居一室，妻孥满前，寝食于是而挥笔不辍，几于废交游矣。然其画日劣。余六十初度，姑之孙唐莱安、庆安兄弟以二万元求待秋写《石屋图》为寿（三十三年），待秋故知余，自不致故为草率，然此幅上下有些些云水，馀悉为山木填塞矣，皴法亦无可取。盖由沪地商贾实不知画，以满幅皆笔墨痕为贵，习久遂不能自改。然余曾于西藏路联华银行见待秋所绘梅花及蝉柳两幅，殊有父风，是非无本领也，习蔽之耳。

画可复定乎

吴湖帆之弟子各展其所画以饱人目，余亦往观焉，极佳者寥寥，而出售者已多。详察之，盖所谓捧场者也。最奇者有数幅黏小纸，书"某某先生复定"，并有黏上两纸者，此示有好者须"依样画葫芦"也。余谓言艺术无论作者手段如何高妙，决不能二三纸如出一辙，否则必影写耳。若赏者求复写，其非赏鉴者可知。昔之画影堂者，自面以外皆影写也，此可与论艺术耶？昔金拱北负画名，尤擅摹临，然其摹临也，乃制一桌，以两层玻璃为面，而夹古画于其中，玻璃面下安电灯焉，以此毫厘毕肖，而拱北于五色又求精选，故见者以为真。然拱北自出手者遂无一可观，盖皆影堂之类也。

为政当从根本上办

《落花春雨巢日记》云："周缦云来候，并谒相国，涤师与久谈，因蒋益澧被劾有交吴棠查办之说，遂及吏治。言：'蒋做官，做一衙门，将一衙门经费裁尽。到粤抚任，裁去韶关陋规，形诸奏牍，而别提藩库每月千五百金、运库每月千金，作抚署办公用，反较所裁之费为增。其各属出息，亦一并严禁断绝，不准收受。在浙，民间虚声颇好，然其人太不正当。'周问：'丁日昌闻亦精励为治。'师答曰：

'微有其风，而视蒋则中庸多矣。伊如要去尽属吏饭碗，我亦不依。须知天下人饭碗万不能无，汝去他一饭碗，他别寻一饭碗，于公事无益，不过百姓吃亏而已。'"

余按：国藩言固未尝尽非，然蒋益澧裁陋规而办公费支用库帑，不可谓非正当办法。清代行政经费本无详细规定，而下级官者縻于承应上级官署之供给者，多不能正式报销，即正当之办公经费，亦有不能尽邀核销者，故多恃陋规为挹注，而官因得以自肥。自此名一立，贪婪之徒无所不至，直可括尽地皮。且官以之括于吏（吏谓当时衙役，官之爪牙），吏以之括于民，层层剥削，其弊甚大。然不从制度上根本解决，而徒言撤陋规，则甲方裁而乙又兴矣。若谓因"人万不能无饭碗，去他一饭碗，他别寻一饭碗"，遂置而不问，则岂为治之道哉？大氐彼时官俸过薄，行政经费无适当之规定，不从根本上改革，而枝节从事裁禁，则所谓"于公事无益，不过百姓吃亏"者确为至论。然言治真难，余备员浙省民政厅长时，主增县长、警长及其僚属之俸，并增其行政经费，然实于公反损而无益，于民仍未能轻其负担也。盖文官制度不立而恶习已成，视做官乃其解决生活之无上法门，故虽增俸增费，仍不能满其欲壑，而所增者彼既视为不足轻重，徒增其合法之收入，是真所谓"不过百姓吃亏"而已。如各县警察所长一等之俸，不过百馀元，而其陋规收入可得数倍，自何贪于区区哉？故欲去弊，必究其弊之由来。而良法之行，尚有藉于教化之行，法令之严，长官之能以身作则，不然，属吏阳奉而阴违，既为所蔽，其弊益甚。然即长官以身作则矣，而无明察之才、公平之度、恳挚之情、严峻之刑、不掣之权，皆不足以矫枉而反正。且如堂高廉远，不与百姓相接触则亦不能济也。

骂人为畜生

《太平御览》四百六十六引《东观汉记》："刘宽尝坐客，遣苍头市酒，迂久，大醉而还，晋曰：'畜生！'宽遣人视奴，疑必自杀。"按：今绍兴杭县骂人亦然，苏州、上海则曰"众生"，皆最辱之词。故宽疑奴必自杀，盖虽奴犹不能受也。然今日相晋者，不以为至辱矣。

日本之畸人

夏丏尊家壁上悬有日本人天香者所画一，而题东坡"无一物中无尽藏，有花有月有楼台"两句。丏尊为述此人今已七十馀，其生当在其国明治之初，未尝卒业中学。时有大贾共向北海道为实业之创举，召人往襄其事，此人即应募而往，为厂中司事，颇能周旋劳资之间。府知事某奖其为人，书以勉之，并赠以前辈所著，中有述及处世宜以谦让为本务者，读而深思，若有所得。及循资晋位，竟任经理。

然此人烦恼顿炽，以资方志在多财，劳方旨在分利，其志不欲助资而抑劳，而其境须扶资而敝劳，于是无以两全，忧心忡忡。适其家中落，日本旧制，宗子掌其财产权，庶子不得而与。乃其家宗子不谨，将败其产，庶子乃集而议维护之方，此人但曰："我欠人者还人，人欠我者讨而还之，不得亦无法也。"庶子共嗤诟之。此人拂袖而退，歇于街亭，暮夜不归，无所得食。翌晨闻儿啼甚亟，而有一妇自工厂拥其双峰疾趋而入儿啼之舍，儿声顿绝。私意来者定是儿母，儿已得乳，故不复啼。遂蹑迹而往，作窥墙之举，乃果如所意，因大感动，以为此是人生真理，儿饥则需妇乳，妇乳不泄，亦行苦痛，两相需求，各得安全。于是立志取人之所弃，不分人之利以自私。

然饿愈二六之时，腹作轳辘鸣矣，亦不求食，忽见有载米而过者，器坏，米零落于道中，车人亦不顾也，乃出佩巾就地拾而纳之。行数十步，适一药肆，主妇方启门而出，此人固誉驰于乡里，人尽识之者也，乃询何故晨行，并邀之食，此人告以故而辞食。妇苦致之，则曰："诺，但愿以吾巾米借一炊耳。"妇亦曰："诺。"顾将地所得，才足一餐，及食既毕，仍还亭次。思之再三，亦无善计，而日又西驰，肆妇复来邀食，辞复坚矣，妇亦输诚不已。此人乃曰："诺。但须我省可食者而食，不以强我也。"遂往周其庖厨，簸敦所馀，不置一顾，及见釜中有涤釜沉淀之馀食，乃乞曰："此若所弃，我食之可也。"妇亦无如之何。留之宿，亦辞。留之坚，则曰："容我省可居者而居。"又择其陋且弃者而寝其中。明日则起而代其家掺彗帗洁庭除，将以偿其宿食之惠也。时肆妇新寡，肆友欺之，药材狼藉，损益不入其心。此人既为收拾，友亦不敢复慢。无何，妇治蔬设屋，必欲此人迁宿而致膳，其词曰："自先生寓我家，我家业得不堕也，敢不报先生耶？"此人复谦让焉。既而自谓得术矣，初则清各家门外之垢，人以此皆招而食之。既而凡人须其助者，虽秽而劳皆不辞，于是食宿皆得给而从之者众矣。此人乃条理其所思，为词以晓其从者，浸立教条以相守，而从之者益众矣。乃有所谓一灯园之组织，渐成宗教性之团体。各方施与，则立簿籍，谨出纳，不以为园产，而别置所司，曰："此代为管理而已。"其行实兼佛老耶稣而一之，自言则曰："吾得益于老聃也。"

往年来上海，丏尊犹遇之，谓之曰："闻君颇为资本家所重，往往藉君一言以解纷，将毋使人疑为利用耶？"此人曰："然。吾止知为人当如是而已，果利用我耶？谓我被人利用耶？我不以为介介也。"

余谓此人殆诸夏宋钘之流也与？其不满于其国现代之社会，而其术卑卑，盖未闻大道，使早得马克斯之说而读之，必将有以自处而处世矣。

附录 1： 1913 年《时事新报》
连载之《石屋馀渖》

1. 咸丰间戊午科场之狱，大总裁静涛相国柏葰伏大辟。有为上言，宰相大员当优予赐帛。上曰："此祖宗法，奈何坏之！且朕杀总裁，非杀宰相也。"卒正法。临刑日，朝臣二品以上莫不匍匐菜市口跽送，皆相国门生故吏也。余祖考即相国戊午所取士。相国之死，肃顺竭力构之，后得任侍御兆坚奏请昭雪。

2. 汤蛰先京卿不善作大字，而慕名者罔不欲得一字为荣，遂倩王、邹二君为之捉刀，即京卿赠人之笔亦无亲书。往年与张季直殿撰偕行，北上抵汉口。逆旅主人以二君名满海内，出楮墨各求一联。殿撰知京卿之不善书也，故激之曰："蛰老先书一联，某即奉陪十联。"京卿不得已先书，自谓："惟此一联不倩捉刀耳。"

3. 衢州总兵方某，湘人，好色。每于署中演剧，键门，嘱门者惟内妇人，即择以为侍。后获一姬，甚妖淫，即死此姬手。然镇衢日威望甚著，盖某尝与中法之役，某战独以捷闻者也。然知其事者谓某实已遁，惟一纛尚高悬，法军远见之，以为某军独在也，遂勿追。而某即自称于人，且见报章矣。

4. 英雨亭太守言：相传康熙间有南士求科第，入京未第，作归计。某夜忽款门声甚急，开户询之，则健奴数辈，云有某富翁欲延师。士方诧异而主人既至，殊昧生平，谓士曰："闻先生道德文章矜式乡里久矣，有犹子愿托教焉。"士谦曰："某南方下士，求名不遂，行且归，何足为人师？亦复不愿也。"主人固请曰："家嫂寡居，惟一子，欲求善师教之。先生即居此静候来科，亦复不寂寂。"因再三申请。士思光阴过隙，居此以待三年未为非计，即从之。主人固谢，临辞告士云："先生姑待此，某夜当遣人敬迓耳。"士唯唯，继思来者兀突，转滋疑虑，亦姑待之。

某夜，果来苍头鞚马请士乘，健仆四五辈舁行李，高烧长炬而去，所行皆平生未经由之路。俄抵一宅，崇垣峻宇，委折至一室，仆卸行李，士下乘，止此焉。嘱士曰："先生勿胡行，饥渴当语奴辈，吾主须夜至也。"士怪之。翌日，主人果率弟子至，则发鬅鬙仅覆额，拜谒如礼。主人谓士曰："家嫂颇爱子，日必宴而起，且愿先生勿挞也。"自是弟子必日午而至，顾颖悟非复常姿，士亦尽心教之。主人供奉丰腆，间时来慰岑寂，家寄束脩辄不经士，岁得家书，云已收银若干，报平安而已。如是忽三年，一夕主人至。士言今欲辞赴大比，主人不肯，曰："先生何患不腾达？且再教吾子三年耳。"士无可奈何，如是又三年，不禁有怨望之辞。于是主人来道谢曰："吾子承先生教，已能自成人，先生急功名，不敢再留矣，当敬送先生耳。"士大喜，遂屏当静待。

某夜，前仆复导至一处，曰："先生姑待此，天明而行。"俄闻传呼召见，即有宦者服四五人来引士，所过皆仑焕殿陛，惊不自主。至一殿，有踞龙座者，微视之，乃弟子也，于是大惧俯伏。俄传玉音叫起，并赐词林官。乃出，汗渗湿重衣矣。

（以上四条见 1913 年 5 月 7 日）

5. 某知县需次浙江，受知于某巡部，而积忤于将军某公，思以中之则非其属，屡讽于巡部，辄为左袒。某年元旦行朝贺礼，归，将军即具章劾知县朝贺失仪，当大不敬，为巡部且负失察之咎，不敢回护矣。内果以让巡部，巡部愤懑而无可奈何。其从者偶语于酒肆中，为某讼师所闻，即大言曰："了此只八个字足矣。"从者惊询之，则曰："何易言耶？予我三千金，我即传汝八个字。"从者阴以白巡部。巡部喜，诺之，讼师曰："试于奏牍中加'参列前班，不遑后顾'，则巡抚无事矣。"巡部思之良，遂入奏牍，而内果又转诘将军。盖是巡抚、将军朝贺皆前列，不能顾及末吏。若将军亲见此令失仪，则将军亦自失仪矣。将军以此失职，而巡部与知县皆无事。所谓刀笔吏，真可畏也。

6. 杭州傅某，少年投太平天国军中，隶某王部下为治文书，言军中极重文士，食辄方丈，呼以先生。又言军中自头目以上，辄有妻四五人，若王则拥抱至数十人，率夜同一榻，其裯衾皆宽十馀丈，食则举乐，聒耳不休，临卧亦鼓吹云。

7. 蒋果敏（益澧）之复杭州也，其驻师，西南则清波门外翁家山，东北则钱塘门外宝石山。是时城内洪杨军尚十万人，果敏仅二万人，亦号十万，为五色帜，衣亦异色，使二万人绕苏堤自北而南，日二番，番必易衣、帜，若为有十万人者。城中不审虚实，且日忧无给，遂溃。

（以上三条见 1913 年 5 月 8 日）

8. 杭州精忠里有银瓶井亭。《湖壖杂记》谓："武穆季女，当武穆被难，女欲叩阙上书，逻卒拦止之，遂抱银瓶坠井而死，故俗呼银瓶小姐也。"《闽中摭闻》："岳武穆幼女许配高东溪登四子，武穆被收，遂抱银瓶赴井死，世传银瓶小姐是也。案：东溪，漳浦人，亦以忤桧削官，徙容州死，朱子尝疏请褒之。"《樵书》："孝宗时访求岳氏子孙，褵褵以上皆官之。女少者候嫁，则官其夫。按：武穆有女安娘，女夫高承祚补承信郎，岳云女大娘、岳雷女三娘俟出嫁日，各补其夫进武校尉，并载《金陀粹编》。则银瓶殉父之孝，宁不经御旨褒赠？"《宋史》或疏阙不载，倦翁为武穆孙，而径没其姑之孝节，有是理耶？承祚不知即东溪四子否？若然，则幼女即安娘，无抱瓶死事明矣。故赵仪姞女士《南宋宫闱杂咏》曰："流传谰语竞称扬，坠井鸣冤事可伤。怪底荆驼家乘在，银瓶不纪纪安娘。"盖亦辨其妄矣。岂有他女子死其处而附会之耶？然数百年亭栏崭然，女士过者必指画为孝女井云。

9. 说部虽鄙俚，亦顾有所本。《封神传》本《史记·周本纪》，《水浒传》本《宋史·张叔夜传》，人颇知之矣。余观《飞龙传》宋太祖千里送京娘，《希夷志》宋太祖访陈抟、走失六鸟等事，皆出一宋人"甲癸摅谭"等书。

10. 左宜之知县，以庶吉士散馆得浙江知县。年仅逾冠，始谒某巡抚，巡抚视其年甚少，谓之曰："何不且在家读书，亦来此宦海滋味耶？"知县答曰："某颇愿留馆读书，奈皇上命某来耳。"

11. 嘉应丘仙根主事逢甲，近时诗人也。顾其状貌魁梧，声音宏壮，见者以为武夫耳。主事初为台湾人，台湾独立时推粤西唐巡部景崧为大总统，主事为副总统。会台湾割于日，巡部归粤西，筑台以诗自娱，伦哲如知县尝诵其厅事一联，甚佳，惜不记矣。主事改籍嘉应，遂入甲科。时杭州高子衡观察尔伊在台与其事，盖搴旗创议者即观察。

12. 伦哲如知县言其乡某家尚藏有唐阎立本画《盘古开辟图》，为工笔之神者。又余所见宋北院马进绘《庄子像》，颇类吴道子。《孔子像》曾藏龙游余氏。

13. 瞿冕垓中书士勋云："靖江城东有老银杏一株，殆数百年物，尝见两次发火，树殆无伤。"此与赵殴北《檐曝杂记》所记常州学府中银杏自焚同。然余见杭州清泰门外一老树，根干旁薄，一夕自焚，邻近惊为火警，此树遂即焦萎。则非银杏亦能自焚，但银杏无伤耳。

（以上六条见 1913 年 5 月 11 日）

14. 文宗崩时，遗诏慈安及恭邸得处置慈禧。慈安以穆庙亲慈禧子，遂引与共政。慈禧始颇惧慈安，及慈安有不决之政，慈禧辄为之一言而断，慈安反资为臂助矣。一日会烛下，慈安谓慈禧曰："吾与若亲若姊妹，何事不可言？"即出遗诏示之，慈禧色变，跪而涕泣。慈安掖之起，曰："若无惧，吾焉用此？"即引火焚之，而慈禧自此肆矣。传慈安之崩实无恙，食慈禧所馈一饼耳。

15. 永嘉徐班侯御史定超笃于友谊。庚子，尚书徐用仪、侍郎许景澄、太常袁昶以不附端邸被害。赴难之日，三公不自知当辟，端邸召议事，三公皆朝服，既入，遂扃不得出。俄发诏狱，俄传旨赴西市。御史闻之，往告太常家，又奔赴诏狱视之。及太常既被害，独护其尸，视收殓而后去，庶有东京之风矣。

16. 袁、许、徐三公丧过上海，一时哀挽之词多名作，外人皆致花圈为敬，有数妓设奠所当过道侧致祭，亦当时所创闻云。

17. 山阴王辅臣郎中焕初，与寿山将军为密契，寿山留守黑龙江，延郎中于幕府。时正义和团势盛，郎中素为留守言其妄不可信，留守左右有通团者恶之，留守亦不能坚持。郎中知不可而去，甫离会垣，团魁诬为通洋，迫留守逮之反。留守伪为复挽留者，坚致会垣，杯酒未罄，即命加刑。郎中嘿不一言。有见之者云："郎中临难，仅衣白布袭衣一袭，首冒以白布。刑毕，掷尸坑中，后来不复能辨识矣。"郎中为余师逮新解元伯兄也。

18. 满洲亲贵惟柄枋者多以贿致富，馀几窭不能存，而府第崇闳，监卫森严，上且时赐宦官、宫女。俸不能给，于是即府中辟私门诱致宦客，为色饵之计，虽福晋、格格亦为之。杭州某孝廉公车入都，一日雇车有所之，顾不识道途。御者即挽至一宅，绐其入，一叩户，即妙嬛来迓，导入香巢。孝廉知误，而不由自主，遂有满洲宫装妇人，年可三十许，来相款洽，水陆并陈，一如海上平康之习，殷勤酬酢，不觉颓倒。俄闻传呼"爷来"，妇人出作满洲语，不知何谓，即返复入，是夕止宿，不得归。翌晨，倾囊留百金券而出。询之逆旅主人，则某王邸也，坚嘱不可声张云。

19. 幼时闻先子云，满洲贵族，自王公至黄带子贫窭者众，每百官入朝见陛，廊间有衔旱烟管蹲而吸者，衣服蓝缕，外仅一礼褂，亦悬鹑百结。然朝官虽殿、阁、尚、侍见之必打跧，而彼竟不答礼，盖皆亲贵也。

（以上六条见 1913 年 5 月 13 日）

20. 余过西安，从余樾园绍宋求《龙游县志》读之。樾园故龙游县人，客居西安者也。《志》中载，龙游县北四十五里乌石山上有招庆寺，绍兴丙寅张魏公放连州，过此题壁，明年岳忠武赴江右道，出题木桌云云，署绍兴三年十月初三日。余考《忠武集》《金陀粹编》《续编》，皆不载。《粹编》云，王以绍兴三年九月至行在，即授江西沿江制置使。其趋江右在十月，不诬也。惟丙寅为绍兴十六年，魏公放连州在乙丑，或其过衢在翌年欤？若王以三年题此，安得为丙寅之明年？况魏公放连州，忠武已为秦桧所害。志乘传讹若此，修志者当博雅也。

21. 余见东坡墨竹一帧，上题"元丰丙寅作于喜雨亭"云云，知必赝物，顾有项子京印一方，犹以为作伪者所仿，又有宋牧仲书画鉴赏印一方。绢本疲损，色复古黝，遂姑购之。及归检《宋史》，丙寅已为元祐元年，是时玉局内召掌制矣。又购得南海陈子壮飞白书七言联，下一印曰"丙辰进士"。考《明史》，则公系己未进士，《题名录》同。夫作伪者必至巧，然皆败于一二年间，何耶？

22. 相传龙游某山中一人幽居不出，殆数百岁矣，云是李闯军师宋献策，所谓矮脚军师者也。洪杨前，忽出至山外，有人见之，戏呼其名，即仓皇遁去。后不知所在。

（以上三条见1913年5月14日）

23. 杭州凡属轿夫，必有一人投帖承揽，谓之答应。又通名仆曰当差、曰长随。按：答应、当差、长随之名，均见《明史·职官志》，宦者职也。

24. 嘉定黄陶庵先生后裔悉遵其先训，以耕农为职，虽读书，无应试者。瑞安黄漱兰侍郎体芳督学江苏，亲求一人应试。此人入场，夜见先生责之并墨其卷，遂惧而出。侍郎叹息而已。

25. 江北某地，人尽为道士装，云二百馀年于此矣。盖亦明室遗民之后也。

26. 杭州谓沐浴处曰混堂。按：《明史·职官志》有混堂司，宦者职，掌沐浴之事。

27. 余丙午至广州，是秋飓风大作，香港被损尤甚。余舟过香港，有船桅出水面丈许者四五杆，盖即荡沉之英吉利国轮舶二艘也。戊申暑假归，及秋再往，适又遭飓风，是年则省垣害烈，珠江画舫半被击损。倪云癯《桐阴清话》谓道光戊申八月、九月广州两次飓风，于兹正六十年。吾浙辛亥水灾，故老谓前一辛亥亦曾如是，然则天道六十年而变者，果足征与？

（以上五条见1913年5月15日）

28. 清世祖太后下嫁摄政王、睿亲王多尔衮，张苍水诗所谓"春官昨进新仪注，大礼恭逢太后婚"也。闻当时百官贺表出钱蒙叟笔，今藏虞山瞿良耜大令处，亦修史者所必资矣。

29. 江山多望族。柴氏者，周世宗后，世为宋仪宾。乾隆中有柴大纪者，立武功封侯，为福文襄所害。又有徐氏、郑氏、毛氏，宋明间多闻达，独清一代无显宦。明亡，江山犹保残疆。清顺治丙戌，江山奉闽正朔，称隆武二年。江山知县方召邻[1]，清兵至，不屈，投井死。后人葬之景星山，而竖石井上，曰"骨冷泉香"。井在县署侧，余曾展礼之。

召邻，安徽宣城人，施愚山为之传。

30. 余过江山郑氏祠堂，颇宏壮阔丽。郑氏故富，乾隆中有名某者，仕宦至江苏知府，好诗、饮酒，颇藐上官，积忤之，而属吏某能诗，得罪某，曲纵之，遂罢归。饮酒为诗不辍，尝有句云"清风不识字，翻我案头书"，又咏明制茶盏云"反掌复见明天子，逐尽胡儿方罢休"，又咏紫牡丹云"夺朱非正色，异种亦称王"（此联相传实金圣叹句）。某有僚揹二人，甲亦文士，乙贫而鄙，尝聚饮搏战，某辄喝"四"以辱乙，盖乙试尝居四等也。乙憾之，首于官，以某诗中有叛逆语，遂逮案严治。某倾其家得免，而郑氏遂衰落矣。

31. 句曲外史张伯雨墓在杭州清波门外十里许饮马桥西，俗名五老峰下，岁久已圮。十年前，公为修葺，李幼梅观察题其石。忆某书中谓，曾有发其棺者，见其指甲绕身，如枯藤云。

（以上四条见 1913 年 5 月 16 日）

32. 广州丙午之飓灾，先是有粤人旅香港者，谓人曰："不十日且发飓风，吾见风头在三百里外矣。"已而果然。又闻，有人能于越王台巅俯观行人所张扇中细书，历历诵其句。台高且二十丈，下察人仅尺许，不知何以竟能明了如此？

33. 《垂绥录》载，齐次风侍郎目光能瞩一二十里许，至杭登凤凰山，视隔江西兴渡人物，历历可辨。此又殆过之矣。

34. 吾平生所睹长须一人，乃上海泗泾路西一履肆主，须白如雪，分两股沟辫之，长殆及膝矣。

35. 麒麟世所图皆大谬。谢在杭《五杂俎》曾言，万历中有贡是兽者，形大体类鹿。余于外家见一本，所绘者正如谢言。此本为乾嘉时人所绘，亦系见真形而图之者，惜不记其姓氏矣。

36. 徐子晋《前尘梦影录》谓，于平望凌氏见铜牌二种，一曰"牌入印出，印入牌出"，一曰"得入弟几重门"。余曾于市上买得一铜牌，一面上为"左右宿直将军司"七字，下"左右宿直将军"印一方；一面上中为"奉御"二字，左为"日字第三十二号"，右为"得入第一重门"，下为"从人牌子"四字。不知此是唐牌否？考唐制，左右监门将军检校从人出入；宋则皇城司掌宫城出入之禁，每门给铜符二、铁牌一，又宋有殿直、宿直之名。疑此为宋铜符，非唐牌也。然隋唐尚食、尚辇等官均谓之"奉御"，明则宦者属也，此有"奉御"二字，又不知是明宦者所用者否？

37. 李幼梅观察辅耀，一字和定，藏有宋王梅溪砚。云系某年杭州联桥浚河时淘人所得，观察以百金购之，残其一角，复使求之，竟获成全璧。

38. 余外祖购一歙砚，磨琢甚精，形成古琴，其面前端镌四字云"鞠通夜静"，书法极美。始不解"鞠通"之名，见《培庵漫录》引贾子【云】《说林》："琴中蛀虫嗜古墨，即鞠通也。"此砚不知何人遗物，今藏余处。

39. 余藏一残砚，质亦寻常，然为李抱真遗物，有陈白沙隶书铭、屈翁山得草跋。抱真，番禺人，名孔修，隐居西樵之云谷，尝居白沙门下，霍渭崖最重之。

40. 曹葛民籀，仁和人，以书贾能文词，所著有《籀书》及《春秋钻隧》，一时名士如张仲甫中书应昌、魏滋伯郡教谦升、龚定庵礼部自珍辈皆与往还。余藏其诗笺，书法甚劣，然能作篆隶。葛民晚年狂跱，作《三元通考》，斥杨筱泉布政辈，几被掎摭。有人为之缓颊，令毁其版，遂以疯病告免。

41. 咸丰间，龚孝拱橙以名父之子擅名海上，为英吉利驻沪使臣巴夏礼师。天津之役，英吉利、法兰西联军入京师，遂焚圆明园。教之焚园者，孝拱也。后和约成，外使要挟不得害孝拱，因得免。孝拱书法方严遒硬，银钩铁画，出入颜柳。

42. 陈志之乡举虹，乐清人，公车北上，一日宴于某所席上。一豪客在焉，众询以走遍南北，亦遇劲敌否，客摇首曰："难言也。余自谓馀子碌碌，非我师，殆无出我右者。某年北上，以余师相阔十馀年，将便道往省。一日驱车出驿，有两妮子驾犊车迎面而来。余视之，一男一女，男弱不过十龄，女可十二三耳，谓可戏也，阻其所之。女怒曰：'吾辈早行，干君甚事，阻之何意？'余笑谓之曰：'喜！若辈可儿能往者即往。'男捉女袖曰：'姊何絮絮，是人恶贼耳！'女谓余曰：'观君亦是豪客，殆欲斗耶？'余曰：'幸甚！'女曰：'徒手乎？械耶？'余思不如械。女即持一短木棍，男持其稍长者，往还数回，余颇惊讶，竟被逸去。比明日，抵师家。师喜甚，命子女出拜，乃即此两妮子也，一笑而入。余乃为师贺。生平所遇，惟此耳。"一座叹异。

（以上十一条见 1913 年 5 月 17 日）

43. 大沙头之焚，山东李观察益智毙焉。观察初官吾浙，以徐锡麟、秋瑾案欲邀功。是时为陆军第一标统带，率兵渡江，多所诬陷，暨为浙人所斥逐，乃投海丰张坚白巡部于桂林。海丰故与同乡，亦重任之，委来广州办军装。且行矣，是日午后，观察往城北天平街某君寓，邀某君同赴花舫夜宴。某君素厌狎邪，不应。观察出，蹀躞街上，欲行又返者再三，卒返某君寓，坚邀之。是夕遂同焚焉。人多以为若或使之也。次日获尸身，衣狐裘，有一妓鸱哭之颇恸，并为延僧忏悔。后海丰欲为请恤，商于督部丰润张安圃尚书，尚书甚痛诋之，且以在国恤期而职官敢于狎邪，当劾，何恤？是时正景庙、孝钦相继大行未逾百日也。

44. 广州某巡检署特宏伟，埒司院，且是巡检系衔，必特授。闻始自雍正中，某公为世宗旧人，特卑是官，后遂相沿。李孟芙《春冰室野乘》记，富阳蓝某为内阁供事，由世宗特旨补授广东河泊所官，当即此事。

45. 广州北门外二里许山巅有二庙，曰东得胜、西得胜。余游东得胜庙，知是地为尚、耿二王驻兵处，后建庙纪功，神像都塌，有大钟一、碑一，皆镌纪功辞。余慨然为赋一词。庙门外多野冢，又大炮纵横无数，云咸丰时所用也。

46. 广州北门外里许有宝汉茶寮，盖是寮主人尝于此得南汉宫人墓志，遂筑茅藏之，金湛生、汪玉泉等均记之矣。余至时，石已不见，惟有木镌者供人瞻玩。寮在大道旁，三面皆稻塍，覆茅数楹，略支篱壁，呼酒便至，招山欲来。肴有西湖鱼者，即仿杭州醋溜鱼也，然不中烹调。时有鲜虾，余辄仿杭州醉虾法制之，味殊无异。庖人效制，自是常以供客，可谓自我作古者矣。

47. 有数处祀土地者，必于门前席地为龛，粤东亦然。

余见郎《七修类稿》谓，明太祖微时，至一酒肆，适座已满，太祖即撤置土地偶像于地，而据其龛。太祖去，肆人复奉还之，夜梦土地神告曰："皇帝命坐地上，请即复我地上。"然则殆有所祖与？

48. 土地当即后土，据礼，非庶人所得祀。又民家常设"天地君亲师"位，或称五祀之神，张杨园先生常议其非。天、地，古礼惟天子祭之。君、亲、师皆生在，何故祀之？况亲故则有家庙。地神之外，又祀土地，要此皆当废除。师则祀孔子可也，然必专有飨室，否则宁不祀，毋亵祀也。

（以上六条见 1913 年 5 月 18 日）

49. 广州食物之异者，如食蜈蚣、毒蛇、猫、鼠，皆谓味至美。食蜈蚣者，自其尾一吸而遗其蜕。食蛇者，置大小毒蛇于铁笼中，俟其相啮，弱者尽死，其一仅存，乃食之。以蛇与猫并食，谓之龙虎菜。以鸡与蛇并食，谓之龙凤菜。食鼠则其来已久。《倦游录》云："广南人食鼠，谓之家鹿。"

50. 道士所用符咒，上标"急急如敕令"五字，乃汉时公移常语，传自张道陵者，见《云麓漫钞》。又，道士所用令牌，上书一"罨"字。考《宣室志》："裴渐隐伊上，李道士曰：'当今制鬼，无如渐耳。'时朝士书'罨'于门。"当始此。然方密之引《博物志》《汉旧史》"傕立桃人、苇索、沧耳、虎"等，谓"瞽"盖沧耳，未识方说然否。

51. 清时冠服用满洲制，独士子初入庠服襕衫。《坚瓠集》云："明初秀才襕衫，前后飞鱼补。骑驴有伞，绢用青色，止一围，门斗随之。"则是明服也。举人谒客亦然，张青绢伞，秀才则否。按：相传有"生降死不降，老降少不降，男降女不降，妓降优不降"之说。故生必从时服，死虽古服无禁；成童以上皆时服，而幼孩古服亦无禁；男子从时服，女子犹袭明制，但自嬗变耳。独不解"妓降优不降"之说。秀才、举人之服明服，又不知何故？

（以上三条见 1913 年 5 月 19 日）

52. 杭州俗，于人死后延阴阳生为测魂魄升降之高下，魄降若干丈尺，即得若干日。其日谓之煞日，云死者于是日归家，有煞神随之。孝子慈孙辄以死者属纩所服衣冠，假为形状，号泣而奠之，谓之接煞，亦曰回神。按：回煞之说，自唐有之，《吹剑录》"唐太常博士李才《百日忌历》载丧煞损害法"，然知礼者不当从也。

53. 中国古计时法用铜壶滴漏，今广州布政司前有双阙，为南汉时宫阙，其上阁中尚存此物，每易一时则悬牌示众。然自西洋计时钟行，更无人理会此物。计时钟始明季，利马窦自西洋携来，然元顺帝制漏已极精。又《唐书·西域》拂菻国，其王城第二门之楼中悬一大金【称】〔秤〕，以金丸十二粒属于衡端，以候日之十二时；为一金人，其大如人，立于侧，每至一时，其金丸辄落，铿然发声，引唱以纪时日，毫厘无失。按：拂菻即大秦，今为罗马，然则唐人已见之矣。

54. 夏子松侍郎同善与祖考为异姓昆弟，谓穆宗时常伴读，衷一计时表私视之，为上所见，询是何物，侍郎直对，穆宗取而碎之，曰："无是物即不复知时耶？"又谓穆宗以热河之耻，切恨洋人，尝命太监制洋人偶象排列案上，以小刀斫其首，曰："杀尽洋鬼子，杀尽洋鬼子！"

（以上三条见 1913 年 5 月 20 日）

55. 咸丰庚申之变，绍兴府尽下，而诸暨之包村独坚守不破。曩见《中国秘史》中曾一记其事，余友冯小洲为言，其先德与包某为中表，包既被困，求救于苏松太道某公（似是应公宝时），某公谋于属："谁可使者？"冯自白与包有雅故，愿受命。是时，洪杨兵围包村者十重，冯历数险达包所，包甚喜，留之，为言："大兵急至可救，吾力可十日守耳。"乃导冯观其营垒，略似八阵图，为指画攻守。方语未毕，急勒冯倒地，则飞弹漱漱，掠面而过。包曰："是敌中某将号神枪者也，谋吾者数矣，惟吾能避之。"冯宿其营，一夜凡数徙。一夕倏起，令军中急备西北，有非常。俄，敌果冲西北，有备而返。其营外环之以濠，设机穿其上，有探者入辄觉，往往杀其人。择面似者教以术，即使探敌情，得其虚实，避实击虚，无不得利。一日召冯泣曰："吾事不济矣！敌尝啗我重利，欲我不为梗，吾不许，兹空绍兴一府众来决一战。吾力已弊，且不忍重伤我乡人。吾去矣，兄欲去则请今日即出。"装□冯效敌人所为，指其途而别，遂不知包所往。

56. 徐少梅训导其前夫人邹氏，钱唐世族，咸丰辛酉殉难。训导自后每疾，则夫人侍其前护持之，及将愈，则不见。训导殁之时，夫人久见不去，家人【有】乃知疾不可为。

57. 今人谓男子戏女子曰调戏，然宋高后谓吕大防等曰："老身没后，必多有调戏官家者。公等亦宜早退，令官家别用一番人。"

58. 《玉烛宝典》：秦避始皇讳，以正月为端月。《通考》：晋王羲之之先讳正，古法帖中谓正月为初月。

59. 今日驱暑之电气风扇可谓极艺之精矣。然《天宝遗事》载："王元宝家有一皮扇子，制作甚质。每暑月宴客，即以此扇子置于座上，使新水洒之，则飒然风生，巡酒之间，客有寒色，遂命撤去。明皇亦尝差中使取看，曰：'此龙皮扇子也。'"案：世安得有龙皮作扇子，惜其法不传耳。

60. 西人辄造冰为夏日御炎之具。《天宝遗事》载："杨氏子弟每至伏中，取大冰，使匠琢为山，周围于宴庭间。座客虽酒酣，而各有寒色。"然冰盘藉尸见于《礼记》，则制冰之法古矣。

61. 龙数见于载籍，而近人以为海气凝洹所幻，实无是物。吾友诸暨冯小洲乃谓亲见龙斗蛟，似牛，产于山间，蟠屈土中，一年入地一尺，入至寻丈，则发水足以淹没庐舍矣。樵人辄于雪后寻其所在，掘而食之，谓味甚美，且除灾害也。必于雪后寻之，以蛟所藏处，其上独不积雪也，亦异矣。

62. 韩昌黎《进学解》，后人以谓仿《解嘲》也。然《朝野佥载》记隋辛亶为吏部侍郎，选人为之榜，略云云，其体一如《进学解》也。

（以上八条见1913年5月21日）

63. 鬼神，达者所不道，然亦可异焉。余伯考之次子，年十一二，以上元出门观灯，返入厅事，由甬道达内寝，有掌其颊者，哭诉，祖母使人烛之，阒无物也，遂病殇。余妹年五六时，每游大门返，辄寒热交作，口喃喃如有所语。母以纸锭焚之，问掔否，辄支其手曰若干。于是遂安卧，不时许，病即去。余考病革，同居者闻叩二门甚亟，开之，无有，而余考遂弃养。庚戌，余迁居福圣庵巷，楼屋颇阴凛，室人居之不善，余始嘻责之。有顷儿子皆病，日夜不卧护持，皆无术。二儿移住楼下，三儿始育，随乳奶卧楼上。楼下儿稍安，即楼上儿若迷，楼上儿安，楼下儿又怪啼。如是数夕，家人悉疲殆，乃亟移寓，而两儿皆愈。后始有人云，是屋尝有缢死者，居人恒不能久住。又甫移出，而余外祖所卧室壁倒，否则七十老人殆不免矣。然余年十四五时，尝喜午夜仗剑走丛棺厝处，冀有所见，乃反无遇。

64. 己酉正月初九日，广州珠江妓舫灾。妓舫所集地名大沙头，画舫楼船高者出水面十丈，宽可三间屋，近制辄仿西域式夜燃煤气灯，光明烛天，从岸上望之，水陆莫辨，笙歌所萃，游踪武接。是年一烬，迷楼□阁，悉付东流。先是，上一年飓作，各舫荡激江上，损害颇烈，遂以铁环联之，殆如比岸，两所衔接，括道纵横。及火起，仓卒不复能解，东北风急，遂不可制。是时，各救生轮舶以火烈风猛，均不敢近前。所获尸身，辄以辫发系舶，两旁槛上累累皆人头，男犹目加金暖靆，女则珠络缨髻，可谓真个消魂者矣。焚三更许始息，犹馀下驷两三艇。余翌日往观，乃有歌管声出漏舟，而依红偎翠者遂集于此两三艇中，亦可异已。

65. 余见《吴县陆氏家谱》，其始祖乃齐宣王少子，名通，母为无盐。其某【始】〔世〕祖乃秦丞相李斯女弟夫，似五世为汉太中大夫陆贾。又见诸暨城内金氏宗祠，所奉始祖为吴大帝，惜未一询，订之司马也。

66. 归安朱梅叔翊清所著《埋忧集》第六卷，附记周忠毅公蓼洲尝为杭州司李云云。案：为杭州司李者，周公顺昌，字景文，号蓼洲，吴县人，谥忠介。忠毅，乃周公宗建字季侯，号来玉者谥也。然忠毅亦尝为仁和令。

67. 魏祝亭《壹是纪始》卷二十二"俗语类"，谓"巧妻常伴拙夫眠"出谢在杭诗案。案《五杂俎》，盖在杭所引唐六如诗，原诗曰："骏马每驮痴汉走，巧妻常伴拙夫眠。人间多少不平事，不为作天莫作天。"魏氏又谓"半跪"始于元，案《说文》："跒，一足跪也。"是正元人所谓半跪，今人所谓"打跒"也。又引《类稿》："杜驯为杭州别驾，遇冬月则令魁肥婢妾骈立于前后，自号肉屏风。"案《天宝遗事》："杨国忠于冬月常选婢妾肥大者，行列于前，令遮风，盖藉之气相暖，故谓之肉阵。"其事在驯前。

（以上五条见 1913 年 5 月 22 日）

68. 山左李齐凤之教累传不绝，其戒律有不纳妾、不沐浴等五事。闻蒙古相国荣庆、江右毛实君督护庆蕃皆奉其教也。荣相国不沐浴三十年，晚始纳妾。毛亦有姬，殆背戒律矣。又有泰州王隰朋云亦受其教，昨年犹寓苏垣严衙前，传授不绝，日常说教襃操莽、抑孔孟，此则与荣、毛所说宗尚理学者异。然实君寓苏州，与隰朋日相过从也。

69. 鄂文端尔泰自浙抚迁桂抚，道出湘江，将入零陵，有中使驰令受诏。时世宗尚束湿之治，中外受命者莫不震惧。文端奉诏欲启，中使曰："上旨，令公抵任后发。"文端如命，及至桂发诏，乃命捕某剧盗，限三日解入都。文端悚息，秘令干吏授以方略，果即获盗，如命解都。文端时以能治盗称。

70. 清世宗为皇子时，任侠微行。相传尝游杭州，将泛西湖，出涌金门，见一书生卖字，颇精八法，即命其书一联，中有"秋"字，易火于左。世宗曰："得毋误否？"书生条举名帖为辨。世宗乃曰："若既博矜，曷为不效举子生活，乃卖字乎？"书生自云："尝举孝廉，贫不能给妻子，卖字求生活，安望富贵？"世宗出囊中马蹄金数笏，曰："吾贾有赢，不如资若求功名，得志毋相忘耳。"书生谢受之，即上公车，连捷翰林。世宗已践祚，一日睹其名，忆是书生，即召入，书一"和"字，易口于左，询之。书生对言讹体，上笑不答。翌日，使奉诏诣浙江，巡抚受诏发观，乃命此书生仍向涌金门卖字三年，再来供职。书生乃大悟。

（以上三条见 1913 年 5 月 23 日）

71. 连书樵尚书二子，长文冲，字冲叔；次文澄，字梦清。冲叔庚子出为江西知府，初为御史，其疏褒义和团，有曰："童子执干戈以卫社稷。"其后为外国要挟，罢官。梦清落拓天津，为新闻生涯。上海梨园所演《党人碑》，乃梦清次其事，汪笑侬审其音也。

72. 相传左文襄久历戎行，自至督抚未尝入朝。初入朝，例免冠叩首。文襄叩首毕，上咨询逾时，命退，文襄领旨即起，忘其冠。上命太监持与之，索三千金。

73. 孝钦晚好人贡献，自军机以下月必有呈，而太监索宫门费，往往昂过其物价。上时有赉，中涓因亦奢求，一食品亦索数十金。故军机大臣虽年俸四五万金，不足供需索之资。

74. 魏午桥尚书光焘，操节清廉，家法严肃，其公子辄命习洒扫，不使有骄贵气。某公子留学日本，朴素如寒士子弟，人不知其为现任总督子也，云尚书给费月有限，不得妄增一文。尚书之去江督也，先是使其公子有事于都，兼起居庆邸。庆邸微露其意，欲假三千金。公子驰书告父，尚书谕斥之曰："吾官可罢，若不义，一介不与。"未几，遂开缺，以粤督周玉山尚书继之。

75. 靖江一悬狱，乃以某家人新死，术者言有煞甚厉，家人悉惧，倩乡中大力者二人代为守尸。其夜，甲先至，欲有以骇乙，即负尸植门后，而身卧其处。俄，乙至，甲起扑之，乙逃，逐半里许，甲恐乙伤，亟呼曰："止，止，是我也。"乙逃愈〔疾〕，答曰："我固知汝也，追汝者何物耶？"甲返视，则尸亦追至矣。乙先仆，甲仆其上，尸又仆甲上。甲乙二家皆控于官。

76. 王文勤夔石相国重听，每朝，两宫有所语，辄数点其首，若许可者，退而询其僚曰："今日两宫何所语耶？"僚官曰："然则公数点首者何耶？"皆为之笑。瞿子玖军机尤时玩弄之。

77. 庚子西巡既返，军机大臣荣文忠禄、鹿文忠传霖、王文勤文韶年皆耄耋。一日朝拜方兴，鹿文忠误践王文勤朝衣，鹿文忠既跌，王文勤亦仆。荣文忠为文勤所挤，又仆，遂皆叩首而兴。孝钦为之莞然，德宗则亟命太监掖之。

78. 俞巡抚廉三罢而再召也，年且七十矣，久扬外官，复卧家二三年。既入朝，两宫垂询，久不胜拜跽之苦，诏起则腿已麻木，亟不能兴，气复上喘。孝钦指椸而谓之曰："汝扶着起来。"竟不能兴。复命太监掖之。

（以上八条见 1913 年 5 月 24 日）

79. 杭州西湖之孤山有冯小青墓，后又有菊香墓。陆次云《湖壖杂记》谓皆子虚乌有之类。宋长白《柳亭诗话》

谓,《小青传》乃其友人吴某所为,其无是人明矣。然在当时已有人信其真者,殆如王舜卿伪造《天禄阁外史》,而焦弱侯选入东汉文,好奇则易受绐也。

80.《格致镜原》,据赵篴楼《榆巢杂识》,谓系文简馆宾范武功所纂。武功名赞,娄县人,长堪舆学。

81.《粟香随笔》载,程文恭景伊薨,上赐挽联云:"执笏无惭真宰相;盖棺犹是老书生。"《熙朝新语》讹"程"为"陈",而《榆巢杂识》谓是联为纪文达挽词。篴楼为文达门人,似不致误,然语气则似上赐,或文达代言与?

82. 汉人往往以师丧免冠持服,后世鲜行之者。杭堇甫尝议谓宜从之,以厚风俗,卒为时势所格。然康熙间华亭王文恭顼龄薨,上谕官员有系依门生者,令其素服持丧。惜未尝著为令耳。

83. 贺县于晦若侍郎式枚,陈兰甫京卿入室弟子,自大鸿胪提督广东学政时,督部为西林宫保,颇相得。丁未,改学政为提学使,西林密奏侍郎任之,而侍郎不知也。一日,侍郎往诣西林。故事,督部、督学平行,舆进中门,直抵大堂。是日门者拒之,谓须换帖来,侍郎乃折而返。侍郎博极群书,弱冠即为宿儒所畏。丁未,广东师范学校试乐清,高心博廪生时主讲是校,出西北舆地题,颇本《新民丛报》之说。侍郎阅之,即曰:"卓如之言虽如此,然考某书某篇尚有异论。"所举原原本本，略无遗滞。西林既□升邮尚，即奏侍郎□用。西林复出，侍郎亦不容于内，乃拜考察宪政之命。及慈禧崩，谥为"孝钦"。侍郎疏言"钦"非后谥，历举往事为证。二十年以来疏奏之体日下，独此疏词旨斐雅。

（以上五条见 1913 年 5 月 25 日）

84. 辛亥二月，尔和以事暂寓余家。当望前二夜，狐鼠喧闹，复多异响，一家各有所闻，几不成寐。十六夕，尔和忽闻大声訇然，出户视之，见有光如弹丸之灼射余家祎室而隐。次日，余伯父之讣至，伯即十六夕卒也。西安张玉田景衡云，幼随宦安吉，与人同居一屋，是屋向为博场，迄不少替。是时玉田甫七八岁，有同居之女亦可十岁。一日薄暮，方嬉于厅事，忽见一人衣服蓝缕，佝偻趋厅隅而没，初谓乞者，呼母来视，无所见，因责其妄。越月馀，又见之，众因疑鬼。盖是厅隅即尝设局处，博者每焚纸锭，祝其赌能赢馀。然则真有所谓赌鬼与？

85. 俗传朱元璋微时，遇相者曰："若须过腹时，即为天子矣。"太祖饮而归，醉以其言戏马后。后一夜中，以己发接之。明日太祖醒觉，自奇之，亦殊无接痕也。余按：袁琪相成祖，曾有此言。太祖此事，觅书记或讹传之，而傅益之也。

（以上两条见 1913 年 6 月 7 日）

86. 西方人未尝尽主无鬼论也，故有所谓鬼学博士者，研究有鬼得名者也。曩闻某国都有一写真店，来一妇人求为摄影，曰："吾明日即行往某地，速为我制成。"店伙拒之曰："明日欲来取易易，顾吾店不为若摄影也。"妇人怒曰："众与若资，吾亦与若资，何故不为我摄耶？"店伙曰："必欲摄，若且以证人来。"妇人益怒辨，店伙必不可，妇人愤而去。俄，偕一妪复至，云其义母者为证。不得已，摄影而示之。妇立踣地阴，乃多一男子影，持刀若欲杀此妇人者。盖此妇人欲再醮，男子乃其亡夫也。近闻夏穗卿之子某云，在美国时见鬼之写影，不尽一鬼，可以罗致众鬼而摄之，不知以何术也。志此异闻耳。

87. 国子监石鼓新旧各拾枚。新者为清高宗所制，以滇中白石为之，文镌鼓面，徒有富贵气耳。虽以原本重镌，而新旧相较，如青楼歌伎学步阀阅夫人也。旧者并不似鼓形，亦不一镌文于腰，其一似中断后为人制作。旧者馀九，亦剥蚀无一完好，石色如黔，似尝髹漆者，且有剥落一片，字尚存片上，若树皮之剥落。然此不可解也。石亦有皮耶？镌刻之初，曷为选石若此耶？然篆刻均臻神品，特恐复数百年灵物仍反为顽石耳。

（以上两条见 1913 年 6 月 8 日）

88. 直绳军门与用清殿撰为姻娅，其奁具至范金为唾壶，亦极奢侈之欲矣。黔中李硕甫主事伟笃嗜学问，性情质厚，所如不谐，常于午夜闭户呜咽，莫知其因。后馆直绳军门所，复不久居，入都，为钱宝臣陆尚所识，荐授主事。

89. 德清俞曲园侍郎樾，名闻中外，日本人甚钦服之。其学朴茂，非袁子才所及，而行谊颇似随园，论者惜之。晚年门下犹杂然，如馀杭章枚叔、平阳宋平子，盖有出蓝之誉。余舞象之年，尚接风采，时先生已七十馀矣，精神矍铄，步趋矫健，如五十许人，亦见学之可以养生也，何必丹灶药炉乎！

90. 吴县曹叔彦检讨元弼，盛岁成名，著述满家。然双目短视，咫尺不辨，吐属宏深，语成文采，于故书雅训，百不失一。

91. 《周礼》有占梦之官，其术不传，俗说又多妄诞。西人谓脑筋留影成梦，亦未尽然，盖有关于生理者。吾常日间远行跋涉，夜即成梦，或则膝行寸步，或则绳跃飞腾。又询之研究生理者，谓卧时或肢体如交构状，即易遗精。而余又常于梦中复梦，尝至三四辗转。又或醒觉逾时，复续前梦。又梦身死，而知其死。其最奇者，尝梦见一处悬一联语，颇有旨趣，字为魏碑体，醒犹记之。经忽一年，久不忆矣。比来京师，抵天津时，往访梁任公，见其厅事悬一联，心滋疑虑，顷乃思得即前年梦中所见。似此者，古人数记之矣，然不知其何以能梦未来，当于佛氏诸识中求之。

（以上四条见 1913 年 6 月 9 日）

92. 于梦麟先生，又字瘦祥，名焕采，金坛人，与先子为异姓昆弟。金坛于氏，大族也，科第特盛，鼎甲蝉联。先生尝言，其高祖某公少举于乡，不务正业，嗜博，丧其产，为先德所逐。怀挟一金，意在北上，省其世父侍郎某公。甫出里井，有巨博场，以骰子占胜负，博者皆公车之士，赢即席卷归之。公即意动，唱言："吾乃金坛于某，愿得入局。"众共许之，试质所怀。有富翁已掷得全六，公见所投已输，奋臂而争曰："吾尚未掷，宁不能胜？"众嗤其妄，富翁笑且解曰："让于孝廉一掷何妨，如数过我，愿进赠之。"盖明知骰子数止三十六点，无以加也，遂无言。公乃把袂一掷，五子皆六，惟一子盘旋不定。众已共怪，俄见一子霍然裂为二子，乃成一三一四，合成三十七点，众莫不失色。公即囊括所有，竟得二百馀金而去。

及抵京华，春闱已毕，寓一衚衕，不敢径谒世父，以小红纸标其庐曰"金坛于某寓此"。一日侍郎访旧过之，见而遂怪诧曰："此吾侄也！"即遣奚询之，果然。遂径入，责公曰："汝来京，何不造我？汝父书来，云汝不务正业，吾正遗书属汝来京，欲教督汝，何不遂见我耶？"公顿首涕泗，愿受鞭挞，侍郎乃命公移寓其邸，令肄举业。公出所作请质，乔皇魁伟，庙堂大器。侍郎喜曰："此吾家凤毛也！"时高宗正为皇太后祝釐，群工所拟颂觚之章均不惬上意。侍郎乃命公，文成进呈宸览，纯庙大说。询出公手，即赐一体殿试，遂入甲科，连跻腆仕。

93. 余前记小说均有所本，顷观章叔虎《搜神秘览》云：杭州雷峰庵广慈大师星霜八十有五，戒行清洁，时人所钦重。有孙来章秀才者，其妻素凌虐，积恶左右，鞭棰无虚日。一夕卒，家人旦夕如事生。忽见一蛇，有双眉，类妇人，据椅盘屈，若有歆飨之意，莫不惊惧，遂掷弃他所。孙君因梦其妻告曰："我以生平不能遵守妇德，已化为蛇矣，何忍遽见弃耶？今为岐人所役，幸以青铜赎我，仍于雷峰庵广慈大师处精修佛事，则我可以离此免诸苦恼。"既醒，如所言，佛事将毕，遂放于雷峰道傍。一夕复梦曰："我已往生矣。"乃元丰五年之春也。

然则俗有所谓《白蛇传》，全本此而更易颠倒之，许仙即孙秀才，法海即广慈大师，青蛇殆因青铜之言而幻之。陆次云《湖壖杂记》曾载一节，与此不同，初以为自明相传，而不知其远出宋代也。

（以上两条见 1913 年 6 月 10 日）

94. 先子云，某年崇文书院有肄业生某者，貌清癯，若不胜衣，来时一敝篚，外无长物。每晨即他去，不知所往，午夜则闻其鼾声雷动矣。与人殊落落。众疑之，私启其篚，复无馀物，一剑仅尺馀，光芒照室成白，若微游者。乃知剑仙，惧而覆盖安置如常。一日斜晖挂树，淡月依人，数生□散步柳阴，某忽飘萧而至，众讶其归之早，近而敏之。某曰："仆久溷群公之侧，明日当归省老母，是以早归，一点检敝篚耳。"众曰："与君聚首，良复寡时，归修温清，何敢尼君？然君宝篚中一青萍，何畏人耶？"某笑谢曰："仆固知某日某时公等曾发吾篚，然向所以不言者，恐致疑耳。仆少学剑术，粗明击刺，爱兹山水，暂息萍踪，何虑亦动群公之知。"众曰："君果仙矣，然人生蓬转，交臂易失，幸托同舍，敢求一试仙术，可乎？"某谢术浅，众固强之，乃出剑，询众曰："聊以杨枝为戏，幸择欲中者。"众指第三树，高殆十丈许，曰："中其杪某枝可乎？"某曰："诺。"即见剑飞而上，斩某枝，循回而下，枝未抵地，剑已入手。某即别众，自归卧舍。是夜，不闻鼾声，微明视之，户阖如故，人剑俱杳。

95. 某公督粤，孝钦谕令求全翠宫簪。某公极意选材，制成奉献，不惬孝钦之意，谓有微瑕，令须再选。某公默喻其旨，乃驰献十万金，祈别使采办，遂并原簪收用。

96. 外舅云：三十年前有一孝子者，忘其姓氏，孝子以剃头为业，事母有至性。母死，事之如生，以母平生所喜饮食者备书于竹签，日于灵座前再拜，挈签如所书办置。葬于西湖，复庐墓久之，每雷雨则循墓逡巡。

（以上三条见 1913 年 6 月 11 日）

97. 顺治元年九月，礼曹章奏云："原任御马监张泽民启：王师到京之日，臣在朝阳门遥见平西王差官捧执龙旗，城外高叫。民值惊魂未定，臣于斯时多方晓谕，从臣开门。臣后始同差官往面卫臣骆养性，遂将发下谕旨遍贴都城。初二日，臣与卫臣出城迎驾，此卫臣与差官皆见在而可问也。于初九日，具有微臣率民接驾一疏。迄今叙功，犹不及臣之身，但有功而不言，王上何由而知，其咎固在臣也。臣今备述始末，不敢妄冀上赏，惟望知臣亦有微劳耳。"奉令旨：张泽民自请叙录，不准行。

是泽民亦曹化淳、杜勋一流，图荣异族，而被斥不准，虽复可怜，亦堪浮白称快也。今民国初造，自首功者何止百泽民，而皆受上赏以去其未显被荣典者，稽勋局卷牍可接栋矣。他日民国成史，卷帙当逾宋、明也。

礼曹章奏中有明故鲁敬王妃何氏一表，悽怵沉郁，令人抵读一篇《哀江南》也。

（见 1913 年 6 月 12 日）

98. 尹嘉铨自请赏戴花翎，几当大辟。而其前有山东兖西道按察使签事于连跃，以招抚兖西自请加级。摄政王多尔衮令旨："于连跃厌薄签事，自请加级，殊属妄躁，姑不究。"见顺治元年九月二十七日吏曹章奏。

99. 吏曹章奏又有曰："云南道监察御史董复疏言，近日铨选之人多从权宜，委署以本地之人莅事本土，则威令不行，以佐贰散员遽署堂印，则苞苴易入"云云。今国家新造，南方数省往往以本地人莅官本土，遂至政事不起。又官人无资格准绳，朝为游手，暮垂章绶，而贿赂公行，上下为奸。董氏之言可三复也。

又是疏奉令旨："该部知道，本内讹字改正行。"则清初法令犹宽，后世章奏有讹字，轻则申斥，重则有惩罚矣。

（以上两条见 1913 年 6 月 13 日）

100. 清文宗崩，穆宗初立，肃顺等擅政，改元祺祥。及肃顺等伏辜，诏改明年为同治元年。虽以法祖为义，阴寓东西两宫垂帘并政之意也。

101. 李莼客《越缦堂笔记》力诋王壮愍有龄。壮愍于浙事固无可辨，然杭州未陷时，壮愍力求救于曾文正，文正先以他事与壮愍有隙，故迟之，而李秀成兵入杭州矣。壮愍自缢院署桂花树下，秀成入，叹为忠臣，以王者冠服葬之。

故杭人多彼秀成，少曾侯也。是年杭人以城陷死者七十馀万。

（以上两条见 1913 年 6 月 14 日）

102. 火赤练，蛇中之毒者。某民家有鸡笼，为所踞，首大如五升盂，身极长，蟠屈笼中殆满。民家惊骇，不知所为。适有丐者遇之，自荐曰："吾能去之，但此蛇极毒，其嘘气能使人病黑，数月方除。吾丐人，日乞钱百馀养口腹，若病则有饿死而已。予我十千钱，吾拚性命为之。"民家仓卒不得十千钱，会邻人共骇，醵而与之。丐者乃赤肤体卧笼旁，徐揭笼接于身，蛇惊，来徇丐者。俄，围其身三匝，愈绕愈坚。视丐者面如土气，咻咻然仅属矣。约刻许，蛇绚伏不少动。丐者稍目眴，猝以手握蛇尾，而身卷地以起，跃登高处。蛇倒垂若巨緪，长丈许。数为抛掷之势，蛇软如绵，口吐若角者三寸。丐曰："可矣！"持钱曳蛇而去。人随往视之，丐已剥蛇而食。问之曰："不畏毒耶？"丐曰："去其首，亦无害。食之可减一月黑病。"曰："汝何学能伏此耶？"丐曰："吾卧伏似死者，惧蛇知有吾手，若并吾手绚之，殆矣。蛇不动，知其气竭也。握其尾，倒其脉也。卷地，以脱身也。跃高者，蛇长惧复及吾足股也。数为抛掷之势者，散其骨节也。倒其脉，散其骨节，蛇力尽矣。口吐若角者，致其毒也。故知其毙矣。"闻者莫不叹息，以为有道。而丐果病黑月馀，几死，日采草食之，自谓可已疾。不知草何名也。

103. 瑞安黄仲弢提学，初以湖北主考陛辞请训。德宗谕之曰："现在百姓困苦已极，皆朕不德所致，然卿辈亦不能辞咎。朝政非更张不可，卿此去宜极留意抡材，为朕得可用之人"云云。

（以上两条见 1913 年 6 月 15 日）

104. 鲍提督超起家伍卒，不识文义，被困某处时，令幕府草檄求救于曾文正。幕府方历叙被围情形，提督卒夺其笔曰："一刻千金，尚容若构思耶？"即取得姓旗于"鲍"字外加圈数围，投稗将持去。文正得之惊曰："鲍老子被围急矣！"即发兵赴援。

105. 相传左文襄在军中，恒黄昏先诸将睡，至三鼓则起治军书矣。一夕，闻击柝声，令军中移营三十里。是日正战胜后，士卒皆鼾睡，闻令有怨言。诸将有为之请者，文襄怒斥之，且趣焉。不得已，共发后队。甫毕，而原营处地陷，伏亦起矣。众乃大服。诸将有请其故者，文襄曰："无他，吾听柝声若反应者，知地空耳。"

（以上两条见 1913 年 6 月 16 日）

106. 刘锦棠总督陕甘，有某布衣持朝贵书来投谒。总督延见，某殊傲岸，议论空一世，口若悬河。总督卒语之曰："吾有一语，欲君为对。"即自唱曰："持八行书，谒二等男，童生大胆称兄弟。"某应声曰："怀三字片，走千里路，布衣长揖傲王侯。"总督大称赏，赆数千金。某即告行，总督陈军十里，祖道送之。

107. 南皮张孝达相国长公子幼敏慧。一日，某公访相国不遇，公子出谒焉。某公与语，甚赏之，因语之曰："鼎甲一二三，可对何语？"公子应声曰："盘庚上中下。"余忆是联前人笔记中已有之，上联尤雅切也。（约在《粟香随笔》或《两般秋雨盦随笔》中。）

108. 杭州驻防先颇强横，汉人途出驻防营中，男子即遭辱骂，女子恣为调笑，且时出营蹂躏汉人居处，掠夺品物，共相疾苦。乡老言，三十年前营外有大木棒，旗人出营酿事，即殴伤无罪，系某将军兼署巡抚时所制也。又闻梁山舟学士家居竹竿巷，与驻防营近。一日，学士子妇乘舆道经营中，旗人揭帏云"看小脚"，恣侮弄焉，归而诉诸学士。学士故与将军善，即往告将军。将军曰："讵至是？"学士曰："此易与耳。请公来日过寒舍，共乘舆一试，即验矣。"将军诺。翌日，将军与学士偕乘舆，各套妇人鞋子，故翘出帏外。旗人果来觑。将军乃大怒，严惩之，风熄焉。

（以上三条见 1913 年 6 月 17 日）

109. 吴季清大令德潇，达县人，光绪庚子官浙江西安县知县。值北方义和团肇乱天下，鼎沸江山，土匪亦乘间骚动，以巨炮攻城，守者闻风逃逸。（是时江山知县为江苏常州人某者。匪起时，全以虚声恫吓，所谓大炮者，乃以扛猪竹具上覆红布耳。所用械均土制前堂枪。匪自清河镇来犯县城，某以兵环卫衙署。匪入南门，某已先时遁去。此余于赴衢时闻之同舟江苏人某，即某知县戚属，且彼时正在署中者也。所闻事尚多，今不复尽记矣。）匪遂犯府城。先是，季清与南海康长素为交契，其幼子又受业新会梁卓如，卓如号为舍利佛。季清于署中厅事悉悬康、梁及戊戌党人书画，因是众目之曰"康党"。有诸生罗楠者，上条陈于季清，季清面掷其草。都司周之德亦以事与季清不协，（之德以匪警，辄于夜阑自率数骑巡街。一夕获三人，送县署讯办。季清得伏状，乃买火药、开石灰者，即释之。季清太夫人素奉佛，怜其无罪，复与酒食而去。之德大怒，谓当此警耗日亟，安知非诈，即果无罪，何不暂监之？因手刃三人而短季清于民。）因共短季清于民，云知县系康党，且为民祸。一日会议于郡庙，二人即激励民众，势汹汹欲甘心于季清。季清惧，逃于道署。是〔时〕金衢严道为鲍某，故提督忠壮公超子也，纨绔胆怯，竟不纳。季清复逃至天主教堂。民益怒，即教堂中缚其手足，以木贯之，如扛豕然。众各刃之，体无完肤，复刺其心而死。其太夫人、夫人等俱先一日返省城，得免于难。幼子不肯去，是日匿郡庙匾额中，潜听议事。会天暑，一足稍支露额外，遂为众搜得，刃毙焉。（幼子初在署习西文及体操，众已目怪之。至是，众嚾曰："是真有邪术矣。"遂被难。）

（见 1913 年 6 月 18 日）

110. 鲍忠壮超未贵时，贫甚，典其妻于人。后起家卒伍，历经战阵，至攻克江宁，勋名大著，乃赎妻归。甚畏闺令，人有所求，得夫人一言，无不从也。（《郎潜二笔》纪罗忠勇典妻事同。）

111. 忠壮颇敬幕府文士。有某先生者，在幕府尤得信重。一日忠壮提笔欲作字，久思无所得，仅书一"門"字，而"反户"直笔不右波。某先生启曰："門字右欠一钩。"忠壮怒，指厅事门而掌其颊，曰："若试观门下可有钩耶？"适壁上悬曾文正联，中有"門"字。某先生乃指而言曰："曾文正写'門'字，亦有钩。"忠壮顾视，果然，即仆地三叩头，曰："先生恕吾武人。"盖忠壮平生最信服文正也。

112. 刚直衣服朴质，类村叟。一奚奴随之，亦村童也。一日过石门湾，石门湾故大镇，亦往来孔道，有水师管带驻焉。时旁黄昏，公命奚奴候于镇外，自憩于茶寮。寮中每夜有说文书者，镇人群集听之，正中一座管带席，他人所不敢僭。公即据其座，寮主人劝其移他次，公婉谢之曰："俟某大人至，吾当谨避之耳，此刻无妨也。"主人不得已而谆嘱之，公谨诺。俄而二弁舁大灯笼，导管带至。坐客莫不避席，主人即趣公，公不听。管带视公大怒，曰："何物村人，不识老爷，大胆据吾座？"二弁者亦大声嗥叱。公徐徙他座，蜷伏无言。管带犹馀怒未息，坐客莫不悚息，为公惧。俄而公潜去，立召管带。管带至，则适所斥坐上村人也，匍匐如死人。公略叱曰："一管带威焰至此耶？"命斩之，阖镇无不骇然。

（以上三条见1913年6月20日）

113. 相传刚直所畏惟一幼时师母。难事，得师母言立解。（又闻刚直长子以犯事受军法，其后刚直亦常畏其子妇。）刚直素痛恶雅片烟，部下有犯此者立死。而一亲信奴颇好之，惧死，遂潜于刚直所吸旱烟中，伴置雅片叶。后遂成瘾，烟非此奴所置不能合公意。嗣为公所觉，欲杀奴，奴求救于公师母。师母从容谓公曰："此若轻杀所致也，不如姑宽此曹，亦免受此曹欺矣。"然公殊自恨恨。

114. 左文襄未达时，家计贫甚，每岁终，辄以铜盥具向当铺质钱八百文为卒岁资，如是者二三年矣。一岁除，复持具往质铺中，伙谓只得钱五百文。文襄意仍以八百文为期，至是中急与伙争，谓："岁岁未尝少当，必欲得八百文。"伙谓："铜具比往岁已较毁，必不可得八百文。"文襄无可奈何。及总办团练，首勒此当捐三千金。

（以上两条见 1913 年 6 月 21 日）

115. 戊戌政变后，废立之意已坚，孝钦使荣文忠密探合肥相国之意。合肥曰："此须询之各国，不宜卤莽。"文忠问术。合肥曰："且立大阿哥，各使来贺则可，否则不行矣。"已而，各使果无贺者。德宗遂得不废，而庚子之变则伏于此。

116. 杭州许甲（横河桥许氏，忘其名），尝为淮安知府，时称良吏。左文襄公督两江，有许乙亦杭州人，进谒时，文襄年耋，目上皮下覆寸许，见僚属恒不张目。知乙亦杭州许氏，问曰："淮安府许某是若何人？"乙对曰："是卑职家叔。"文襄忽张其目，光炯炯直射乙面，且竖两指，大声曰："这个好官呀！"乙惊骇震魄，归即病死。

117. 蒋果敏益澧攻克杭州，自城及乡镇村落无不为置学塾，广招学究教焉。一塾一师一仆，年费钱百千。村农子弟皆令就学，力不赡者，更予饮食。余外舅幼时曾入此塾也。又遍地设官米店，男妇成年以上人予一升，闺女、小儿半之。民间如往令闺女曳长裙往取，冀如成人，得一升焉。

（以上三条见1913年6月22日）

118. 曾文正公生时，其太夫人梦一蟒，蟠屈梁间，惊寤生公。相传公有癞疾，每夕必命侍婢搔背，落痂卧荐辄腥恶刺鼻。及文正公薨于两江总督任所，是夕秦淮河居人共见一巨蟒冲北而逝，方相怪诧，翌日闻总督薨矣。

119. 沈文肃公葆桢以乡荐绅被旨为钦差大臣，省大吏以降皆畏且忌。藩署胥吏某平日挟指上官，以刻蠹起家，与公有丝萝谊，公素恶之。一日以饷故忤公，公立逮之，至数其罪，以军法从事。方伯为之哀请，公不听。方坐堂皇而封翁手书至，公置书案隅，且了公事，后治私事耳，卒诛之。事讫，发封翁书，果为某缓颊也。

120. 彭刚直公以钦差巡江至皖。时合肥李肃毅方势盛，犹子某素戕法，时出夺人财物妻女，官不敢问。一日夺某乡民妻去，乡民诣刚直诉之。刚直留乡民，而命吏以刺邀某。至，出乡民，谓某曰："此人告若夺其妻，有之乎？"某自恃势盛，直应曰："然。"刚直大怒，命笞之无算。而府、县官皆至，悚息哀求，刚直不听。俄，抚、藩俱以刺至请见，刚直命延接，而阴嘱吏曰："趣斫之。"巡抚足甫登舟，而吏持头来缴令矣。刚直乃移肃毅伯书曰："令侄实坏公家声，想亦公所恨也，吾已为公处置讫矣。"肃毅复书谢之。

（以上三条见 1913 年 6 月 23 日）

121. 桂林况晴皋同知善属诗钟，在粤东时号召名宿，吟咏无虚夕。其咏"红楼梦白发"云："应号怡红公子传，已非惨绿少年时。"冠其侣。天台褚仲宣廪贡疑向来皆用"绿鬓少年"。余忆《幽闲鼓吹》于孟阳夫人曰："末座惨绿少年何人也？"是未为无本也。

122. 龙门刘铭博观察之被刺也，其子举为康南海所使，胪证凿凿。然其事秘，不知谁为负心？当观察自桂林归广州南门外某街，是日有客访之，需于厅事。观察方饭未出，突有三人来，云致礼物者，睹客，问曰："是刘大人否？"客谓刘大人尚在内。三人即趋内，一人把门，一人登屋面守之（粤俗，屋面皆砌成砖道，可行人），一人直刺观察，中六七刀。家人欲声张，悉为所劫，贼乃从容而去。其后获二贼，闻系顶替，非真凶也。观察知医，是日吾友伦哲如大令适遣其妾就诊，甫归而事发矣。

123. 光绪庚子间，三督抚名甚著，两江总督刘坤一、湖广总督张之洞、山东巡抚袁世凯也。三公联约保东南，故得无扰攘之虞，而其议发自袁公。始袁公已力主剿团，及乱祸既大，袁公通电各省督抚，请联衔劾端邸。翌日，刘忠诚复电先至，嘱袁公主稿，愿附衔名。又翌日，李文忠长电至，痛论时局之坏，罪归端邸，嘱袁公照此电修疏。而候张文襄电三日不至，袁公以文襄前辈，且亦决不附和朝议者，遂再电催问意旨，始得文襄复电赞成，而颇以处置大阿哥为虑。袁公知文襄犹有书生见存，不复商榷，遂疏奏。俄而乱益甚，联保东南之约立。

（以上三条见 1913 年 6 月 24 日）

124. 井研廖平，字季平，初为王壬秋入室弟子，其后学术颇与壬秋异。季平初治《左氏春秋》，后变而治《穀梁》，成《穀梁春秋古义疏》十一卷。其说以《穀梁》与《王制》相出入。尝自谓："与南皮相国论《左氏》，为成条例若干事。其后章太炎谒南皮，南皮出己所为条例示太炎，而太炎《左氏故》成，实窃诸己。"（此事谢无量闻季平言。）然太炎亦尝谓季平治《左氏》实窃己说。近询诸钱念劬，念老谓南皮之识太炎实先，见太炎所为《左氏故》，谓有大才，可治事，因属念老致此人（时念老在南皮幕府）。念老求诸四方，得太炎于上海，与往湖北，偕见南皮。时太炎稍稍有主张革命名，南皮不敢昼见，匿太炎于念老室中，午夜屏人见太炎，谈达曙，大服之。月致百金，留匿署内，而无所事。会南皮赴觐，后任为谭巡抚继洵，不敢留太炎，致二百金，辞之去。太炎大怒，颇詈南皮矣。然则两人殆闭门造车，出而合辙，固未相剿窃也。

（见 1913 年 6 月 25 日）

125. 陈伯平巡部启泰抚江苏时，蔡乃煌以为权贵探刺革命党，并监刺西林宫保，得苏松太道。乃煌有所恃，视巡抚若无物，巡部固已愤矣。及乃煌以侵吞公款为巡部所劾，乃煌欲与中丞对质，而江督端陶斋尚书以巡部劾折未与己联衔，亦阴恨之。巡部因此忿愧致疾卒。巡部起家词林，一麾出守，颇著廉称。洎致巡方，萧然若索，卒时几不能为殓。出殡之日，值新抚瑞莘儒澂至任，属员往迎瑞，执绋仅数□厚谊者耳。青绳为吊，乃于故抚见之，世道人心，致可慨矣。

126. 蔡乃煌，广东人，略有文名，善于试，闱中为人捉刀，敛致千金。某年秋试，有某巨富以五千金属为其子枪替，而乃煌□望于此科中式，复不舍五千金。已诺之，取其金矣，乃自为流言，谓某□□科请蔡某枪替，并于入闱日大揭贡院壁上。某见揭，不敢入闱，而乃煌果于此科中式。某向乃煌索回资财，则曰："吾本为若子入闱，若子自不入闱，故吾得侥幸中式，安得复来索问耶？"人亦因此鄙之。

（以上两条见 1913 年 6 月 26 日）

127. 庚子之乱，大内珍宝无不零落。最可惜者，翰林院所储《永乐大典》，百世之珍，亦荡然流散。西人共得二十三本，海内收藏家亦间得之。余近于琉璃厂萃文书肆内得观一册。以黄纺为里，直长工部尺一尺三四寸，横长一尺许。朱阑墨字，文皆句读，分上下二层，复直分数格，大约一首成一格也。题为《永乐大典》卷之二千七百四十及二千七百五十。上卷二十页，下卷十八页，皆札类。卷题之下有"十合"二字，卷末另页有重录总裁侍郎陈以勤及校缮诸官姓氏，缮写不甚工，题卷字大八分许，馀皆五分许，鱼尾处亦朱题卷次。考《大典》曾写两次，见《涌幢小品》诸书。此末页题"重录"，是成化时第二次所写本也，须已与唐写、宋椠争价矣。昔朱竹垞官翰林，求之不得，曰："被李自成衬马蹄矣。"余幸得见，可以傲竹垞矣。

（见 1913 年 6 月 27 日）

128. 西林慷慨自喜，发舒意气，旁若无人。其自粤将入觐也，所亲询之曰："公拜滇督，往否？"西林曰："使我为云南王，亦姑往耳。"后卒不赴。暨复督粤，欢呼雷动。始粤中大小闱姓、山票、番摊等赌捐，岁入四百馀万，逾于地丁之征，理财者恃为大宗。西林欲再至粤，先与粤人约，必除此秕政，愿商家即为筹抵此款。有七十二行者，皆曰："谨诺，且当倍之。"于是众以西林必来，于南门大巷口皇华亭造鲜花牌坊一座，以表欢迎，高十馀丈，所费不赀，而西林不果往。

129. 西林宫保居沪日，蒙古锡清弼尚书良罢东督南来，西林宴之寓邸。西林性卞急，呼左右不在，恒出恶声。尚书气度充容，辄为解之曰："吾辈苟可自为者，不必藉此辈。此辈亦何知？徒伤吾气耳！"

（以上两条见 1913 年 6 月 28 日）

130. 金松林，江北人，年五十馀。自谓记名总兵，尝三为副将，得巴图鲁名号、黄马褂之赉。其事皆在洪杨时，亦莫可究。庚子年，转赁余家馀屋住，仆从四五辈，红顶花翎，出则舆后跟马一二匹。然无显达者与之往还，□来求差遣，亦未尝往衙参，而频频渡江，不知所往。一日舁一妇来，云其夫人。妇年四十馀，肥陋不似阀阅中人。其仆闲相訾，始知一仆乃妇子。会同居有祝生者，夜为傀儡戏娱客，金与妇共观之。夜阑戏毕，金挟妇已眠矣，客亦各散，忽其仆大呼："有刺客。"一人急追出门，一人与余家商启后户，令妇出。时山左孙少尹大庚亦赁寓余屋，后户须经由孙宅不可，遂呼舆送妇去。于是晓然，妇乃西兴堰一饭店主人妇，金渡江宿焉，诱而私之，伪云与其子偕来杭州为己佣，实利以侍枕席也。夫悉其情，适是日来捉奸，当鼓乐喧阗时，已阴入金卧室。及金既睡，方揭帏下刀，金觉，以臂拨之，刀堕，乃拾刀而遁。金亦即徙去。其后，少尹为桐庐坐粮白公事，至衢复遇金，云已为统领矣。

131. 西林岑云阶宫保，自邮尚外任滇督，改粤督，均不赴，嗣亦失宠，徜徉海上。知者莫不以为与庆邸成隙故。其实西林之将自粤入觐也，檄使龙门刘铭博、黄岩王枚伯两观察赴日本，考查商学校事。及二君使返，则西林已复出居沪。二君自日本偕新会梁卓如启超来谒西林，即有侦者摄其影，密送庆邸，庆邸以呈孝钦。孝钦遣人伺西林矣。

（以上两条见 1913 年 6 月 29 日）

132. 古书谓人得龟形、龟息皆大贵、寿。余观麻哈夏用清殿撰同龢，殆得龟形，然大魁后遭庚子之变，复为台章所劾，交所在督抚察看，迄今不得用也。

133. 载洵贝勒奉使过粤，李直绳军门迓于香港。贝勒不怿，斥之曰："袁树勋何以不来？"时长沙尚书正督粤也，及抵穗垣，尚书馈献丰盛，竭海邦珍物，约二十馀万，犒遗不在内焉。每餐水陆之资至二三百金，即其从者所食，犹一席六十馀金。此次洵邸载归三百馀万，亲贵歆羡，人希乘轺矣。

134. 李直绳军门准，以观察改授南澳总兵，进水师提督。建公署，仿西域式楼闼，略似炮台。及辛亥三月十九日之变，海丰制军逃居提署，遂于楼闼安设大炮云。

（以上三条见 1913 年 6 月 30 日）

135. 湖州陆氏皕宋楼藏书，不独为吾浙冠，亦中国所稀有者矣。彦桢为纯伯观察介绍，以十万金售于日本富人精崎某某，筑精崎文库藏之。彦桢为作《皕宋楼藏书源流考》。余游东京，叩精崎之门，欲询彦桢，求为介绍以观之。时彦桢已为精崎氏所谢，家居大崎村，遂不获见皕宋楼故物。时精崎氏雇人董理旧帙，缃缥洛纸狼藉地上，虽非宋本，犹清初精椠。盖精崎所收不止皕宋一座矣。闻纯伯观察售其书，太夫人几不以为子云。

136. 清雍正间，有张某作《维止录》，取明亡大厦已倾，得清维之而止也，然其实则曰"雍正杀头"而已。世宗已览，甚嘉许，谓识大义。太监某进曰："此背逆书耳，佛爷何嘉焉？"世宗询以故，某曰："佛爷纵观，故见其颂扬我朝，若奴才横观，尽是诋斥满洲耳。"世宗侧其书观之，果然，大怒。其人已前没，毁其书。闻上海徐家汇天主堂藏书楼尚有一本，然无人见过，其苦心绝诣，百世下犹有馀慨矣。

137. 杭州西湖之湖心亭，微波弱漪，一亭巍然，朝霞夕阳，风和鸟鸣，亦人境中结庐之佳者。自退省庵，城游人趋彼而舍此矣。轩宇日渐零落，前曾有一老妇人守之。闻外舅云，是马端敏总督新贻之妾也。

（以上三条见 1913 年 9 月 6 日）

138. 日本岛田翰字彦桢，东京府人，住大崎村。藏书二万馀卷，著有《古学版本考》三巨册，于宋元本鉴甚精，几陵森大来《经籍访古志》而上。余游东京【是】〔时〕访彦桢未见。

壬子夏，钱念劬丈长浙江图书馆，方居西湖圣内寺。一日侵晨，念丈偕其夫人循湖小眺，遥见瓜皮艇载一衣白为外国装者，亦不辨谁何，漫猜为学校诸生耳。返居，歔未毕，门子来报，有一日本客来借阅书。时奚奴未在，念丈欣然引钥导往馆中，启箧，叩其何所需。客漫应取某书、某书。念丈观其手携一皮箧，答问似甚明于目录者，颇注观之。客见抄本不全清《国子监志》四册，询念丈售否，念丈答以此公家书，非售物。客云："售亦何妨，吾愿出百金。公谓买此四册残书，不亦重耶？"念丈曰："吾职在掌书，不知售也。"客笑而顾假他书，此甫出笥，又欲假彼。一人不胜酬应之苦，而又以外国人，不欲遽以常例折之。细审客意，殊非观书，殆欲乘间窃佳本者，遂防之益慎。客俄亦厌倦而去。客去而馆之阍人告念丈曰："此人先来叩门，嘱为启藏书室。不允，出银币一赂某，既增银币至五。某以钥在馆长处告之。甫去耳，今又来耶！"念丈于是益恍然，知客之来，其念不藏者也。后访知客即彦枨，彦枨此来杭又载佳本而去。以余所知，如过本戴东原校阅《六书音均表》第五卷至末卷，后有程瑶田及某两跋一册；明精刊本《文中子》二册；原刊《汪青湖文集》六册。此余叩书贾而知为彦枨所购去者也。

（见 1913 年 9 月 7 日）

139. 外家钱塘邹氏，世居武林门外夹城巷，嗣迁城中。外高祖袖湖公奉母胡夫人之教，为名士。胡夫人，山阴石笥先生天游之女孙也。外曾祖铁樵公为山东莘县有良政，与弟粟园、仲虎二公俱以文章名藉甚，时人比之"宁都三魏"。外祖蓉阁公与弟德云、东生二公，亦以词赋名噪于诂经精舍。蓉阁公名尤盛，所往来如张仲甫大昌、魏滋伯大绅、方云泉鹗、曹葛民籀，龚孝拱橙、俞曲园樾皆一时胜流，而曲园先生已为后辈矣。邹氏尤多才妇。外祖妣汪安人，讳愃，号竹斐，通内典，工诗，时号竹斐夫人。戴文节照为绘《写经图》，有《竹斐遗墨》著录府志。而德云公配姜淑人，亦擅文艺。闺中学士蔚兴，姊姒娣娌之间唱和为一时之盛。母氏云，【钱】〔铁〕樵公葬先德时，地师谓公曰："若某向葬，科第不绝；某向葬，可得三名士，以后秀气拔尽矣。"公曰："科第安足贵，宁有得三名士，犹不厌耶！"然竟如地师言。未六十年，邹氏式微矣。

140. 杭州阀阅首推徐氏。徐氏自文敬父子相踵登大卿，而花农侍郎琪继美清华，迄今杭人无不知有姚园寺巷徐家者也。

次汪氏。汪氏乾嘉之际极清华之盛，而学术亦一郡翘楚也。

次为许氏。许氏世居横河桥，某先有为粤督幕府者，以平一大狱，活千馀人，自知当大其门，见《劝戒录》。其后果科第赫奕，一榜眼，一传胪，其门尝悬"七子登科"之额。其为幕府者，即学字辈之先德，尝以"学乃身之宝"为子孙命名次第。尚书乃普、巡抚乃钊，其第二辈也；尚书庚身，其第三辈也；之、宝二字辈寡显者，然科第未尝绝。其有留居番禺者，后亦显贵。尚书应〔骙〕、布政使应崧，均持节乡里焉。

次为吴氏。两世为云贵总督，而子修提学庆邸，炯斋侍讲士鉴，父子入词林。吴氏家不丰厚，子修提学和平敦笃，德望粹然。尝养亲戚嫠妇至数十人，家室不给，愉如也。

次为高氏。高氏世居双陈衙，家素富，好施。治家有法，其子弟率循蹈规矩。有字稚颜，名望曾者，号茶庵先生，著《茶梦庵诗词集》，颇为时流推许。谭仲修先生《复堂续集》有传。

（以上两条见 1913 年 9 月 9 日）

注释

1　方召，字虎邻。

附录2：《文汇报》连载《石屋馀渖》《石屋续渖》目录

1947 年《文汇报》（上海）载《石屋馀渖》

日期	标题	成书后标题
3.9（1）	袁项城	袁项城祀孔
3.9（2）	盛宣怀	盛宣怀以贿得邮尚
3.10（1）	瀛台·金匮：陈仪与袁世凯	游南海子
3.10（2）	"严加管束"后之翁同龢	翁同龢《并未生事帖》
3.10（3）	马阮	马阮画
3.10（4）	二张画品	二张画
3.11（1）	汪穰卿与张元济	《中外日报》归官办之经过
3.11（2）	盛夔卿	盛夔卿
3.11（3）	曾国藩与秦淮画舫	曾国藩师谢安
3.12（1）	欢喜佛	欢喜佛
3.12（2）	袁瞿之隙	袁瞿之隙
3.13（1）	陈老莲画	陈老莲画

日期	标题	成书后标题
3.13（2）	元稹《琵琶》	元稹《琵琶记》
3.13（3）	太平军	姑妄记之
3.14（1）	三贝子花园	三贝子花园
3.14（2）	清德宗二事	清帝遗事
3.15	沈尹默书	沈尹默书
3.16	俞曲园父子	侍坐杂闻
3.17	马君武	马君武
3.18（1）	鲜于伯机书	鲜于伯机书
3.18（2）	于右任字	于右任书
3.19（1）	沈葆桢	沈葆桢死之异闻
3.19（2）	严嵩题字	严嵩书
3.20	锦城行记（一）	锦城行记
3.21	锦城行记（二）：旅寓、旧肆、市廛、名迹	锦城行记
3.22	锦城行记（三）：昭觉寺、川政、夜行	锦城行记
3.23	锦城行记（四）：《绿野仙踪》、达达、姑姑筵	锦城行记
3.24	烟霞洞罗汉	烟霞洞罗汉

日期	标题	成书后标题
3.25	狐异	狐异（成书多一事）
3.26	故宫书画（上）	故宫书画
3.27	故宫书画（下）	故宫书画
3.28	李经羲	李经羲
3.29	出使笑谈	出使笑谈
3.30（1）	狐祟	狐祟
3.30（2）	灌县行（上）	锦城行记
3.31	灌县行（下）	锦城行记
4.1（1）	程砚秋	程砚秋
4.1（2）	《荡寇志》	《荡寇志》
4.2	章太炎	章太炎（"章太炎先生余杭人"一段）
4.3	笔墨	笔墨
4.4	张静江字	张静江书
4.5	王静安	王静安
4.6（1）	岳飞一事	岳飞善处事
4.6（2）	墓上植梅	墓上植梅
4.7	俪词（上）	挽联惬当之难
4.8	俪词（下）	挽联惬当之难

日期	标题	成书后标题
4.9	高句丽笔	高句丽笔
4.10	溥心畬画	溥心畬画
4.11	黄晦闻遗砚	黄晦闻遗砚
4.12	论米书	黄晦闻书
4.13	黄季刚	章太炎（"三十一年四月廿二日"一段）
4.14（1）	太炎身后诸弟种种	章太炎（"访章太炎夫人"一段）
4.14（2）	龚孝拱	龚孝拱遗著
4.16	太炎数事	章太炎（《太炎文录续编》下四段）
4.18	罗文干	罗文干
4.20	论书诗	论书绝句
4.21	大觉寺杏花	大觉寺看杏花
4.23	女服风习	梦中诗可异的政令
4.25	谈月	谈月
4.27	经国旧感	刍荛者言
4.28（1）	杨春浦诙谐	杨春浦诙谐
4.28（2）	程君房墨	程君房墨
4.30	刘崧生	刘崧生

日期	标题	成书后标题
5.2	李叔同・陈独秀・李守常	李叔同一言阻止毁寺
5.4	幕府才	幕府才难
5.5	吴雷川	吴雷川
5.7	金鱼唱和词（上）	金鱼唱和词
5.9	金鱼唱和词（下）	金鱼唱和词
5.11	中和园听歌	中和园听歌
5.12	乡贤遗事：钱楞仙、钱笪仙　钱玄同[1]	二钱遗事
5.14	徐世昌与锡良	锡良之廉直
5.16	朱天庙	朱天庙
5.18（1）	瑞澂出奔	瑞澂出奔
5.18（2）	官僚解	官僚解
5.18（3）	自论书	余书似唐人写经
5.18（4）	杭州光复	（无此篇）
5.19（1）	熊十力	熊十力奇疾
5.19（2）	弘一预知寂期	弘一预知寂期
5.19（3）	张伯岸藏书	张伯岸
5.21	前辈俭德	前辈俭德
5.23	硕果亭诗与汤颐琐丈	汤李之交

1948年《文汇报》（香港）载《石屋续渖》

日期	标题	成书后标题
9.10	红履公	（无此篇）
9.11	胡雪岩之好色	胡雪岩之好色
9.12	父子平等称呼	父子平等称呼
9.13（1）	清帝恶洋鬼子	清帝恶洋鬼子
9.13（2）	清帝恶疾	清帝恶疾
9.14	大成教魁	大成教魁
9.15	汤尔和晚节不终	汤尔和晚节不终
9.16	圃耘先生之盛德	圃耘先生之盛德
9.18	宰相不过铁	（无此篇）
9.19	蒋百里之自杀与被幽	蒋百里之自杀与被幽
9.20	张宗昌	张宗昌
9.21	俳优　戏剧　歌舞	俳优　戏剧　歌舞
9.22	房中术	房中术
9.23	中美同俗	中美同俗
9.24	孙传芳	孙传芳
9.25	国号不宜省称	国号不宜省称
9.27	纪年不宜用干支	纪年不宜用干支
9.30	章太炎书札中称谓	章太炎书札中称谓
10.4	张之洞	张之洞

日期	标题	成书后标题
10.5	西方接引佛	西方接引佛
10.6	古代契牒文字	古代契牒文字
10.7	底子是好的	底子是好的
10.8	官场陋习	官场陋习
10.9	官场陋习	官场陋习
10.13	文廷式论董书	文廷式论董书
10.14	芸阁论清代书人风气	芸阁论清代书人风气
10.15	杭州闺秀诗	杭州闺秀诗
10.16	董皇后	董皇后
10.17	崆峒教　在理教	崆峒教　在理教
10.18	八股文程式	八股文程式
10.19	男角女羁	男角女羁
10.20	张勋复辟	张勋复辟
10.21	福康安果谁子	福康安果谁子
10.22	周赤忱谈辛亥浙江光复	周赤忱谈辛亥浙江光复
10.24	孙渠田先生逸事	孙渠田先生逸事
10.26	钱江风月	钱江风月
10.27	何志姜	（无此篇）

注释

1　《文汇报》5月14日勘误：上期《石屋馀渖》标题误写。二钱皆湖州人。马老籍杭州，不当□乡贤也。编者。

附录3：《文汇报》连载《石屋馀渖》《石屋续渖》未见于成书者

这是马先生的旧日札记。编者所见为卷七，作账簿形，杂记旧事。闻马先生告诉，这几册札记（共约十七八册）旧存杭州家中，抗战期间流入市肆，展转为陈群所获。收复之后，接收人员检陈群遗书，见此知为马先生物，遂归故主。然而也只有一小部分，闻尚有数册在南京中央图书馆中。编者初意，原拟请先生撰赐掌故随笔一类的文章，然而马先生近日方执笔写两册文字学方面的专著，无暇及此。更蒙厚意，以此劫馀手记相示，嘱抄其中有关掌故者发刊。其中谈学问者，前已多见于商务出版之《读书小记》及《续记》中，兹不复录。谨附数语，略识颠末，兼谢高谊。编者谨识。

（1947年3月9日，《石屋馀渖》

在上海《文汇报》连载首日）

杭州光复

杭州光复之日，都督二易，起事时为童伯吹保暄，后即易为周赤忱承菼。然揭示为印信，余乃为趣刻之。布政司、盐运司库有藏帑，革命军仅索币于大清银行，余乃为至其二司，封其库。

（1947 年 5 月 18 日）

编者谨按：马叙伦先生，当代大家，名重儒林，年来致力民主运动，尤为举世钦仰。马老历年所作笔记"石屋馀渖"，曾刊本报沪版，歆动一时，近方由上海建文书局印行问世。兹承惠赐"续渖"，尤见精采，本版决陆续付刊，敬乞注意为幸！

（1948 年 9 月 10 日，《石屋续渖》
在香港《文汇报》连载首日）

红履公

红履在故清时，男子惟童子与老人履焉，然老人亦惟富贵之耋耄者然。余所见，初为吾杭朱茗生太世丈智。丈以兵部侍郎致仕，家居元宝街。元宝街在巡抚署之北，街不长，而东西两端有巨室，西为故清革职布政衔道员胡雪岩光墉之宅。雪岩在同光时以财神称，其宅内豪华，几等宫廷也。东即丈宅，亦有园亭之胜。余十岁，修道家礼于丈，丈时年已迫八十。其履以红绸为之，端作重云状，以金缕为之，扶杖正坐，远望之如神人然。

次见王壬秋先生闿运。时建国三年，先生自湘潭原籍入京，就国史馆长，余投文卷为质，先生手书以"静悍"相许。先生年八十二三矣，犹蓄发辫之，用红丝结焉。其履一如朱丈，步轻速，送余至宅门，其大子无功随之，不能及也。

又次所见，则吴兴钱念劬丈洵。丈世家子，少年从其先德同年友洪文卿钧出使德国。使者所至国，例以妇偕与国际礼宴，文卿大室畏不习，遂以小妻傅彩云者从。彩云于文卿殁后下堂，张艳帜于上海勾栏中号赛金花者也。其与德军官瓦德西通，即在是时。而丈实与彩云同习德语。丈后以候补道员出使义国，至辛亥始归。建国后，就袁世凯之参政会参政。年六十后，亦履红履，余辈背之，辄称为红履公。丈家一婢，其生与清高宗同年月日（年谓同干支也），丈每指以谓余曰："乾隆皇帝。"

（1948 年 9 月 10 日）

宰相不过铁

相传帝制时代"宰相不过铁"，谓不斩首也。此由古代大臣率赐自尽，因有讹传，其实徵诸史册，杀大臣者多矣，即清雍正一朝中，授首者可数也。咸丰戊午科场舞弊，柏葰以大学士主试，其子素通关节，致伶人某中式焉。狱成，柏葰弃市。余祖父焕卿先生正举是科顺天乡试，谓："谳定时，有举祖宗朝例言于文宗者，文宗曰：'我非杀宰相，杀主考者。'"柏葰就刑于菜市口，门生故吏一二品冠服临送者成行列也。余谓此亦当时柏葰亲故欲全其要领为求赐死，致有此传说。

（1948 年 9 月 18 日）

何志姜

何志姜，少游日本习医；归，行医于杭州。抗战时移上海，一日来谈，谓："心慕王姜斋而名志姜，平生惟有学问有气节者佩服无斁，他者不能令我生敬也。"志姜，湖南道州人，子贞先生之曾孙也，其高祖堂刊《宋元学案》行世，志姜其犹承先志者欤？志姜复自状其罪曰"苟安偷活"。於乎！今人独自状其过者有几人？余【问】〔闻〕而愧焉敬焉。志姜又曰："吾辈近日如寡妇守节，然'饿死事小，失节事大'，今日未到饿死地步，当可以自诩，如竟然饿死，彼时不知如何？守节真不易也。"闻此可以知志姜矣。余识志姜以汤尔和，今日尔和盖棺论定矣，何如耶？

（"饿死事小，失节事大"，此程伊川语，五十年前宋平子先生首先攻击之，今日则更为后生唾弃矣。然余审伊川之言，其前提为"凡人为夫妇时，岂有一人先死一人再取、一人再嫁之约，只约终身为夫妇也"，是非止以责妇人也。故其从女再嫁，伊川实主其婚，而其兄明道之子妇亦再婚，伊川未尝不许。）

(1948 年 10 月 29 日)

附录4：夏承焘日记中记录的
《石屋馀渖》手稿

心叔示马夷初《石屋馀渖》初稿，共六本。记温州诸先辈遗事颇多，乃民国元年著笔者，今坊间印本不及此稿之富。

（1951年4月2日）

阅马夷初《石屋馀渖》稿，多记神怪，有甚可笑可愕者。

（1951年4月3日）

阅马夷初《石屋馀渖》手稿，有送叶左文先生一诗云：

偶然一着宰官衫，归去图书满竹函。遥指严陵山色好，钓鱼台下要停帆。

左老时监南雄榷务，予俸甚优，忽投檄归，有读书归隐之志。夷翁时方执教羊城，为此送之。夷翁谓平生问学之友，惟马太渊（一浮）、叶左文及都云田毅候（溓），最为服膺。云左老顷任事杭市文物保管会。

石屋又谓尝于厂肆保古斋，见朱竹垞批点《钱注杜诗》，朱墨烂然，卷首一跋，"彝尊"二字，"彝"字写讹而改正者。又字多俗写，当是过本。朱逷先谓真迹在其同族海宁朱氏，革命时嗣姓不知宝守，已入字笼中，逷先曾买得二册云云。此书今不知犹在天壤间否。

（1951 年 4 月 20 日）

阅马夷初《石屋馀渖》稿，记湘潭胡子威元仪《步姜词》二卷，自记尚有《白石词笺》，惜未见。子仪著有《毛诗谱》，王益吾刊入《续经解》中。（眉批：胡元仪《白石词笺》。）

（1951 年 4 月 22 日）

临睡阅马夷初《石屋馀渖》手稿。（共八册，心叔处只有六册。）

（1951 年 5 月 29 日）